U0071272

華裔影人
米格爾‧張的
浮生箚記

上

地中海曉風殘月

米格爾‧張

MIGUEL CHANG

媽，你看不到這本書了。
娥笳，你看不到這本書了。
書霓，你也看不到這本書了。
姬姬，即使你還在我身邊，
也無法看懂這本書。
只有讓琴，看完這本書後，
用心聲給你們敘述
我這曉風殘月下的幻夢！

米格爾父親十八歲在上海哈同書院

米格爾父親爸十九歲進南京郵局

米格爾父母於南京中央公園

一九二八年，米格爾的母親與大姊、大哥在南京

米格爾和媽媽、小弟

米格爾二哥與其未婚妻丁紫芬

米格爾友人阿好

米格爾十二歲在安慶崇文中學

米格爾十五歲軍訓裝

米格爾十六歲

米格爾十六歲軍訓裝

米格爾十七歲和韓施在校園

米格爾十八歲

米格爾十九歲

米格爾二十一歲

米格爾二十二歲

米格爾二十四歲

米格爾於香港機場與友人合影

013

瑪莉莎台灣演奏會

瑪莉莎台灣演奏會

瑪莉莎台灣演奏會

橋夜景合影

天之驕女

王寶釧工作人員合影

西施外景合影留念

西施外景與楊廠長全家合影

西施攝影棚外景

全大班藝術部門合影

米格爾拍美國西部片留影

一九八五年米格爾在珠海製圖

二〇一三年大年三十，米格爾生前與好友最後聚會

米格爾與張琴最後合照

高妙思和米格爾

何永安、高妙思和米格爾

米格爾在無錫祖墳

AGNOSTICISMO 不知論

不知論 Agnosticism 主張是希臘哲學中對神的存在問題為一個辯論派別。其希臘原文 ~~Agnosticism~~ agnosis ἀγνῶσις 中之 (a) 的前置詞是 "沒有" 或 "不"，γνῶσις (gnosis) 是 "知識" 或 "知道"。此辯說的中心思想是神的存在採取不能知道主張。

一般人對是否有神的存在分三種主張：1.有神，2.無神，3.不知道。

例如希臘哲人蘇格拉底 Socrates 的名言就是："我祇知道我什麼都不知道"。他這句話中充分呈現了 "不知論" 的成份。

世界上採取 "不知論" 之論調名人，包括科學家、發明家、哲學家……等之中，有英國的生物家 Thomas Henry, Huxley, 進化論家 Charles Darwin, 美國的發明家 Thomas Alva Edison, 法國的科學家 Marie Curie, 哲學家 Bertrand Russell……等。

"不知論" 與 "有神論" 和 "無神論" 的不同點是：前者是對神的存在問題所採取的立場，而不是如同信徒和種論辯說的中心思想是 "信仰"。主採取 "不知論" 中約可有數階層：一、其觀點是："我不知道是否有神存在，並且我也是無法證明神的存在"。

二、"我不知道是否有神存在，但我有知道其存在的可能性"。

三、"雖然我不知道是否有神存在，但若你告訴我這就問是到有真理的影"。

例、"我雖然不知道是否有神存在，這對我來說意義不大"。

對一個不知論者來說，他不是 "有神論者"，因為 "有神論者" 的論說不夠說服和證明神的存在，所以他不相信仰的神。例如太陽和其他行星，他可看到，並且更有其他具体資料可證明其存在。此外大自然中很多事物，雖然他看不見摸不着，但有濤多科學方法可證明其存在。但若神的存在，卻無法以客觀資料來證明，僅能以虛幻的信仰來說服，是而採取 "不知論者" 者所以信接受。

同樣亦對 "無神論者" 者亦無法確實證明沒有神的存在，所以亦無法走進階 "無神論" 論調。

總而言之，"有神"、"無神" 均屬於 "信仰" 問題，正如中國古言："信者則靈，不信則不靈"。因為，世界上很多知識分子對 "神" 的態度，都隨階 "不知論" 論說。由於信仰和思想是個人主見問題，如不能以具体例證來說服，是不可能改變的。

洽豐皮毛綹用箋

清兒、三号下午父之离我雖覺此去後守家中先明父

父惟此次之走實之跪難行裝与盤費経俸不寬一隔數

年以缺乏経济时家中又势力匪帝總感吾兒之志高

而遭遇之太苦且以子隔歲时得見当然不勞离别之

感故自兒走後計算七号而到香港大约十三号而

得来信而以四日未經津郵差遞信来今日十三号下午二

点半得来信急折閱看詳走一路平安欣慰多之望

將必需衣服乘便薄置以兒臨时皮侵到西班牙上岸时脈

裝不整齐有損儀表足吾　兒在外最要注意身体因

吾鄉太遠居起飲食凡俗習慣又是氣候此土大不相同耶

中華民國　年　月　日

024

洽豐皮毛絲用箋

第　號第　頁

以对於分係尤当注意 少次少江陰等 需不失守我必留錫

一行稍等欵項而以与 兄稍備行裝勁力以 不致少少級便

現至三以悄形 约出人意料徒感不遇意与不安 年半以後

常有信来可慰我怀 自兄走後 携得袁先琛来信大約

其不知去西班牙承大遠 兄去蘭州升学我擬好时发其一音 台

湾閩浯基来一信 已遺失故地址却 好至芳 言僅尚好坐

活之諸不复不好 室和于 可号来一信至上月廿七号尚出云

擬出岳退衡陽势必再至桂林大约少後再有信末 共信

上着意家中各人最 兄之餘居出国当可我当复一信

告知尤详細悄形 寄衡陽並注明以已出岳诗报桂林末知

中華民國　年　月　日

電報掛號三一七四　　地址蘇州山塘毛家橋西二三三號

洽豐收毛皮絲用箋

收得着居芳湖南京也今芳信息我暫住上海芳設法行動

以後再說現至上海情形与兒走對人不相門大約振我不知在

料寺应用物价格增高衣料用品等滿地舖攤出售此年對

使道多我雖用得着芳錢婦買且尚不敢買祇得聽之与看

看使宜貨年　阿毛　敏横　昌宝三人密約枉九号動为投入

十七軍政工部立今　日高芳信来大姑母着急我祇得對

常　勸慰精神减灭愁颜她三年紀此我高十歲戈与别人

恳此我还仔腐此芳慬火愁問心安夕未之鄞區人員六七人

恳鄉云不日或回芳我提同行大姑母与表抹阻捆不许虑時再

說解稅述顺祝

旅祺

以字五月十三号书

中華民國　年　月　日

地址蘇州山塘毛家橋西二三三號　電報掛號三一七四

為悼念張寶學長而寫

　　八十出頭的壽齡，他依然為中西文化，藝術創作，尤其是在第七藝術領域上，而躬身書畫，且發揮得淋漓盡致，實在是一位從事文化藝術中少有的奇葩。對他突然驟逝，頗為令人惋惜和哀傷。

　　在馬德里九年歲月，求學時期，我有更多機會與寶清見面握握，交談，好像在一九六二年四月間，在馬德里郊外演北京五十五天影片中我曾跑龍套（義和團兵卒）的角色，那時候，寶清見他做片場佈景設計，後來我們又在一九六五年五月間，參加歐洲天主教中國留學生主辦的瑞士暑休和旅遊金，為期一個月，基於此一旅遊，我對寶清見更深一層認識和瞭解。

　　自我在一九七〇年八月廿一日攜眷赴美國紐約謀生，就此寶清見分別了四十三年，以至到去年2012年三月間，承林志豪同學相告莫索爾同學的電話，由莫同學處才獲知寶清見的電話，乃從此開始在網路上與寶清見來回互傳訊息。

　　真是料想不到，他竟然離開塵世。

　　張寶清學長，不愧為是一位虛懷若谷，從不恃才傲物，是皖江六省當中一位出類拔萃的人物，他不但博學多才，又學貫中西。從他的著作「地中海曉風殘月」，就可以洞悉他的為人和他人生的哲理。看他最近的畫展，是那麼多才多藝，看他的衣著和髮型，是表現著藝人特有的氣質和風度。

　　寶清學長：您是那麼翩然，悠然的出生，又那麼瀟灑的駕鶴西歸。

　　　　　　　　　　　學弟茂實悼念　2013年三月十六

目次
Contents

楔　子

　　時兮逝矣，少小弱冠去國，瞬間已過古稀，記憶中悲歡並存，淡淡的憂思，即杳的喜悅，均隨微帶腥鹹的曉風而去，我漠然仰望天際，歎即將隱卻的殘月，漫步在地中海淺黃的沙灘上，清涼的浪花輕輕拂過腳踝，滌盡心底雜念，往事若雲煙、似遊絲，飄忽不定難以捉摸，只得耐性將之一朵朵、一縷縷拾起、理順，訴諸書面。

　　我祖籍江蘇無錫，先祖父映輝公有後九人，長女出嫁當地世家華府，其餘皆兒，先父馥泉是最小房，娶盱眙縣令之蘇州龔氏閨秀紫綃為妻，生我姐弟五人：海玲、寶笙、葆和、我——寶清，及寶瑋。先父少年考進上海哈同書院攻讀，與龔魯蓀為同窗摯友，故與其妹即先母締結良緣。先母曾畢業於過去南京首都第一女子師範，屬民初首批新女性，由於先父母均為讀書人，記得幼時家中，無珠寶貴重什物，惟廳堂滿壁字畫，書房滿架中外書籍耳。魯蓀二舅英俊瀟灑，滬上英籍猶泰巨富哈同書院創辦人，欲將其乾女盧嘉玲嫁之，並許諾以南京路房產陪嫁，當時，二舅已與二舅母交往，據說二舅母乃冰清玉潔之豪門之女，二舅未貪嫁妝婉言謝絕婚事。他於上世紀三十年代進入電影圈，曾為「春風楊柳」影片之編劇，並為張石川導

演之副導，除此之外還在片中客串演出，女主角是楊耐梅和夏佩珍。[1]

哈同書院係私辦英語學堂，不收學費，但能進入攻讀者，都是出類拔萃之學子，先父在校時成績斐然，結業後遂被甄選至郵局以郵務員資格服務。[2]

上述是我簡單家世沿革，我曾有過優越綺麗的童年，在校亦可稱得上品學兼優，因此被保送西班牙深造。我的出走計畫，遠在一九四七年就讀高三時已擬定，本想學成歸國服務，怎奈時局不允許，滯留西歐成家立業蹉跎至今，不過我四海為家不以為忤，認為在外宣揚華夏文化報效祖國，不比在國內工作為低。

此非小說，更不是系統性的傳記，只是生活片段，獨立性札記，每章如散文有完整情節，設若依章順序閱讀，則是具有連貫性的詳實故事。其中有觀點有理念、有影業操作和花絮、有閱歷有遊記，有戀情有死亡，隨心走筆任意翱翔，想到何處寫到何處，不居文體和結構之統一，不圖嘉賞和摒斥，僅是一番真實的心聲。

我撰寫此札記之動機，首先是自娛，年事已長，歎夏夜之流星劃空而滅，朝菌不知晦朔，浮生在世瞬間即杳，誠如東坡居士所云：「事如春夢了無痕。」乘目前尚能執筆，或藉電腦將所思所歷敘述書面，若待來日腦衰智弱不復記憶時，礙難將生平藉文字記下，豈不可惜！我欲將一名久居海外半世紀有餘的華裔影人，親歷四大洲所聞所見，對人對事的看法和態度，將之赤裸公諸予世，輿論認可與否，是個別觀點，我不會在意，

僅希望能閑閱此「語無倫次」篇章之有緣讀者，在作者的悲歡哀樂的經歷中，稍獲少許茶前飯後閒聊的資料，我願足矣！

米格爾・張　識

二〇〇七年初春於馬德里

---

1. 按：夏佩珍和蝴蝶同為當代明星，尤其在中國第一張武俠默片「火燒紅蓮寺」中合作，更紅極一時。二舅曾與夏佩珍相交甚篤，無論在片場或在外都形影不離，曾傳為上海灘影圈佳話。大舅龔傑人字韜庵，從事革命，清末在上海起義，與陳英士各率部隊攻打遜清兵工廠，可惜大舅所領之革命軍因情報不確，攻擊未能奏效，而陳英士卻獲成功，民國成立後，遂被派上海首任總督。
2. 按：民初中國之銀行、海關和郵政均掌握在英國人手中，故英語人才在上述機構中均任高職。之後，先父調至南京郵政總局工作，所以我的出生地是南京。蘇皖兩省雖毗連，前者先進發達，後者退伍落後，郵政總局有鑒於此，在抗戰前夕派先父到安徽郵政管理局整頓業務，遂留下工作。因此，我全部中學學程在當時的安徽省省會安慶完成。

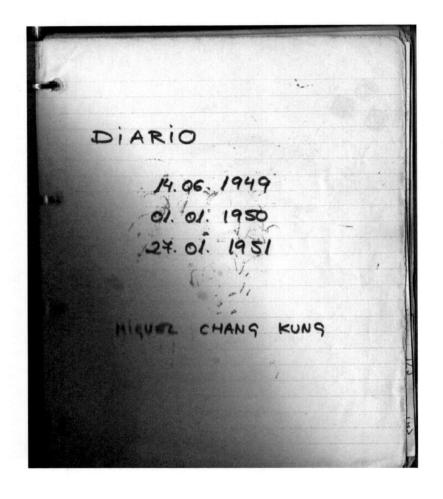

名可說是昨夜，祇祇說是今晨。睡在機中點夜趕行的，迷迷糊糊地靠了幾個鐘頭。於晨八時至新德里，大家苦機加油的空閒都下機換換空氣。因為時間差異，斯時天剛破曉。苦再起飛時已是九時一刻了。

今晨的早餐還好，是配己好的一盒的食物，其中還有半隻小雞及兩隻香蕉，呢。

今天在機中很舒適，不過得疲養了，真難受。

下午一時來至巴基斯坦的京都加剌基，此處乃一大站，所以我們都下去洗洗吃午餐。這次的午餐很豐富，西蠻們不容氣豪華，因為派天有了經驗，所以這次用餐時很從容。

我們至巨兩个人還有一个設備很完全的房間休息。在我們用餐前所遇到个能操很流利的書話的巴基斯坦人，後來當我們進房間時，他便要我同施漿不休地談廣東話，他講他曾去過香港、上海，在中國住了五年，而在他返家後的三年中，竟沒有一个人同他講中國話，──這是當然的，所以這次遇到我們，他便感到異常興奮。

旅客候機室，這真是个非常有趣的場面，裏面真的有各"色"人等，以及各色的服裝，好像一个人種展覽會。

我們直到五時三刻重又起飛，臨上飛機。

時因有天氣太乾燥,我出了不少鼻血.
　香港時間到這裡相差的太遠了,五一左右天纔些黑.於十二點半我們又到了別的地方.一切都很簡單.出境.
　我們用過晚膳好看閙覺,人疲倦的加之停電透了,更加難受,真是坐立不是不覺機關里熱也要熱,很情地倦錢睡了.其實那里睡的着,一直坐迷蒙中
　　　　　　　六月十六日.

　迷蒙中太約五時我們再制好上行
　　今晨我們已五地中海了,站此除了之外,别的一無所見,石逃未有多時候陸.此北謂的大陸真是无際的平原,因里漠然態,維卻很象沙丘隆起,些決不是山
　二時抵希臘的希伯拉用"早茶".在機塲廳里,人們都向我們找必驚奇的同老生想,這幾个"外國"學生去什麼地方?由口中,他們都知道我們是中國人.
　自徑希伯拉四時三刻起型後一直又匾宅了.毕論怎樣坐或睡都不舒上機起純有一種特别的感覺.這次到歐洲來是假的一樣.又頃刻間十二時半將抵著東羅馬,更是石可能的

因為未生過飛機，而對於這三天此行的路程起了懷疑。

抵羅馬下機後，因為沒有羅馬的許可故寫有麻煩，但又涉了兩三個鐘點以後，據算能在羅馬結三天亦廿日再赴西班牙。

久聞羅馬乃一古城，在赴旅舍的共汽車裡一見之下，果然名符其實；街市建築皆十分雄偉，盡皆巨石砌建，然而歷經風雨的剝蝕後，呈現著斑斑斑痕，加之式樣的過去，猶數陳舊；但是外面雖然如此，裡面卻非常精緻新額。──這是至旅館以後，纔知的。我們住的是 Hotel Diana，是羅馬較大的旅舍，設備非常周全。

此地聖堂特別多，每條街上都高聳著鐘樓的頂尖以及雄偉的彫塑。

就是在街市鬧區中，亦保留著不少古績，廢墟殘壘，著名的聖地話作像……明天預備再出去玩賞。

在些地言語非常方便，我們偶爾用班語與他們談話，雖然他們未曾過班文也未聽過班文的人，都能懂得每句話的意思，由此可見意文與班文之相同不在少數了。

因為人太疲乏了，飯餐後，洗滌，擦藥，很累就睡覺了，床很舒適。

　　　　　　　六月十七日

‧早晨号鮑時人都未起床，其伙伴
去梵蒂岡玩了．搞起来．在饭．覺得然
好嘴生唱着高調"云車手"

午餐撮算起来吃了，所以下午同尚
位班國神父移了街車同去遊覽羅馬．

首先到的是SANTA MARIA MAYOR大堂
是雕刻與油畫，修皆表情傳生．庭柱和
右大理石砌筆，莊嚴幽美不可言喻．煙…
樓座大布可觀，哈以晓得是實，斷而以
彩喀先綠的配合起来看，顯然是主體
而電等與議．

處在這等環境下，雜，不能信任自己ゝ
其次是噴泉FUNTANA DI TREVI，可惜
在G值沒有泵水，所以沒有看到美麗的噴

在我们去聖後納野堂SAN IGNACIO之前
旋门ARCO DI TRIUNFO，此羅馬凱旋门的#
國的產石象，而遠似乎小一些，在它的旁邊
名的COLISEO．戈理塞俄現已國剩慶連一
那正是人與人比武及喪譽獸甘格門的
場两圓形尧馬戲班，古羅馬常時比賽時
生備高費的爵士名流；二人榙門，勝者獲
譽而敗者却抛给獅子食．地而若座上有
姐哰敗者為她的費人而不龍死的迠．也
给獅子了．由此看来，歐州中古時代窩比地

下午五時去山頂邀了王長神父同去游泳，約廿分鐘到海灘邊，並而且遼闊，而水又非常平靜，祇不過感覺太冷一些，所以未游多久，就在海灘上玩。

深藍的海灣，一面臨崖而另一面卻頗傍着淺黃的沙灘，灣外澎湃的海水沖向崖石，卷起潔白的浪花，與遠處夕陽下的帆影相映成趣，我等置身於圖畫中其樂無窮。

明晨去GIJON，故今晚睡得較早

　　　　　　　　　　六月廿八日

今天因而是聖保祿瞻禮，所以坐了強撒以後才去車站，而走了約有一個鐘頭纔開車，已是十點半了。約歷七時始至到GIJON的車站，那時已有好多人至車站用汽車接我們去GIJON了；從車站至GIJON約一時餘運。城市的礁石少，建築亦不新穎。

首先我們到那穌聖心堂下車歇腳，休息少頃至本院長給我們每人一個聖心會的鑑牌，非常精緻。鑑激我們後去街上看聖體接行，並參加了遊行行列至終點然後滿到一家人家的洋台上觀禮，引起甚多人的注意。

禮儀完畢後，許多太太、姑娘們擁上洋台，將我們圍住，爭相詢問不休，真是山陰道上應接不暇。

後來回到聖心堂時哎呀，那裡的人們幾乎瘋狂了，要把我們抱起來似的。當我們會過首長等大人物之後，便被一擁而至禮堂。沒有辦法晚會便由鮑代表我們

大家說了幾句話,先用中國話無海再自己說
前神父也同樣說了,頗覺他們的歡呼聲
一位神父先呼¡VIVA CHINA！,人们¥應¡VIVA
我们亦由前神父領言三呼"西班牙萬歳"！歡
窪,鬧熱非凡。

　晚餐後便各至預先找好的人家睡覺
在一家教友家里,實則前神父住於堅他里而
住在 Numa Guilhou, 17, 的一家教友家里,主母
週到,而她家且有两个女兒,妙的叫 Tere,十
流露於外,窗独待人非常親热,而姊名 Lo
表面非常嫻静,略痩,他手投其妙铺羕。

　是晚,前神父送我们去睡覺,她妙姊俩
衣服打扮好了等我们去的,但终因我们太累
命我们就睡,不要多談話,我想這樣做
有點,先生,續甚是 Tere 特别喜欢說話,喜歡
任何人,雖然她的英语並不流暢,且常有錯汣
　不過她的两人都非常可愛。
　回想起天星热鬧的情形如陞夢中,他
般的热情對異國人,雖然一半有好奇心的俩
有一半誠意,總之我们從未来受到過這般
　　　　　　　　　　　　　　　六月廿九日

已有很多青年去看送我们了，到四再当我们到達車站时，凡昨有昨天看見的青年和她们都来了，她们有許多不但未送行，且送了不少食物，唉，僅一、兩面之交，他、她们總是如此，的確與中國的民族性大不相同。這次来送行的人，不下三十好个。

　　離火車的開車只剩點點，Loly、Tere，以及她媽、終於来了。她们都好像含有無限惜別之意，獨其是她媽。後来當火車駛過谁宫哨的时候，送客纷~走出車廂，Loly與Tere以及她媽，還搖叮嚀望叮嚀的叫我们寫信給她们。

　　今天在火車里，悶熱得真難受，但是遇見一件頗有趣的事。就是有一个的天才十一歲的胖女孩子，同鮑玩的特別好，她说願做中國人且願意同鮑结婚同去中國，真笑殺一、四二B个外國人。

　　到家时王宗與去海灘尚未回来，當他回来後把獎牌給他，並告诉他在Gijón的種~有趣情形，他表面上好像冷淡。
　　　　　　　　　　　　七月一日。

En Comillas（Santander）
　　今天是聖母往見依沙伯尔的節期，所以早晨施王我同三位修士同去離此三四里路的一个山巔聖堂去觀禮，他们说在那里有舞蹈，果然在離堂不遠的一结上看着聖母的連杆行列，而在行列的前邀部舞着半时半古服裝的男女。從山上同时下来了依沙伯尔的行列，拾著兩个

行列會面後一齊到山巔聖堂內望彌撒。

彌撒後在聖堂兩小場上舞蹈開始，男的
衫褲（現代）頸上圍着盞綢的大領襟。腰上束
的大綵腰，先舞的皆持是白花的花棍，相如何
顯出鄉村風味。後來代花棍而持以castan...
的同舞；女的頸披包綢，身着白衫黑緊胸及紅
大紅裙，非常美麗。

而當兩個男的舞時，女的皆步排成兩行，打
而歌唱以和，實別有情趣。深商在中國車情
時可以看到這種鄉村舞曲，未想到現在居然
眼看到真實的了。

晚上把給Lily的信的草稿打好了，但因太
未抄便睡覺了。　　　　　　　　　七月二日。

　早晨他們都去海灘游泳了，施與我都
留在家裏。給Tere的信我用的英文，真是有
為我寫外國文竟說以外國語，卻好像班文未
些；說起來六年英語念得真是慚愧。

　下午去老地方游泳了，今天人很多，所以大
非常髒，遠看值得記下的，艷費施今天居然他
我們在這裏，那些修士們待我們不錯，
一直陪看我們談天，籍以我們的班語來可進
雷神父也說過，三月以後就得住學校了，我真不
的班文怎麼應付。　　　　　　　　七月三日

今農尚神又去馬德里了。昨晚間我們各人會文憑，但是誰知我的文憑卻在寄還的箱子裡。而通尚神又說現在是沒有也沒替我們想辦法。於是心裡遇空。又因為工程太難，施與王都要改行了。不過我始終堅持讀建築工程課，不管多難或多久。本來也是的，我除了美術之外，根本不喜歡別的任何一科，所以現在已勢如騎虎，非學建築不可了。

　　原本今天就該開始班文的，但因先生未找好，所以又未開始。但是晚間吃飯前張神又卻領一修士來了，所以祇有二人共一個先生。於是今開始是這樣按程度的，我與施、王縣鮑以及管興寶。

　　下午我們都剃了頭，於是摸著我很痛、快快地洗了澡。

　　雖然給Loly，Tere的信早已寫好，但身邊一分錢也沒有，且找神又不易，所以至現在還未寄出。她們在那里真替急死了，一定要說這兩個中國人，在這里倒真好，一掉面就卻忘了。其實我們何嘗這樣，多一個朋友終要好一些，何況Loly又是那末惹人愛呢。　　　　七月四日

　　今天開始上課了，我們的先生叫Sang。而課本卻完全是小詩與散文。我倒是很喜歡，不過以後在學校過似用處不大。依我想現在若能一方面急讀文法，一方面急念些關於建築上的名詞與事情就好了。

　　下午Ignacio給了我們一人5角3分錢的郵票，我們方去把信寄掉，不然的話恐怕還要等兩天呢。唉。

身边没有钱真不方便。

午茶是一个麵包，五个李子以及一把颗粒
肉像胡桃的小果子。當我们拿了午茶下山
到我们莊子迎面上来问我的討东西，我把
在吃的半个麵包给他们了。如此我不禁想到
以及在GIJON的那些富豪之家，他们吃的用的奢
華。而在街上流浪着那些苦孩子，我以到家
那些窮人不信篤芳寬的宣傳？試想到比他们
塞而慄。

香港的信到現在還未寫，一直苦于学英
在他已拿去洗了，不日將可看到。而尚香港一
些人完全是假，在玩的時候玩的很好，一走了事，他
對我说這话也不能说不有一點對，人性是這
事物或是某个人，當你缺少相處時，覺得很好，一
開後也就漸漸忘了。不過這话是要除了一些
之外来说的。　　　　　　　七月五日

早晨會加修道生，晚餐前會大修道生，
如此地展覽着不下十數次，言語又不怎麽通
急人。

两天来的班文，都還是上過的單词，其实
也不好说，下次一定请他替我们上些生
這两天来真想畫，可惜纸筆顏色一樣
Comillas又是這末小，不到倒可換了美金去買
　　　　　　　　　　　　　七月六

近兩天來非常想念家里的人，懊悔當時走出時未把所有家里人的照片帶來。

晚上因為 P. Laboa 把收音機的下借給我們了，於是我們大家聽入音樂，倒覺悠游自在，近來不知怎的我瘦削了不少，所以一天未做功課，休息了不少。

七月十四日

回憶起來，上月的今天還在香港，九龍，轉瞬間已雜鄉萬里，雖班文已在鬧烘烘學習，但心目中總覺得茫然的電發目標。

想投書回家，又無法投進，石聲使人空空悵惆。

──補──

今天無課，早晨照例去海灘了，在海灘把救生艇的跳手認識了，於是划了不少時候，不過仍不能很自然地前進，他讓我每天都去學習，這倒是個好機會。本來划船是了很好的運動。

因為時間的晚，來不及回家換褲子，所以濕漉漉褲仍穿在里面便去飯廳午餐了，半鐘點後，外面長褲都濕透了，既雜過而又不雜觀。其實這都歸咎於王，我呼他兩次快點回來，他仍同那些姑娘坐其小艇上胡調，王他性々就是這樣，祇管自己而顧不到別人之辱上等他，由很多十實，是實表現出他的自私。人雖然是自私的，石過我想過石，要要自私時總自私，石的的活途是多顧及到別人一些，若是這樣自己也是很不过的，因為當做

帮助了别人不管多或是少，那麼你的心里慇懃
　今晚是節期開始，所以在村集中擠滿了人
當我們剛上街時便遇到戴個面具的滑稽
出會時的大鬼，當石不意識地吐出一句"
去的?"有趣，當雖然巴是石小，但後又說出慇懃
話，而他自己卻認為真是這樣。
　我們又遇到那一班姑娘子，王於是即刻
這个小團体而尾隨她們的前去。
　先頭我們也參加了小玩意兒，王與Pedro
我與施策了陸家的小孩坐了湯船，真是捧場
而已，但他們卻有很老的人與中年婦人們玩
這真是歐洲人比我們在團的人，竟惹要年青
　最後在一點鐘左右，轉彩的火花節目開
王用五彩的火花沖向天空，形成各種圖案，
異常。這種機會實石可多得。
　我們直到兩點鐘儀回家，待念完玫瑰
訣，待上床睡覺時已是三点鐘了。
　　　　　　　　　　　　　　　七月十五日

　下午八時把管自來水的老頭域到家里
雲，蛍，都是些極普通的，於是我隨便摸了
時把我預先捲出的給了他，如此地反換
麼意思。
　Loly與Tere的信終於來了，並且我們在G!

鄭神父下午八時來了，當我們在Comillas路口接到的時候，真是無可言喻的興奮與快樂，而張神父起初是靜了，此以大家在一塊忘記了一切，由此可知，在異地看見本國人，猶其是認識的，是多麼的快樂。

鄭神父仍是那末瘦弱，他說他還有幾個聖湖教區的學生在西貢，不久來此來馬琍，倘若他們來了，我們又可減少不少寂寞，不過我們現在並不寂寞，可以說有他們來了，使我們更加熱鬧。

尚神父不知何時返來，我們的衣服真缺乏得很，不知怎麼辦妥，而學校亦不知已辦妥否，昨天下午一位耶穌會的修士告訴我們該等暑期要回瑞年藏，比方我學建築同他們的修律一樣需要五年，他並且說學建築要畫圖繪才學妥，憑他的，畫圖我至少不怕，而對學我來可以跟著他壞的數衍過去。　　七月十九日。

今晨張神父升五六品，故以我們望彌撒而未上課，但彌撒未完我便與MIROSKAW去海濱游泳，但是今天天氣特別壞，既沒有太陽且颱風不小，故以就是在岸上亦非常冷，起先我們不願下海的，但因為後來Paloma她們來了而亦下了水，於是我們也脫了穿上的汗衫躍進水裏，真的誰道我們還會示弱在，她們姑娘面前。

今天浪特別高，有至於一浪過來比一家人還高，故以我未敢游多遠，MIROSKAW游得很好，當他一人游得很遠然而在大浪來時，真有點替他擔心。

赴早晨的約，下午八時我們~~去~~Paloma家（不
和我）當我們到她~~的~~家時，她的吧芝好了，進
了一曲南故，隨即我唱了兩隻歌，以後便是Pal
Andalusa姐妹跳西班牙舞了，由於觀察，我
對"鴿子"很有意思，而她卻好像無所~~抱~~他，王人
本來是的，大家隨便玩玩的交易，還能認真嗎，可
她們這樣的請我們去玩非常隨便，說的也好
像是去陪她們玩的，所以像如此的赴約，我
樣的下次了。　臨走時合照了幾張像，因為沒
想不會照的清楚，而我希望不要照的出來。
　　臨睡前我們大家訂了個規矩，每晨八時半
志；晚十一時半玫瑰往，十二時就寢，若每隔
個週末下午八時，舉行學術，心身檢討座談會
下去生活比較有規律些。
　　　　　　　　　　　　　　　七月廿日。

　　果然今天大家都起的很早，我是在八時半準
近兩天來班文課，都是解釋圖畫，我想對我
少，因為曉的的我能解釋，而不知的誰些先生當
但是很快地也便忘了，如此下去三月後，若真的
怎麼辦好。
　　航運于職主教示有世界學生來班讀書，如來
馬德里的話，那真多麼熱鬧啊。
　　　　　　　　　　　　　　　七月廿一

是張神父吧？他已往同尚神父通過電話了。尚神
父在Santander說明天回來。好了，等他回來看把我们
的事處理得怎樣了。真正說起来我们的問題真多，除
了學校、班次之外，還有教學、衣服……等種種必須解決
的問題，且待看他来應理。

每绿電車這里真有用，从无到来火速就淘起一直到
兩點鐘睡覺時還淘，這時间宵中除了吃飯的三刻
鐘外，我们一直聽着音樂，當你工作時，看書時聽到了
優美的提琴鋼琴合奏，或是大合唱的樂曲時，你會不
知不覺的停了筆或是手里的任何東西，而如醉如癡
的沈醉在音樂裏，這真是一種具有莫大魔力的東西啊！
                                七月廿四日.

今晨是張神父做首台彌撒，我们都去望彌撒了，
而在各個新神父做完彌撒，弧形的坐在正祭台前給
教友神父们親手，起先在神父當中我看見了尚神父也
在里面，頓時真快活得不得了；在早餐時尚神父来同我
们說，將有三个人在Valladolid念書，而我的學校尚未辦
妥，並說飽，要還要補讀完學通的，所以他们的氣燄．
可是尚神父就此見了一面，不知何時又去Santander
了，大家曉得都不曉得。他說我们是應該有衣服這
也是一個好消息。
午時為了教王去買手紙的事，王勞當大吵起来，我手讀

咸全武行，真是，他們一點石顧顏面，石宿不耻笑，幸虧外面的人還沒有来（因石我給隔间隣家请客了），石然的话真去死人有趣，一共祇有六個人，而天x都石安，常x吵话，中国這末多人怎教石起内戰。　　七月廿

曾聽了廣播，说中国現在已有如同民国廿x災，範圍廣连一百萬英畝，甚致目之龐大，真

這幾天来我们的练習是班文日記，對x由於练習本上看来，文法的錯誤x少了，而使致词的疏忽。

這里的飯鮑一直说好像吃石慣似的的，差固然是差，石過我石知怎的，搓好像的飯量增加了，而臉似手也胖了些，這樣的還適合

施一直石知為了什麼石去練冰，而今天专海瀤下水了，但是紆上来時便發覺他錶又停了，於是又氣泻了石得，本来也是新的东西，還未碰便壞了，怎石教人懊惱　　七月廿

又聽了年纏電廣播说，上海遭受飓風挬流離失所，啊，中国何甚石幸，盡在苦難中，天

次的洗刷，怎不教人傷愁。

　　而我們一家，現在卻分作五處，阿媽，在遠隔重洋的西歐，還有一個你親愛的孩子，他成時的想念着你，想念着你的慈祥，默禱着你的安康……

　　午後，想起來把給露絲的信寫好了，而「蕙芳」的英文信差不多寫完，卻沒有翻好。

　　晚間去街看開戲去了，一點沒有意思，他們都逢逢好得很凶，頂也不懂他們（丑角的）講的什麼，倘若能懂的話，也許不會覺得一點氣味。

　　張神戈下午八時去 Santander，我們的錶都給他帶去修了，說起來也奇怪，同樣牌的錶同時壞，待修好來了，的確要小心的戴了。　　七月廿七日。

　　早晨下課後就去墓地寫生了，畫了一張墓地及一張天神，因有茂蘭倍每天生去的寫生，而引起了我畫之的興趣，真是有趣。他們畫得不成東西的畫，還希奇的了不得，這也是他們歐美人的一種性格，雖然不是誇大，卻是如同中國人般的讀書，可以說是非常老實，比方說諾扎扎吧，他們祇要能讀了前進，他們就說會了。比方說畫之，他們祇要能把那樣東西模抄下來，也便說會畫之。而在中國決不是這樣，倘如你會，當人家問你的時候，一定祇說會一點，如果你會一點的話，那麼你一定會回答人家說不會，我想這也是由於讀書所致。　　七月廿八日

的確這幾天來對畫二的興趣特別濃
(下午)一個半鐘點畫了一張水彩畫——遠
縣城. 雖然很久未畫, 但今天畫起倒（很）
心愿⋯ 這張畫我畫得很滿意

給"露絲"與"蜜桑"的信交給王替我寄
絲的信上我问她要了她的⋯ 看她回信怎
於蜜桑 我祇照了她的來信寫了一些, 还在信⋯
晚上又去街看魔術了 魔術師說有一
⋯是他自己. 魔術維是極簡單的我種, 但
比上次的高尚以及有趣的多.   七月廿⋯

今晨在海灘上, MIROSLAW特別高兴 那⋯
為明天將赴馬德里. 晚间在他餞行, 把那⋯
我們客厅请客而送的一瓶香檳開了. 說起
僅十天的相處 大家情谊都十分融洽, 似
⋯这里都好像有點戀戀不捨的樣子. 我
的水彩畫送给他了, 我認為這是一個⋯
東西, 因為全幅畫圖完全是中國意味, 城
城门以及低小的店户, 实是表現出中國⋯
景象, 中國古老的古城的情调.
MIROSLAW, 他是斯拉斯民族, 性情挺⋯
把地址去下给王了, 将来待我到馬德里时
到熟人了.   七月卅日.

今天是聖依納爵瞻禮，我望的是十一時半的大彌撒，話主教進聖書及生堂，共兩个多鐘頭，所以很累人。所遇午餐較平常精緻一些。

下午伯多祿來生了很气，一直到已然欠十分他儍去看足球，他並叫 Elena 去買了花生，而給她一 Pta 作看球的票錢，我看了這種情形之後，覺得他們的性情習慣的確與我們的大不相同。Elena 究竟已有八歲了，且是馬德里上等人家來此避暑的，然而她竟肯替人家買東西得一个 Pta 作看球的票錢而毫等所謂，像這的事情我想在中國不容易看到的。

——————昨天晚上映了約半个鐘頭的電影，是從西班牙迎聖依納爵手贈去日本的片子，色彩些畫面都非常美麗，我看到了日本人與日本的房子，便聯想到了中國固有的他（它）們非常相像而很少分別。但是我覺得有一樣非常使人氣憤，為什麼對於日本便拍些美麗的風景，而對於中國卻便拍些破落、困苦的村落。難道中國就沒有美麗的地方嗎？我想這也許是一種傳教的方式，把日本的美麗、優良，是要激起人的羨感，覺得如此優美的地方是應該前去教化。而中國呢，卻是要引起人們的哀憐與同情心，覺得如此可憐的地方怎能不犧牲前去拯救。同樣都是好心，但被我們看了真是啼笑不得。

　　　　　　　　　　　　　七月卅一日

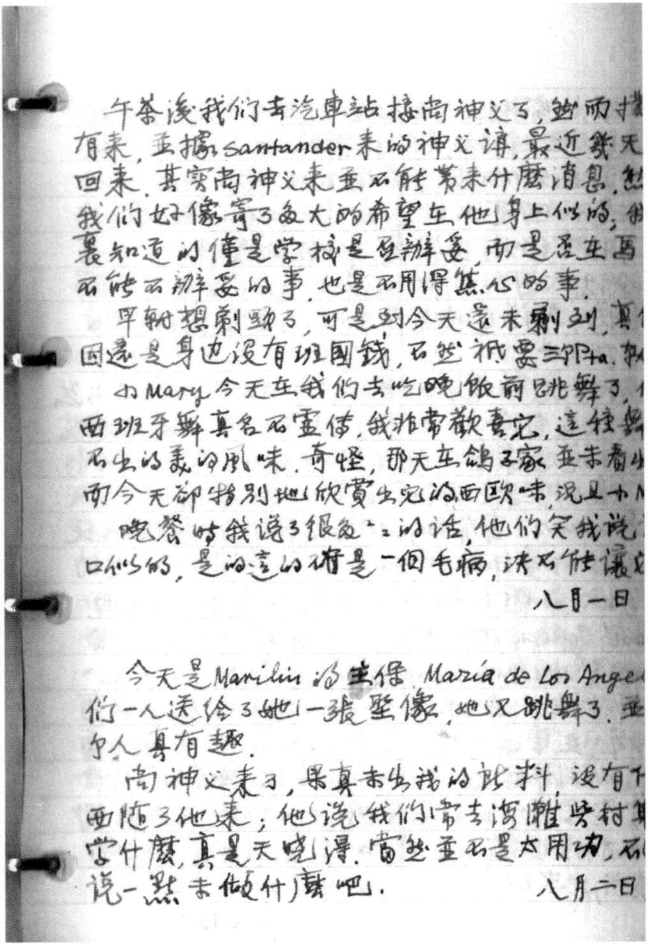
午茶後我們去汽車站接高神父了，然而
有來，並據Santander來的神父講，最近幾天
回來，其實高神父來並不能帶來什麼消息，然
我們好像寄了多大的希望在他身上似的，
裏知道的僅是學校是否辦妥，而是否在
不能不辦妥的事，也是不用得著心的事。
早就想剃頭了，可是到今天還未剃到，真
因還是身边沒有班國錢，不然祇要三Pta.
小Mary今天在我們去吃晚飯前跳舞了，
西班牙舞真是不靈活，我非常歡喜它，這種
不出的美的風味，奇怪，那天在鴿子家並未看
而今天卻特別地欣賞出它的西歐味，況且小
晚餐時我說了很多很多的話，他們笑我說
口似的，是的這的確是一個毛病，決不能讓
八月一日
今天是Marilin的主保 María de Los Ange
們一人送給了她一張聖像，她又跳舞了，
個人真有趣。
高神父來了，果真未出我的說料，沒有
西隨了他來；他說我們常去海灘樂村
学什麼，真是天曉得，當然並不是太用功，
說一點來做什麼吧。 八月二日

今天下午書上課而同一班 Madrid 銀行的職員乘遊
船上 S. Vicente 去玩. 剛一出碼頭, 海浪就把船身顛
簸前傾後仰, 傾角足有30°. 船上很多人暈船了, 然而在
我們五个中國了官中 卻沒有一个嘔吐, 幸虧鮑未吉石鄭
的話兒石了要有点影响.

　S. Vicente 也是个漁港 且比 Comillas 來浮大, 雖然城鎮
推常小, 風景亦異常優美. 我們去參觀了一個溯十三
世紀遺的方来為聖堂 而本来是一個墓地, 當改成聖
堂後便把骨骸一起堆在聖堂頂上; 假如一個人上去看
時的確會感到一些毛骨悚然.

　在回来時還見幾个 Madrid 讀書的姑娘, 合照了兩張像.
本来早晨眼睛有些石舒服, 結果經海風一吹, 晚間回
来時紅浮多了.
　　　　　　　　　　　　　　　八月十九日

　兩个星期来都未上課 由於眼睛爆窖了 前後去了 To-
rrelavega 三次為了诊眼睛 並在大修院病房里住了二次
每次兩天, 一共注射了一百多单位的"佩利西林", 打得兩
股隱隱澀石地. 這幾天的眼疾真麼死人, 假如生別的
病還可以看看書解心悶, 可是這次卻祝好成天生家, 成
天的睡覺, 當然想. 石然就是唱歌, 所以真尚的慌.
谢, 无主, 現在總算痊愈了.

　　　　　*　　　　　*　　　　　*

　Torrelavega 比這里大浮多 己是城市化了 所以店舖
都是推常堂皇的 本来我預備在那里買上裝的 可是因
有錢石乏 Pta. 的崗像, 所以終於未買成. 而商神父說我
们 Madrid 的邊有問題, 也石知何時诗回来, 而我们的

冬季服裝帝國雨不知幾時纔結買全 身上穿衣服 窮酸得真難过 且懷懼異帝

＊　　　＊　　　＊

二十一日是主日，也是那些西班牙人到美们
回来的人的節期，附近各地的人们来了不少
Gijon的人都来了，所以早晨大琺撒唪 整个
厨x的，連这的地方都没有了，真是熱鬧

在十二點開始舞蹈節目 穿得五光十彩
缤纷的舞蹈女郎，那種西班牙情调的歌
舞姿的婀娜，真惹人可爱

糸業，领令晨特區 Santander 起来，当舞異
大拍其照，有一个鏡頭我最欣賞的便是兩个
彩玻璃片的柜子的舞女，站在两个墨西哥舞姿
中间，那種風味真是慢美之极，照也到往印
惜光绿未對正確，所以照片雅都糊糊，可惜
相機 石然 我一定可以得到不扣極義的鏡頭

下午脱晦更屬害了，所以来上去看歌舞

＊　　　＊　　　＊

二十三日晚，S. Vicente 的女郎来了封信
一张風景服，同時我又接到一封 Loly 的来
茗之她可以送匦给我 而居然她亦缘她自己
記住的西班牙谜好了。Tere 還没来信 石知石

惶现在起一直到進学校为止，我想绝对石
再去Gijon了，石过在聖诞節，及善雜壁主日，可
真想去Gijon桂幾天。

九月四日

到巴黎，的確還是個问题．　　九月三十日。

　　濛濛的雨正下得緊的時候，我们大家披了雨衣提着箱子送施管、王三人去車站。朝夕相處，猶其是在這異邦他鄉，一旦分離終歸有點怅々；由於他们的走，連帶地勾起我们進學校的愁思，真不知遠嫁在比的待候時，"蕭蜜娜"雖是個好地方，我找出生什麼緣故在此地我竟有點厭煩了。

　　晚间縈雪說有兩人在暗思雨淋中上山晚餐，以及回家後各自閉在房做各人的事，沉寂代替了往常的嬉笑不禁微起思鄉感。

　　想起母親信上的病，好好我没有聽，以至弄到現這有衣穿，悔不該在香港没有多買衣裳。倘如母親晚得我在此這種情形，她真不气如何難過呢。而現在家裏又不明白我不知遭受到什麼苦難，另一方面我们在比到底不管怎樣，捷算平々地過着康樂的生活，虽以不想到巳一旦憶起不禁掉起愁绪。而那樣怅惘地蕩漾，往々使人無法抑制。

　　日间劉備誠詮巴黎來信了，他仍舊透測看香港的玩笑。本來我也覺得來此這末久連一封信也没有給人家走實在心有些不安，故以晚上寫了一封香港的信並附上兩张他家小孩的照片，也繼續寫完了给长门的信。要不是在"西鴻"有人許我通信，我真要悶然，而西鴻的來信又都是那麼親热。

　　　　　　　　十月一日。

今晚接到管控 Valladolid 的來信，說是每件辦妥，他們的伙食據他們來信的說法，的宿舍亦全是新式建築，四人共住一間，每人一切都很舒適，如此看來，究竟國家辦舍未得完備。

Valladolid 城並不是同以前所想見的不將落後，償的一部份還是古老的樣到，何以區是區好，而那裏也有很新式的繁鬧行同樣也並立着魏威的大廈，並且竟有一個公園裏面有山有水有動物，在偌大的池看各色的遊艇，重物，當然大部完毒，由他們在那裏讀書，每逢假日，並且還有地方，而那裏還有許多的名剛繪，壽賣給他們。

雖然讚賞了這末多，但棄有演棄的以想我們將來在馬德里一定比他們要好，那是首都，是最熱鬧的大城，神父們決不我們送到一個太遠的地方去住，話雖如此也不錯，就是直到現在還是否無信息，倘在那裏，定然有熟色人。

好罷，讓他去，急也無用，祇有耐性地"第

十月四日

今夜碧空如洗，一輪皓月投生暑常的老籌的尖頂，對面古色古香的公爵府，以及近處的山，一切都浸在銀料裏，能分辨得清之楚之中秋節了，月亮還是和中國的一樣，祇是介

果真給猜退了。以前還希望毛澤東等握着政府可能走向的托路線，自從毛商所交審表言論過後，連最後的一個希望也消失了。如今祇有着政府好一句若若實施延到世界大勢轉變了再作公好麦。至少到現在我一直持有美國心緣的信心，當三次世界大戰爆發的時候。

本來喜迷有一監興趣去 S. Vicente 去玩的，終於卻為過情面而去了，車碼上腳踏車碌去了勁，以回到了那裏，倒也頗為遠好。

當我每次看到好風景時，撮是懷惜在旁邊沒有實照像機，甚實那時要零一架有組雖有意圖很齊全的照像機，祇是要九十塊港幣，化美金也祇十五圓，撮之錢不敷，若手頭寬裕的話，撮式都齊全了。　　　十月十日。

　施幹管又來信了，施國為現在正上熱學，所以他這要物理書。而管來的一封信可難主要了，他說雷神之謂我們車馬往基毛敦備了一座中國公寓似的房子，為我們以足于職主都送來的二三十個修士苦學生，但是我們兩祗在此岑他們來了再一起上宗。消息固然是好，可是誰知他們何好邊能來呢，???這真要加上三個問號。

施的哥一區那遠是因為舊病復發而去敬了，我讀到了的確心裏有些雜過，回想在安慶到南京的船上，大家互助的情形，歷歷目前，畢竟三月的意遊，世上便少了他，无主的整志喜是可可提摸的呵。

還有一個消息作帶好的就是，我們可以同上海通信了，要去慶寄出來的信，洋文一列李例，但是他未說情能否寄

安慶寄花信件，假如可以的話就好了，我想大哥又進而一想，恐怕他們荒繆到我們的信件，實在沒有什麼關係，我們在此毫無政治作用，信主教反共產活國家罷了。明天一定要寫封信去要媽仍在上海就好了，我想她已回去。

晚上同小孩子們玩了很久，這些小孩真可又活潑，其中我最愛一名Angelines，兩隻黑黑黑圓大在均稱飽滿的臉上，天真活潑的舉止動態。其後來竟認真談起將來的婚姻問題，我說可能的討班國妻子，因為這生的姑娘既沒有美國興作風氣，而且普遍的卻是非常漂亮，真是一錢堆想再進一步設想，若是將來的孩子們，是多麼的但自小我解說的國言語，在一股語起來混血明的，這種想像固然太遠而又太美了，但是要把實在不是難事，祇要你「願意」。   十月十一

下午Cujai帶她娘表了，在比生了很多並說有意思，然而她們卻特意騎車子來玩以五禮去Santander，所以我托她們替我在那裏又說可能就把美金作官價換，因為那裏很便遠。當他的吃飯就吃廉，衣服撑是要穿的學校車弄好，制服有了，也不會唸她地的大廠自己，在香港的研究，而在比受還來多的候的

Santos來把雷神父寫給他的朗信他菜來讀（雷）就書寫信就了，看情形還是我們需要研究午餐是在歸朵吃的，因為路右的修士一名主動

早晨我們好了半天，结果雷神父十二點鐘纔来，我們於是直接便到建築高的的科學校，那是生活在大學城裡房子中的硿璜壳，獨有建築學校特別持荣。大學城裡一院的分開，每院都是怎樣的新型建築，但连在治正在建譬石文法學院，以及车外的分湖学院将一起搬进大學城，運動场出挑了石小的地方，以後課即時間有約讀道了。

我們去問了幾時報名，幾時上課，回答的是課程已上了，但祇上了幾堂，今天已太遲，辦公人員已走，待星期一早晨再来接洽。雷神父今午石時回去，他去給我們在百貨挖据，說是石等到尚神父來時的車費节費用。及待書寄尚神父来了再買，這我无可以在圖書館裡看書，我现在覺得我們的事淡无盛一方来班的消息起，一切的事都是要到德走弄的走題纔能时纔是到目的，這樣石能不說是很能得到圆满结果，但是對於我們的研石太合圆，石讓别的，就是急也擂的實是上为时。

因为波蘭仔電话的通気下午六點鐘纔来，於是我些登車洋台上找他，她而卻先見到鴿娃她一個同學在街那邊向这裡招手，於是我們便下去了，一问她們是上課經過这裡，並非有意来比，閒谈下波蘭仔来了他裝鴿上見面读说听，石知是不是我的心理作用，總覺的他們有點石自然。

後来波蘭仔上来坐了一會，我們便一同去電台覆他播音，於是我便想到過两年行中國的學生来多了，待我們的班文多好了，我們又何嘗石能在電台上工作一番呢，等着吧，總在一天我們會在班團弄一點成績出来的。

十月五日。

又是主日了，午飯後雷神父 黃我們去博物
Prado 參觀了兩個鐘頭 其實祇好說是油
份都是油畫，力部份是雕刻 至於古物甚
麼看到 不過那些油畫可真够瞧的了，每
廳都列開陳列 一個个大廳，一條的
滿了神態逼真的名畫珍品 因為太多真
欣賞 所以 祇有在喜歡的畫前
不喜歡的便走馬看花 似的讓它們

在進去的時候，在門口有賣名畫摹倣
都是我便以 14 Ptas 的代價揀了十张名畫
其中有一张我最喜歡，但是他都這
當時因為時間關係，倘未怎麼挑選
也就隨便是免畫，都拿回旅館。
裹面還有一張 "Monalisa" 的摹本，她
的微笑前面，足足站了有一刻鐘；她那
鼻梁的那布恰像中國人，也比像
那幅畫是多麼的高貴討喜。

一早同他們一連去學院上了一課幾何，一来生
也聽不見，不過我想即使坐近了也還是聽
講以後，三個助教便開始工作 為人蓋了一张
同 找一张也未做，說起來既沒有書以及習
例都性了，忘奈有很多東西都未學過 所以
真沒有辦法，本来中國所學的東西少，又加上五
十分清楚 以至現在課本上，如此看来這第一
放棄的了。

去醫院前到 Pension 去了，巧得很 Gijón 做的衣裳也寄來了，於是我便穿了新上裝去醫院，結晚間回公寓時再把原來的上裝帶回去，睡衣寄到現在總來，如差云拿空去去買了衣裳，這些日子教人怎麼辦。

喔！尚去拿衣裳時，意外地看見尚神父同另一位神父生在那裏，心裏的確興奮不少，可是尚神父什麼話都不說祇去了二佰塊找作為另用，而明晨他又忙去 Barcelona 辦事，不過我想也不會再到那裏待久的了，因為他也曉得我們車掉的種種困難，沒有書，沒有文具沒有大衣……不管，我也不會等上半個月的了。

十一月十六日

今天又是假日，不過整天都是淅瀝不止，我們一直候在房裏，早晨遲起了些致受涼，現在便過去了，而下午接到信的來信說，他大哥已經去慶給他信了，讀信中之辭的釋意去慶情形並不見得怎麼好，而至家裏怎樣是否還在失慶，很想寫封信去。

僅在車下午五點鐘左右跟 João Maria 去街買兩頂碗，順便找了一家鐘表行把表修了，45 Ptas，喜石你算便宜怎麼辦，身上錢又沒有了，尚神父雖說要一個之後總能轉來，既然如衣服穿，我想擦掉廿之羹全智回寶了書及做了重表再讀，而是又不曉得甚麼地方可換，真是個諦在此，沒有所恃，以前還祇曾作尚神父兩天就來晚，誰去既來了馬法里後又去巴色羅納，也許這第一局橫豎是沒有指望的了。

十一月廿二日

是預先約好的午後五時去王謝府拜候離去。因太陽很大即紙般圓兩赴約；到了他家，因為車兩他先生來招待，請出來他治前遇是輕便，但那一副虛偽的氣派真不曉得怎麼能以大使的身份在國際間辦事。中國本也是這樣，自有人才，但能派出辦外交的總是氣魄不揚，便外人對中國有一種輕視之心，他們總是想把國外的使居當些是國內的精華，然而卻祇有那些在國內的地痞才可想而去了。

後來說是王公使要接去俱樂部，所以我便先磐部中有網球，網球、游泳池、酒吧的確有幾乎外國俱在去打球，據良心說人家打得賓，我們真不是他們的對手，一會晚王公使那些派頭雖然比他老弟好一些，卻也是大高好業，掮撓財策的商賈，於是我們開始打球了，技術太差，根本連招架之力還有，以前遠把人呢，不過重不是自己原諒，假如我們再每天練點，如比半半下來，成績也大有可觀的了。非要請我們晚餐，實在卻不過抵我們後在那裏遇見了公使夫人，石見則已還在有一個孩子，如此一見之下，我卻不道把他比作什麼比較一較有道旁門之氣。後來在「儂」寮生所遇見的替他太太也來了，他業太2有有趣生了一副半中有一句中國語也不會講，因為她父親是中國人而她母親人，她並不漂亮，但最浮垂不討厭。

晚餐非常隨便，本來也是沒有預備，不能……

廿八日. 黨美回信了,他說他的書已借生在外,待他要回來追後再借給我

個個快了吃中國飯了,所以大家吃得很高興,他們人卻是非常和氣,可是就因為他們的一副氣派,搞令人不好同他們親近起來.

到說使館時已是十一點半了,所以不能回招也祇好去郁興"睡覺了,橫豎的天是主日,睡運點起來坐了張電便算完了.

天裏曾託郁神又何那蘇會嘉替我們一人借了五百塊錢,這樣心應稍長了一些,所以有錢買書了,這樣讀書真要命,而天氣又冷了,冬暑考校上課時,實生冷得真抖.好吧,且靜心等幾天再說.
　　　　　　　　　　　　十一月廿六日.

　昨天有一個同學對我說,當他和另一個朋友在電車上談到我的時候,恰巧給一個瓷器商人聽去了,於是那瓷商便託他來問我願不願意替他在瓷器上屇些中國東西以及寫些中國字,這樣的事情假如我肯的以諒,當然他會給我並不太低的新水,但是他的信是個賣中國瓷器的,假如我替他在任何壞瓷器都屇的話,對於中國的瓷器聲譽有礙,所以我得回他是生要在好瓷器上屇之條件,如果此事辦成,我便名聽得有錢化了.

　飯後把美金換了,價值是一比廿八.五;這樣一看我立萬容卻以一比二八的價值換得太吃虧了.

　晚上把瓷畫結束了,成績是第三,真是不曉得,儘管第二張瓷畫成績就列於第三,以後定真不能有問題,而且我的畫已經結束,而別人的都未完,有的缺了檯里風的翅膀,花,或是輪廓已經打好而未修飾,如此看來真沒有難處.

　今天並且把電費繳了.
　　　　　　　　　　　　十一月廿日.

十二月一日. 施壽言了, 這地震還要延期, 所以可能來再法里啟
早告這他們的名會來法, 引的有奇怪話謂, 就是我的

今天只單去醫院兩小時, 但雖開去卓兩小時
結束了, 我看桌上算起來, 像這些錢很簡單冷
的是被完成.

我同一個同家雖開回院後立刻便去瓷器地
門那一敲味道, 我就很大高興, 就似著圖工作人
來管事人出來比較客氣浮高後, 黃我們參觀他
餐器等. 後來談到意的問題我就先問他拿
了意了一小點山水, 他看了非常歡喜. 據他說每
工作兩小時可浮之資卄Ptas, 我聽了覺得他太
擦, 我意的東西馬上可竟中國貨, 於是幾百以便
宜, 而在另一方面我的時間亦非常寶貴, 如能賺
代價孤撲卄個Ptas, 於我想個給子如之的回答
生也並不高, 祇想意兩小時五十便齊了, 為賣給
可賺到點零用.

還有一件事非常有趣. 在回院裹同學們大家每
浮一個號碼, 於是用一個東西接影, 結果十號4, 而
巧些我的紀念, 於是雖兩易舉地便浮了卅五片
氣真不錯. 十二月二日

周存是主日 實過球撒後便與尼哥拉斯及
亞吉聖伯的父打話球, 一來因為椅子很好, 二來
拉斯的球技不見高峰, 所以玩浮並不見得去
隨後在國家以前我們去哥帝布"散步"了. 此地
俗真怪, 所謂散步就如同做一樁事博般向
一個地方去散步就用, 就有許人都在那裹散步
踵此來去個那馬亡有趣, 教我散步在那裹真大

贊，在中國所謂散步那只是一種無聊的消遣而已，那有像這般的集中散步方式，只過他們這一種樣子都別有他的用意，男的可以歐女的而女的亦可以打扮得花枝招展似的展覽，而且亦是男女的食約好埸的。當我們散步時，忽然的聽見後面有人叫我的名字，回頭一看卻是錶子她們陪他地問了我的便分開了，原來我並沒有法同她們談，我常常覺得我見了生人很少有話同他們談，甚至是因為語言的關係即使遇見了中國人卻也找不著話同他們談，這樣真不好，要不是些人家得多，真不容易得到朋友。

下午一點也未出門，一直待在家裏，自從星期我搬過到這裏來，未來有很多的事應該去辦，可是不知怎的總沒有情緒去做，弄到現在書還是未買，這樣下去真不是話，以後天一定找個人賣我一陣去買幾本必需的書，而昨天給了鄔七十五塊我託他買一本同他一樣的英文字典，橫豎以後遲少不了的，所以待其後未再買不如現在就買的好。

我看真糟糕，書念到現在還是一點頭緒都沒有，有書玩的時候什麼都忘了，當玩罗以後想起種種問題，不免煩躁起來，而這幾天為了那袋遺問人的事如中償是有大爭辯廿元而個鏡頭賣賣太少，但又捨得我著，欲想往腰袋個塞用塞，好幾個，好，作以後看了再講。—— 十二月四日。——

早晨一直睡到九點半鐘起身，因為第一堂課是改數學，在人家應該特別去早些，然而相反地我卻不去，不想則已，想起以後怎樣應過這大棗階，真是毫無頭緒。

午後尤翠瑪利亞陪了我去買書，地質學書賣已化去了三百六十元，而代數還是舊的，讀書真貴，待我把錢袋書

買了還得實加上載石之遷好.

事是實来了. 晚上都上晨々. 但因是..石了所
數目此化當女科實部門. 保得實万巧天去學古
生物连语言都石能懂. 当能读到去做學问
我看去列明年暑期後開學時. 就够好々地连
去古典好了. 钱已经看見了這殼班園學生. 事已
做如我能放性浮如同班中國话一樣. 那怕因
难. 我也石怕它.

好罢. 耐性的在这付上十年. 阿, 十年這是多
少回何! 一個呈邻莲子. 在这十年當中. 谁去在他
多少委遠. 谁去在他的家庭富中有多大的吹表.
心中有些话石等的感觉. 石是震点石是怕起這些
问题. 功课何如能很顺利的做過去. 那利的
道理解决.

而最近几天的时常感到一種莫吃的聊赖
附烦的孤单. 我想此谓寂寞的感嘴事件是女
石感到怎樣厲害. 祇是沒有性情去做任何事
地带飞好的散慢情调. 我該终纠地就制下去

午後四时些鲍约好的. 我甚常要去他的
致误. 以气石去何事. 我遇以為出神父来了. 他
何事祥我们的看見了. 来西意外的快樂. 其实那
事一切都是由於太都望他来而造成的钟. 想
鲍把這事告诉了我们. 问我们願不願去
绕這事對於我们也是我石窘迫的. 那神父在
这一住小姐在聖诞節时可以間空的聖食實...

的學生們籌款，而現在那位小姐說是要請我們也去參加一兩個節目，這樣豈不的賓座要好得多，說起來她們外國人都如此幫忙，而我們豈肯推辭，所以立刻便想到要替他們原本要來一起中國菜好豈不是提提精神的節目，於是晚上便寫了封信給他們，並說明預先得把中國樂譜找寄來，以便讓她們可以練習演奏，這件事我卻特別讚成，因為本來在聖誕節我們一定非常寂寞的待在這裏，這樣Valladolid的幾個日子名正言順地來了，而我們又有聯念的機會，因為工作的關係又可以認識幾了女友。近來只在異地，報常羨慕人家有女友作着玩耍散步。

　　這幾天心境非常不好，總是感到一種煩悶壓在心胸而舒展不開，尚神火晚回來了班國直到現在都仍不來也懶理許許未完的事務，說起大衣真傷透，每天揹祇揹了大衣進去，一來為了冷，二來為了面子的關係，怎不教人着急，鈕扣要掉糕，弄得在他宿舍裏居然有人託神义出來說要送他大衣，因為看他每天進出沒有大衣太冷，倘若再到這個地步，人家實出完全是一片好心，但我們怎能有臉去接受下來，好比在這裏讀書，什麼都不管真使人有些慚愧。
　　　　　　　　　　　　　　　　十二月七日。

　　說起來是假期，是聖誕與原就大典禮，是我領洗七週年紀念，人家都快快活活地出去看電影，看足球，赴約會，盡情地玩，似乎平常就沒有時間去享受的心境去玩，實在是十分的有勁，而我卻整天悶在家裏，每逢假期，我便相反的找到了平常訪遇不到的寂寞，於是都有用藝術來消遣，美術對我真是再有用沒有的東西了，它平時能調

……歐我單調的生活而當我憂煩悶的時候，它……
上的安慰，我想它在我的生活中成為一種不可……
　　　　　　　　　——選自答原……

　　尚神父終於來了，聽到了這消息，有說不出……
於是下午四點鐘在 S. Bernardo 聚會等尚神
父時看見尚神父跟他母親一陣微笑中來了，那……
說你們等得久了吧，但是不要怠我現在來了。
　　上樓先生一會我便去衣料店翻料了做大衣……
衷說是星期三可以做好，而我們又買了一條西
裙衫，就這樣的稍為點冬裝便花了兩千……
尚神父苦，請道奉走并拿以幾個錢給我們……
完了，若再不好好的讀書真慚愧，真對不起神……
起自己。
　　尚神父這三個月一直在船上服務，照團……
的規矩，船上必須要有位神父，而地位僅次於……
也拿薪水，船上水手等一般神車行為等都得……
以尚神父此次旅行並非去美洲籌款而懂，為……
船上待了這麼久。
　　剪完料了去裁，連鋪量完尺寸便去尚神父……
相見他母親誠懇滿懷着敬說的臉上，那種……
裡以我們的表情，看着尚神父以生硬而夾着相好
廢待我們，以生硬而不流俐的中國話錢他以……
更不使我們感動。
　　何院長來信給鮑志俊，告訴了他……
個長慶的老親友同學參加了苦覺工作團体……

所以毫不在意地已到了时分；三画连接的弧线也画完，以後
大家去饭所吃点东西，他们检查室都把东西预备好，
我们也不能把早晨剩的聖誕糕些些香槟酒拿去来，不
過好在大家都不经意，而以後我们自己也可多吃一點，
不了也罢。吃點心時大家唱歌，又老奎頭拉，姆琴
因為人少，並沒有多大興緻，結果未弄多久便各自安歇了。
　　　　　　　　　　　　　　廿四日 "聖誕夜"

　　祇可以說是今晨の時許纔睡，因此不能早起，大家
拖著了早餐直睡到十二時許纔起身，眞是稍為一混早
晨便過去了。
　　又是約好的下午半王公使请我们去看中国人玩的把戲，
結果王修公使未去，所以他太太陪我们"散步"去比，走了
一個鐘點，纔到戲棚，兩隻腳走得好發；一路上走去，越
走越不像樣，越走市區越趨下流，末達戲棚的所在，简直
是下流極了的地方，施一直嚷着煩惱，說她来比，早知如此，
随便怎樣也不會去；"舞"一點也不精彩，完全是低级趣
味游覽；大腿，而兩位中國先生的技術亦不太高明，但是
那一班西班牙人卻認為挺精彩。

　　我真不懂，一位身為公使太太（不管他是真是假，但究竟
是個公使），她竟會把我们带到這種地方来，眞是使人啼
笑皆非，而回来後他们又请我们在他家饭餐，我因散会
去说话，说我们带回家非常遲，使我们异常難为情，以
後眞不能回来太遲了，免得人家说道幾個中国人真不守規
矩。
　　　　　　　　　　　　　　廿五日 "聖誕節"

大家隨便玩。下午課到我們這裏來了，後來
樓球便已組盡了，於是大家在Callao那裏玩了一...
這我天真玩夠了，一點事也未做，也覺得很...
一要學班文，班文學好了再頭及功課，照說這...
還有友學照班文而乾讀書來呢，說起來也慚...
來慣了，學了一點鬆，課本上的工作一點也沒有成...

　午後大家考"claret"打強了兵乓乒，男告課也去
非常盡興，後來王鄂找我又去Callao踏跎去了，而他
搭回城了。

　在Callao來回地繞個找女人，希冀見有漂亮...
對我們看看笑的說，便想法子上去搭訕諸位
國人，站以人家大跳卻出着我們笑，於是我們的
五臉在臉厚，看見稍為美的姑娘便找人家搭...
石礎了不少的釘子。後來遇到三個傢伙，其中有一...
黃的香菜，但臉願長得至石美，來回搭了幾面地
們笑，繼而打招呼，最後便同場居然，送她們回...
端時我至考說諸什麼話，一來諸說石好，二來那...
王卻瞎七搭八地問她們的姓址。

　這在我們看起來真是一種無聊的舉動，檢以...
們班國人毫石注意，猶其是那班小姑娘們故意打...
脆的互衝行頭賣弄風騷，這般牽動，我真是破...
我相信萬是這第一次也是最後一次的殺下的勾...

買的"JUANA DE ARCO"終於在今天下午去看了，今
天是聖嬰孩瞻禮，所以票價特別貴，廿元一張，王
晚上約會訪問未去
DE ARCO 是張彩色片，敘述她自投軍一直到被
人燒死為止的簡史，非常動人，全影院女人
次陪女友看過，今天又補看一遍且流淚了。這張片
是好，若依我的評斷還沒有"HAMLET"來得富有哲
思理得那麼好，但是在普通一般講起來，我挺
喜歡這張片子

張聖心彩票，三王來朝前一日開彩，頭獎是NT$50
000元，而我祇買了一張彩票，化了25元，假如能
頭獎的話，我一定到一部你給去廣末的同窗，在
我始終有一個印象覺得這次我實覺得得很
空，但願這次的希望能夠實現。　　　　——廿八日

————————————————————

是歷不停的下着密雨。
赴黃小姐的午餐，還特意買了一束花去，在她
與全家反對先生娶他的日本太。
已年途四十的少婦（看起來抵不過一册の五歲）修長
她的母親是比利時人，但她祇長着一張中國
在班國外各部裏服務，是國際機場中的人物
的英法及意語，當然班語是沒成問題，因為她
西班牙。性情非常比暇且富有風趣，在她家她
憲加戲給的東西來意給我們看，其實那些東西我
給因為情面關係，也祇好稱讚幾句
別人家能通數種言語，便慚愧自己到現在還是一

門也沒門，不管怎樣來此也已經半年了，班語仍是含含糊糊的，說不清楚，如每次想到這裏便想好好的學習，然一有事在身便把這椿事置之腦後。現在我不知道這思該怎麼警惕自己，以後只有買本文法書，好好的再來學習。　　　十二月廿九日。

每天都不停的忙來忙去，午後又去吳家了，大家都是異鄉游子，聚在一塊談談笑笑，倒非常有趣。我們並做了一種非常好玩的遊戲，把所在的人分成兩組，由兩個中分別討論一樣東西，然後再告訴他們所選出來的代表，由兩個代表互相告訴所討論東西的名字，以後便讓代表們用手勢告訴他們自己那一組的人，而他們祗准猜三次，如三次都未猜中便算輸了。所以大家除了抽象的名詞外，盡量地想出有趣而古怪的東西來難為對方，猶其是當代表，這時的各種姿態特別有趣，使大家笑聲前仰後俯。

玩夠了也該談點正經事，我們預備在班組（誰一個中國家生旅班同學會，智且先讓管起個章程草稿，生後再慢慢的籌劃，這是一件非常有用的工作，可使在班的同學大家有一個連繫，而產生出一種力量，就是後來回國後，在工作上大家也有一個幫助。

在吳家玩得特別相投，倒底都是學生，興趣相像。
　　　十二月廿日。

這幾天未差不多每天都要打撞球討孩子，早晨又去詩子房玩了，這兩樣玩意真是高尚的遊戲，這樣玩，比在街上討女人要高尚得多了。

晚間晚餐後筆到十二時便去聖堂祈禱，醫生獅花

饭

以後仍然如聖誕夜一樣大家在晚膳裏吃一點心，真沒有絲毫興趣。本來在中國並沒有慶祝陽曆光除夕的風俗，但是既到了歐洲，人家都熱熱鬧鬧地慶賀，我們便如此隨便地度過了，不免有點寂寞些。

　　班民在馬德里有一個風俗，在除夕子夜時，人們都拿了半葡萄到"太陽门"(Puerta del sol)，待著那全班國的標準鐘敲一下吃一顆，如此者敲十二下吃十二顆，謂可得好運道，真是各地各風光。可惜我們因為住在學校裏不能吃歸的緣故而不能參加，不然自己也親歷一次。～～～除夕州一

　　祇盼望是早晨睡得特別的甜，但因為吳岢梁今晨要來所以不能不在十一時影左右便起身了；結果他們在十二點鐘上來了，我們皆次在他家叨擾，所以這次不能不預備一點心，而此地的小姐拿了兩瓶香檳出來請客，她們待我們真是無微不至了，經濟問題真到現在還是一點考提。

　　大家里唇談了一會便去西方的園去散步，吳常有照像機，於是大家合照了幾張。很早我就說我們同來的幾人能在馬德里合點張像戲好了，這次果然實現了。說到此地我總是以真到現在還沒有一部相機為遺憾，多少美麗的景緻不能取下來。

　　午后大家去偽少使家拜年，其實就是趁這個機會去打擋球，遇到在俱樂部打冠軍的王先生，球打得確實漂亮，在西班牙是可稱雄，不過在中國我想他還差得遠。說到玩或運動，我總覺得在此生活得很，除擋了擋球以外什麼球熱也玩不到，對將來能搬到一個好的國立學生心寄寓去便好了。

　　　　　　　　　　　　　　　　　一九五0，元旦．～～～

在兵荒馬亂中，我們終於艱險地又渡過了一道，光在無意中斷去聯絡的景象卻歷歷映在眼前，我們已在這西歐的古國西班牙，遠離了那為難的可愛的家庭。

我們在這裏過着無憂無慮的安逸生活，我們欣欣向榮，誰知我們的家，我可愛的媽，哥，以及一直帶着我的奶媽，他們在那苦年飢荒治的區裏，頭上天懼恐彼人，無憂無實的同我們一樣。

我忘不了母親在憂愁時強作笑顏安慰我們，忘了寶璋在無故淘氣，調靜的脾氣，我忘不了大庭月終時皺着的雙眉，我忘不了哥為自己前途以及姐，溫和的儀容，王鎮管家事操作時忱肚裏臨，雖然她的身體並不強健，還有雪微，我們幼壁七介裝我們在月夜裏拿了竹兒雷劍打戰，在雪雨在夏天滿的星夜裏，我們坐生在草地上講着法迹等，勝利把我的澄後方策因去廣，我們一同跳舞唱歌，我們興趣相投，維程一談便是整個好儷脆姐一樣而有過之無不及啊，還有適有愛我好儷她親生兒子一樣那也正因為她沒有兒子

可是現在，我都要走在這裏遙遠的景邦，何時在玩的時候並不會想到許多，一旦靜了下來思是一個回憶一個優美的回憶

這一年，第一個並沒有什麼特殊的希望，祇想便的了，而尚神义尚對我們說過，我們為此的第文便的了，至於功課的及格不及格倒不用煩心，一方面我希望有一個快速的進步，當然最好能

很早就想看三劍客"LOS TRES MONSQUETEROS"了，終於
在今天下午偕王施兩人一同去了，一齣用彩映後果然便是
沒而我在上海看過的那本小說的故事內容差不多但彩色的
一切我都記得很清楚所以特別有趣。

那是一張如果塢的五彩影片，所以場面的偉大以及
色彩的鮮艷在意料中，裏面的男主角全片完全以銀幕
的姿態演出使人捧腹的，而幾個女明星真是不可以筆
形容的那麼漂亮，真不能不讚嘆天主的偉大，竟把一
切的外表美飾於一身，比希臘的雕刻還美，但雕刻僅之
是座永遠擺著一種姿態的一塊修飾過的石頭而她們
呢，祇是一些艷麗婷婷的天仙再世，不但具有了雕刻的
輪廓美且還富有著令人迷惑的婀娜姿態，然而在影
片中那最美的一個卻生著一副最惡毒的心腸，看了真使
人代她可惜，既有了如此的外在美，為何卻去揀了那最
寶貴的內性美!?

從那張影片看來，女人從古到今真是禍水，那一樁
事糾紛不是為女人而起主教為女人，弄得國王棄原配為女、
英國以公爵為女人而發起戰爭攻打法國，可此可見中
古時代的帝侯們何等荒唐，僅為要見女人一面不惜以
萬億生靈塗炭，看了回來非常感嘆，但我憶起片中
的情節，畫面的候美，甚令人回味不已，對像嚼著橄欖
嘴中始終存著餘味。　　　　　　　　　　元月○日.

因接到小卡的賀年片已往有好幾天了，所以真到現在尚不
用不打個電話去問她，但早晨她不在家，而昨晚在電話中我
們約了今天下午七點鐘我的開車到同大門口等她;結果約會的

時間到了，米王施與我三人走到郵局門口，畢竟也沒有
依舊穿了去次見面時站穿的紅大衣洋裝來。
大家寒暄一陣使一同去找她的兩位女友，她們都已
並且都在廿歲以上，至於她們的都沒有做事情在
年輕但依中國看法都已廿歲了，為了迎合女人的
都非常年輕港的這祇有十七歲吧。

除了她們去以及買生玩具，因為今天是
他仙滿街行沿去鬧了玩具擠在了，買的人也特別
浮水淺不通，一束的對錢諍，漢前賣玩具等禮
們玩，而近身來老大人也同樣地要東西玩起來
天給寫了信給本地的院長，假設他是三王，錯中要
興奮我的能要的東西都是到地方有西班牙的風
天拿到後一定很有趣。

大家湯了是了有那個多缺點，樊腳都果浮
的對她的都不能感到多大的興趣。

中午去太陽的看煙春揭曉了，儀果三人當中一
宜妙的心中忽有點失喜，莫名是因為去了幾個
是失掉了一個機會而可惜看著這生祇不過是
的玩意，即依一般講起來簡完全是命運了。

今天是三王來朝瞻禮，一早大家都望了弥撒
張芒堤也去列，下午業她去找郵業社，爾找是找列
迎都因為今天是禮二瞻禮，所以都閉了門而感生
寺你感到多聊浮很。

三王也玩具某來給我們了。
一個 Andalusia 的浮娃，一個
青他一對 castanela 及一些小
玩意，非常有趣。

元月六日 一九六三王米

他們已決定明天回去，所以一早便去吳家，王瑪亦便道謝，以及
劉家去辭行，並且把三王賀給我們的小玩具轉送給吳家的
小七巧玉。若依我的意思並不想把它們送掉而在家裏做個
紀念，然而他們說我們這末大還玩這些玩意兒，不如送給人
家還落得個人情。

　　飯後，我就去搜羅一陣子，書賣郵票了，結果找跑了兩家，在第
一家我費以25元買了本很詳細的西班牙郵票目錄，而在第二家
施則買了些郵票，我並問了那店裏的人，以後我可以拿郵票去
換，他說他願意以7.5折郵代價收進，讓我仔細地放慮放
慮，是不是應該拿整套的郵票同他去換。

　　買完了郵票便直接去劉的處吃午飯，我們約好五點鐘都
到達那裏，結果我們準時到達時，他們一個都還不在那裏，到
底學科學的人與他們不同。大家在那裏並沒有多少洽談，都以
劉尚神父未來為遺憾。

　　又是七點鐘準大家列中國神父那裏去開"中國學生旅班同
學會"的籌備會，到場的除了吳果、張以及我們六人外全都
是神父們，大家開會時的情緒都還好，就是末了時為了一兩句
並不主要的話，施把會場局面弄得難堪起來了，施以一股脾
氣惹人吃不消，他不分青紅皂白不分輕重地便瞎扯一氣，這種
脾如若不改，將來不知要吃多少虧呢。

　　會議足足開了兩個多鐘頭，可是仍然沒有結束，祇好明
天王管，施三人在馬德多當一天將把會開完了才去。這個同
學會我想一定辦能辦得很好，因為我們都是教友，又當這
祖國已遭受苦難的時候，大家一定能同心合力地去幹，而這也
是貼身有關的事，將來成立後，我們便得產生去一種力量來辦
我們所需要辦的事情。
　　　　　　　　　　　　　　　　　　　　　　元月七日。

因為昨天的會還未開完就以今天午後繼續討論
為了大會的成立，當然的我們選了五人組織了一個
在會裡電影商議的是吳擴儒，我們籌劃了邀請
我們的名譽會長並在西班牙請幾位社會知名之
傾間 這樣我們同學會的名氣又好望寬浮多，而以
來為辦理許多事方便

　大會成立時免不了要浮化費不少，現在我們暫
底先繳納會費一元，因為還要請外賓所以佈置
不浮不好，實在給人家 第一個印象便是做不出大
浮在大會場抹起我們的會籍來 同時我便自負
責任 他們說還要有意思，這的確是件容易的事

　早晨八點半他們走了，不來也就罷了，後來
裡人走了，不免感到有點寂寞。他們真便宜爸個
余錢，說來就來了，叫我們在馬德里呢，真是窮團
一次他們來了，隨便大家混了玩了，又用了不少錢，憑
來馬德里後真沒有糟用一文錢。可是她便一算，竟
用掉一千三百塊錢了

　當天下午我便去戲院畫廊了，人到的並不多，很
裡人，外方的都還未到，今天開始畫 'VICTORIA DE L
是一個沒枯頭的女人搬了浮沙的浮雕，根帶的事，我
生一個藝意，抵覺得很喜歡它。

　現在又開始畫工的生活了，未畫時一想每天下午
站地毯上四個鐘頭真有點怕，然而一畫萬起來
什麼，反而覺得時間太短了呢。可繼的就這一
生所用的時效一下，如暑假一步緩慢便得及格，那么

兩次要同亞青去 Segovia 都未去成，這次總算兩人陪伴
舒暢的赴北站搭車作一次短短的旅程了。

兩二小時的車廂生活，車談笑以及欣賞沿路風景，一瞬間便
逝去了。我們經過雪山，不少人都趁著雪裝下車滑雪去了。雪白的
山巔襯托在碧空前，別致的幽美，試想若身處著境在白
雪上飛馳，心身是如何的愉快啊。

抵 Segovia 車站僅的時半，後乘著汽車入市區，把大衣及累贅
物件放在亞青家裏後隨即架了相匣出去遊覽。

Segovia 是一個極小的山城，街道如小巷，當地諸石刻
繁飾，山城都有別有一種小市鎮的土風。

在 alcázar 攝了幾張像，那真是一座掛麗雄美的城堡建
在山巔，有小河環繞三面，現在石論地形險要於作戰有利，然
而依一般看來，場面真是壯美極了，我不禁立刻憶起小時看歐
洲故事中在堡雄要的插圖，以及聯想起那在堡中的種種有
趣的故事。

在市的西南橫互着雪白的山脈，其中有一條龐大的極像
一個女人仰臥着，他們叫它看"已死的女人"我對那座山特常感
到興趣，我常有一種不可描述的感覺，當我被看到了秋天的
雲與那龐大的山脈，聯像一種動物的時候。

晚間在月老下徘徊在 acueducto 旁刻有情意，有偉大是有兩
千年以上歷史的羅馬型的建築，據說那泣前是為取水用的一座
橋梁，完全用石塊堆積，一塊疊在另一塊上建成不用任何有
黏性的東西糊物，所在縱的下了兩千餘年，仍遠遠聳立在車
那裏。

最有趣的我在中國似乎夢中刻過那 acueducto，並且站在上
面去題......
　　　　　　　　　　　　　　　　　　二月四日。

今天是主日，早晨去 Catedral 坐了一輛撒，使
儔；天氣特別晴朗，蔚藍的太空，晶瑩得可愛，
微雲，真是晴天，正是為攝影，窮蒼上的手⋯⋯

Alcázar 內摘到了一點兵電理看，往進一廈
結尾給指謀我們進去參觀了，堡內平淡無⋯
沒特殊的地方，有半團所謂的金殿我看也⋯
⋯我雖說比東啟窗，但我相信那麼像大⋯
⋯到裡搭上舉目遠眺，無限景色盡入眼簾，
拂下心胸為之一暢。

隨後我們又回到 Catedral 去參觀，表面⋯
了，因為各處比有的都是千篇一律，並沒有⋯
裡面似乎也有看一個博物院，對了好人三元的⋯
是比見到的一點東西，真在石往給留印象，⋯
而又並有什麼出色之處，僅在看這裡的平凡⋯
綠撒經選了包洵榮披以及並石太多的油布⋯
麼可看的了，比起 Toledo 來可差得遠了，就⋯
的興趣來

並書一直到早晨十二時多繞在 Plaza Mayor 村⋯
於是們了下午一邊書 Pinar 散散以及照儔；於是⋯
去觀空的固的地去玩了，一塊書的除了我，並去⋯
她的女友 Tere 外，還有一個名叫亞立山大的啊⋯
Pinar 林（其實董石是林）裏看 Segovia 城實⋯
生在枝技中攝了我與 Alcázar 眷 Catedral 的遠⋯
我們我人互相換了"個体照"，我最喜歡的照片⋯
Merced 石氛為的我對她有極好的印象，⋯
又大又明亮的藍眼睛最美麗，難怪並壹要愛⋯

的今天，是法朗哥洼北菲打回坡士全面勝利
，今天必須閱兵式表示慶祝。在 Paseo Castellano 搭搭了閱
時閱兵檢閱，法朗哥在他的 Moro 衛隊中，繞了散
珊的來了

程序，先是海軍，接着是空軍，陸軍，軍校最後是
有行列之兩，是機械化部隊，有摩托連，吉普隊，
坦克，野炮，平炮和高射炮，我是外行來僅僅看
看，過必手後覺得東西太少，彌補的樣子，各面
律都非常好。

看以後心中起了不少感觸，以他們的武裝的質和
論那一方面來講都比不上中國，可是他們先竟解
決了三年班國的苦處蜜打走，而中國武裝精兵
產黨作戰弄得一敗塗地。在他們之間有什麽
點獻究全看精神與信仰了，班國士兵作戰為无
中國士兵作戰為薪餉，如此怎麼不敗。

想維然又在大陸上佔領了一兩個地方我想妳
一般重新再打收大陸去，至少在目前妳常困難。

　　　　　　　　　　　　　　四月一日

　在馬德里午後便在獎維多黎地了，住在
生必寓裡看无啊上便出去看弄鞋遊引了
捨了兩廢壁像，一會遊引的引列便寓了
大楽了一點。我想在苦維瞻禮六一定要

里都是女人，女人喜的宴比別熱心得多。

　　　　　　　　　　　　　　四月五日

隨了王家聲到他岳家朋友家及三弟兒藝術家。令晚那岳家（我們暫且稱他為岳家，因為他年紀太輕，這樣岳家的名銜似乎與他名字相稱）給我看了不少他的作品，大半都是臨摹的，但卻臨摹得不錯，沒有一般臨摹的弊病，失了原氣的筆意感，祇現看圖畫的輪廓。

那一家三弟兄非常有趣，長兄學語言，次兒愛音樂，小弟學雕刻，且都稍有成就，我還在王家聲在那裏結交的這幾個朋友比較好一些。
                                               四月六日

　　此來比的目的就是看今晚的大遊行，因為想看浮清楚些，所以每人化了廿元車市政府裏打了張座位票，這次來了很多外國人，獨費以法國人最多，其中華亘還有一個臉型奉似勁健完全與中國人一樣的指引女，一問之下幾知道那是一個選羅人，緣之安南，進緬那一等的人，他們的祖先都是中國人。

　　遊行是晚間七時開始的，每一部分的人們穿着他們特別色顏的夫頂帽長袍的服裝，借着一座雕刻像走看回，每一隊都用着銅鼓暨喇叭拍着節奏，有幾小部分風用音樂隊隊奏着細些伴看遊引非常優美。如些地遊行直到完畢約走了兩個多鐘點。論大體說是非常的莊嚴些宗教化，但卻沒有中國以生會熱鬧，以及花樣多，不遇從另一方面講，中國的出香完全是好玩，似未較好宗教氣氛，接之今天我們看得還算滿意。

　　我想中國是否那一天還會有如此的大遊行，且現在普電皆是國內，究竟何時方能清刷？
                                               四月七日

Valladolid 並沒有什麼可玩的，古舊的老城一座，早晨實在無車可做，於是信步閒蕩，走到河邊見到許多遊艇排列在岸旁，本來我想到划船的，既然已到此，於是嘗鮮一人租了一隻小船向河心搖開，這裏的小艇租賃頗便，環境也很好，我覺得在這裏划船比馬德里要來得舒服。 四月八日。

已經決定了午後搭四時的班車回去，趁還有半天的功夫，又一地去把城裏的名勝遊覽了一下，什麼斐列伯二去的出生住宅，去訶德付的作者余尔班德的舊宅，最後去看了博物院，那裏面完全都是彫刻但並非是用大理石彫的，而是用木頭彫了，到後再用油漆塗上，神態如生，真不愧為西班牙全國最好的彫刻。在所有的彫刻中，有不少都是型色巴士的壺，不知為了什麼，聞了也異是當地的主條。

旅行真有趣，晚間又睡在宿舍的床鋪上了，幾天在外，回來遂見了房內各樣東西都覺得特別親熱似的，連床都覺得睡了舒服些，就此將來一旦能夠回去時，見到家裏的人，各樣從前的事物，將是如何地歡歡啊！ 四月九日。

"懶"現在真是懶極了，沒有心情做任何事情就以日記來論雖也停頓了將近一個月沒有寫，如此下去怎麼得了，句自數出的原因當然成原因都是極易克服的就以祇有這"懶"字是就欄一切的主要碑礙。

五月四日，並沒有什麼特奇，不過回想去年的今天，正是

我們離開上海是"戈壁的年頭"的一天，那時，兩岸何去駛去的那時，對坡土的省老（因為台灣國人，寬亮卻不是廝殺我們的了）對外邦的幻想的心境永織着，富時名上是很奮，還出怒？眼看揮動的白手帕舉禮帽渐地在模糊中消失。

那時雖然我離開了熟悉的城市，然而都已回浸上，可是如今則在天一方了。在回憶中我在的那些城市比這裏的妻，可是自然地我都十甚它這住是就謂人之常情，我當然也不時外手注埋。

一年了，是葬人的一年了，回顧反省之下，在這一年裏什麼，祇就說除了寫了些班文之外，多浮到了些扭怍，更一來就浮，時光逝去了，年齡長了一歲，偉此而矣。
五月四日

今晨撡算缴费注册，在上月初万四了又书，我祇改一樣点向图案，以区那往语言中祇了，維然我量力讓頭意改達一點，可是取的戍行懒，人家書了幾年的人也是同樣的一陣改，就一方個人家都比較作巧得多。

白石的書地並名出人頭地的好，然以祇悵僜偉的命運，偶如第一钟熊绿取就好了。
五月五日

明，這種玩的精神與與緻，的確使人佩服，同時亦為他們可惜，可惜他們不能以這種精神來致力於工作或讀書。西班牙真乃娛樂的國家，祇要有我可惜，總是節期如何，能以生長於如比環境內的民族總是特別的快樂，若過我認為太散漫了一些。

王紫我直玩到八時許纔辭家，而他的四人卻送我們十時纔回家了。一天的短遊自行車旅行，全身祇覺微酸，倒在床上，倒感到一種異常的舒適。

　　　　　　　　"堅狄亞哥" 七月廿五日。

　　昨天一整天的預備，纔做了一頂高帽子並把借來的一件烏披風上釘了一些金星，這樣我並做了一根魔棒，下午去到化裝舞會中以中亞細亞的魔術師的姿態出現，王學典化裝了希特勒，面具是我畫的而我自己亦畫了一具。

　　當我們在會場出現的時候浮起熱烈的喝彩，陸續趕到的人數不下半百，老亞五六十歲的夯愛幼至八九歲的黃童，各色各樣的裝扮異常有趣，從大體上看來，男的裝扮浮起比較有意思，有海盜，囚犯，中古士紳……而女的除了一班裝兒童外，祇領到怎樣把自己裝扮浮漂亮些，卻疏忽了化裝的意義，但那個美術小姐化裝了漫畫型的美國人倒實有意味。與王會照了幾張像，美國仕女與希特勒相依在一塊，的確是一個意味深長的鏡頭。

　　大家一直在花園裏嬉笑，"舞"直到九時纔開始，因為早兩填上電燈未來火，像我的不怎嗜好跳舞的倒亦熱鬧，卻急然一班舞迷。在亞石太惑人的音樂與巨大的喧囂中，大家要安起舞了。王跳了不少，我卻祇跳了三隻，因為在中國沒有跟音樂跳過亦少跳以腳步一點亦不合節拍，在眾慫我繼續跳下去，不過在旁邊談笑笑，亦不覺寂寞。

　　今天在舞場上吃了些點心，而辭家又太晚，結果未吃晚餐便睡覺了，不免感到有點饑餓，但自己玩，活該！

　　在西班牙已一年了，從未試過跳過舞，未料到第一次參加的就是化裝舞會，而這化裝舞會同時亦是第一次見到，當然大家玩得非常好，我希望將來回到祖國，多組織些這般的舞會，並使一

般青年漸漸有這種高尚戲遊的習氣。於假期中聚同
一堂，即使不化裝亦比一般無義意的胡鬧要高明得多。

七月二十

今日是隔河Caminha鎮的大節期，因為是過
國境，visa根本就未去簽，所以本不欲上岸去玩，
神父一塊去湯湯船；當到了葡岸到底是神父的面
說了我們是此地的醫生而准許了我們上岸。

Caminha鎮比La Guardia要整潔漂亮得多，
景象物件似乎要比這邊的要新穎些。葡語非常
有很多字非常與班文相似，我們一上岸第一件使
注意且驚奇的便是他們女人的形貌與裝扮，
她們沒有班女漂亮，面型頗帶東方意味，最奇
們大半都遠梳了頭髻，恰似中國婦女，僅僅與的
中國婦女的較下罷了。當她們回家的時候，卻
並不太漂亮的高跟鞋提在手中走，這樣的確是一
物得的好方法，一來省了皮鞋二來走起來亦比較

今天去主要的目的是看划船比賽；葡萄牙的
同西班牙一樣的不常正確遵守，說是下午三時開
一直到六時左右纔看到Caminha與Vigo的船來，
為"姊妹國"。比賽的結果八人與四人的二次賽，都
牙贏了，並非說葡萄牙的划船在歐洲是一個負有
難怪班國要輸了。

在七點半左右臨離開葡岸時，看到他們的聖
引到經過碼頭，論裝飾當的確要比班國的富麗
行列的短促，不禁使人覺到無限冷淡之感。的確
划船比賽的興趣要濃得多，以前的人山人海，到
遊行時剩的祇零零無幾，這一點精神較之班國
壞之別。

無意間今天又多到了一國，至少又多看到了一點
風俗。

七月卅日。

了歡迎于總主教，我們終於早一月回到了馬德里。
九日的中午，在車廂中一夜未睡怪鬆的眼睛，呈現
惠的地站，僅一月半的小別，心中總覺得任何景物
有一番改變，然而事實上，卻依然如故。
五日午后于總主教抵馬，我們都去機場迎接了，隨
來的石僅是他的秘書王尚德神父，另添了兩位中
法辯論上的主角，陳立克與曹錡，我們起先不知他
的行事班的用意，到後來經于總主教一說，纔知他
未對於中班今後的邦交問題毫無關係。
他在廿六日的歡迎茶會後，給我們作了一次很長的
演說，雖然憑藉口才不錯，然而卻引不起我太大的興趣，
于總主教的兩次三次訓話，給我深深地留下了不滅的
象，他說我們首先皆如何地去修身，在振中國故
文化，對於留學方面，祇是我外我素決對不能，苟得
名階層，以身為範地去為主宣揚。並謂今後的急速的
學生來班，並班可能有所發展。
同時在這期間，我們淒楚地把同學會成立了，在每次
的時候，有些神父們似乎太不顧及到自己的身份，而
地表現出一致論客作風，其實修道院裏的生活，我
培養不出集體高純的政治家。

    *   *

回來比後，若有為去天都去大學城游泳地游泳，雖
是幹小生，但為學校創銀合酒，混日這一個我一直至
化水，自己不知自己跳得如何，聽聽別人說天神式(中
東思楞式)雖不甚好，然馬虎可的的話，漸改良不久的
來完美之境。
後今至大學城苦舞兩次，成績尚不壞，給我妹終說，
最近動過錢肯近有讀書困難，比分別乃在一用體，一用身
一為思想，一為技術老也。

                                    九月十二日。

來比監保羅學生書寓已逾旬日，因膳宿俱佳故生活異常
安定，每晨七時許起身送珍撒，以免使接時上課。至於
功課方面，以近教書課而論，皆能吸收，餘日課則不究如何
也。我想每日能以三小時輕心讀書，吧們功課可難數衍也。
　　　　　　　　　　　　　　　　　　　十月廿三日

　　夢寐中恍聞電鈴不斷地叫着，睜眼一看錶已覺已是
七時未，趁儘電体輕而不可立即起床，直接到向珍撒
鈴時候懶懶起身。懶實在是一種隨時向人襲擊的魔
鬼說流時，不禁又莊到小堅妻舉揚至体的現鈴風，
心中不覺有一種蓋可形容的慚愧，為何祇貪圖一時床
褥上的睡眠而負誤了珍撒，即使臨時間送珍撒每天至
少耽誤整体也之應該的呀，我等今在比如此的安份
求讀，在這完全的宗教國家書生活，再不好好地讀書學
業敬天主，豈可於心有愧了，中國，幾乎的大陸都已赤
化了，五萬同胞都寨於水深火熱中，飢餓、疾病、死亡
不斷的虔難他們，況且中國本就不是宗教國家（無主
敵）人們對天主根本就沒有一種普遍的認識，而共黨
佔領了大陸，他們何以再能比泛高更寓易認識天主，我們
在比，即使在國內無力可為，找一辦法抵抗在比做一
慈的克己，利一點小善功，為國的同胞以及自己的家庭祈
禱。　另一方面現在住浮乞浮如此好，再不好好的讀黑書，
對人對己未免太說過，舊年搖年荒廢了一年即以不合班之
為托詞，今年呢，再有何話可說，若再不能把比此的功課
改進去，任務方面同致大受損失，光陰抛都了，而額面
亦太過名去。讀書不是現都是自己勉勵自己，而實際上身
須都自己塔馬爾了自己。母親、姊弟、朋友、師長都在我身
上寄下了重望，吧如何再不用功，寄比荒廢老陰以至不知何
时方能改進走第才科學校正式就讀。好，我這樣決空了，
滄今以後恭奮攻讀，以期好未事業之成功。
　　　　　　　　　　　　　　　　　　　十一月六日。

……數，我雲殊滿念地，然而我們都安靜地度過了一九五〇。
這一年中的自我檢討一下，並無甚麼成就，僅在六月間成
了天主教之棄文，功課方面進步很少，若過橫算按步就班
已經約上了幾門的課，至少可以說我在讀書了。

但照例早晨得去望彌撒，書E信和4，不湊巧都早已外
出，祗留望到老王高聊天，於是又約定了下午去書神父家
作，隨後去王倩七便家走一趟。我

果然下午去老王那裏，他們給帶去了一封送合肥來的
信我拆開看了之後，快慰得幾乎流淚，母親告訴我說
妣等中的姐姐在諸聖瞻禮那天領了洗，因為在很短的
期間內已把所有應知道的道習完，晚快且去神父
領訴。她自己不但已領了洗，且現在也在諸道理給
她妹妹聽，看此我推測～他們一定都快領洗好了，
妣她們都領了洗，大哥一人在此整個教家庭內，久而久之，
一方面公教精神之薰陶不難他也成教友。

可我真愀緊極了，這消息真的比任何消息都來得有
用，我本來流淚了，為感激天主這樣仁慈地對待我們，
時又常聯想到天主的慈愛，因為在我一年來冷淡期
間整事，不些強撒，而使我父親向值期可怕且可憐親的
門中亡去；這是可麼不幸的事啊！這完全是我的罪過，你以
想起此事，總使我懊悔萬分，而終久負疚。可是另一方
面年來雖然我還未真正地做到怎樣的好教友，僅之
向此淺的熱心些，並常為家庭做了些祈禱，立刻天
主賞賜了我此絕大的恩典，啊，我真是怎樣始能答我
大樂與感激之心啊，？因此自今而後我當更加熱心祈
祈禱並在可能範圍內儆過十克己，為那些尚未進教
友求恩，為祖國早賜和平。

元旦，這次之元旦真後慶幸的了，在記憶中這是最歡
一個，我將懷此歡慰的心情，在這新生的一九五一
努力侍奉天主並傳心用功讀書，以期將來為天，為國
為己做一番事業！

一九五一年元旦日。

由於二月二十八語語駁嬰城瞻禮那天，哭託商議了寫了封信給慕蘂和綠蘂，說是我已被汽車壓斷一腿，現於紅十字會醫院治傷，嘀她的那天是撒謊節，我想她的也許能猜得到是假的。

一天、兩天、三天過去了還未見到她的的來信，於是我想是她們一定知道是假的而未立刻給我來信了，即以此就不把此事放在心上；可是在二號早晨，全校惟一的我接到一封緊急的洋面鴻來信，立刻我又想到我們所撒的謊起了反應了，果然不錯，拆開一看，綠蘂以極悲傷的筆調給我寫了如此的一封信：

「我親愛的弟：所有我要和你談的事情，都被一種喘息噎在喉頭暢吐不出，因為我視你就如我親胞弟一般。

當我們接到的輪給我們的那個不幸的消息後，我們便誰家來比——Mieres，小住幾天，我要求妈事我們去備身邊，依她的心很願意如此做，不過，你那虛浮的，在這我們所住的去墓上，一切的事都需要錢，為了事，這真是一個大化費，物質的那不能允許我們這樣做。但是確實地在這一次的機會中，我是如何的更想在你身邊啊！

我很想找點話來安慰你一點，云過，我根據同你說，天主所願意這麼做了，那他一定也會去排一切他所做的。

強炬郎，車獻像那愛的痛苦給那聖童貞女吧，並常想為了這個可同她常在一塊，並且也許如此則可使你的家庭變為一超家庭，或者同時也是為了你祖國的和平。

我繼續不斷地在思想念着你，很我不能在你身邊，但這已是最主要的，我的心卻沒有一時離開了你，我雖獨在此過這來幾天，但一點也是心做什麼，思想儘在記里着你。

我猜想你是否曾寫信給我到了，但是我過幾天再給你談，為了免掉你一點煩惱，現在我不再寫長了，因為馬上有事。

接受你姐、給你的她所有的情誼吧。

　　　　　　綠蘂 一九五一、元、二 於當天天蒙天蒙」

這封信寄了過，我們立刻感到這玩笑似乎鬧大了，連累人家在家裡不快樂，於是立刻寫了封信給她解釋並問她的陰霾，並且寄了份電報為了早讓她們曉得這是一個玩笑而已。

這是那天的事，今日下午艷素地讀書，談及比事，並研究她何以與我通信如此勤，鮑拜她敢斷定說她在愛我，然而我卻未如此想過，雖然她有幾封信中的話，似乎暗愛我的樣子，可是正列的信中卻曾表示她已有愛人，並且他們很愛。將來必成終身伴侶等之。所以我覺得在我哈她之間僅是一種極深厚的友誼，或許友誼意了一點相，但那祇對朋友愛那一方面言，而沒有可能有情人相愛的趨勢。

雖然如此，鮑卻叫我小心，以免墜入情網，惹起將來的煩惱。這一點我倒讚成，當然我應該小心為妙，猶其是對這一類事情。

鮑並問我，在我這一方面是否在愛她，這我倒難說，因為，在這末久的信而且如此親密，而且還願意同她繼續如此，當然對她非常有好感，說到愛吧，我自己認為不可能，因我根本就不想和她結婚，何使以後可能說話，我所以在和她寫得很好的緣因，就是我從來就喜歡同認何人有一種極好的友誼固像，因為可貴的友誼不難得，但如果得到了，就希望那友誼越後越之深，而去顧它漸之淡下去，因此我們就得好地培養它與保持它。

我並常想到過，當我將來回國時，在這裏留下了這些買費的誼，雖然臨行時或它有些腓悵，可是以後，遠遠地，遠遠地地相望暨通訊，是一件又美且富有詩意的事啊，說且即使回後，當然還可能重來西班牙探望的機會，那若友人重逢，豈不是一件特別有樂趣的歡欣啊！

所以這也就是我的美麗的憧憬與想像。

元月三日

恐慌！恐慌！第一期考改中我已有過了兩門改試，地
質學與代數，然而兩門都不良好，現在我真感到一種
特別的恐慌，因為這些功課現在既難趕不上，可是卻
想不到一個補救的辦法，因為這須要苦讀，老師自道，
可不是這些功課的事，地質學倒還可以，代數，幾何卻
不妄想了。

這兩天又正加緊看化學，因為後天星期一又有改試，
時近一週來的用功看書，總覺得也不能把功課該懂得
要看，以前在國內不覺得讀本國文字的便宜，現在總
知道讀外國文字的難，困難了，甚至化學中有些字雖
便說出，它們的意義也覺得非常清楚，然而若用功去解
釋起來，卻十分困難，還有很多理論上的問題，雖然一
遍又一遍地看了，而整個的我意都還不能完全收瞭，
我真不知道怎樣改進這驚學校，若說是時間題
吧！那這問題可真大了，據不能說是讀一個先修班，
要讀上個十年八載的，雖然班國人有如此謀迄的，但
我們中國人決不能將他相比，因為我們在比的
經濟問題與時間問題都有限，怎能長此先修下去？

現在我真不知道怎樣辦好了，過了這學期看以
後就是我個私人敎字敎授，石能的話也得在個
補習學校，這樣句個收讀下去我想真難解得以尺
樣，何況就是班國人，他們就是讀了補習班仍須先
修上最少的四五年，所以這對我就良難了！

還有最危險的就是有時我不覺感到過心懶意
隨而一想自己的家境與將來的期望，不由得更拿起
書本來再讀，好累，無話可說，祇有努力而為了。
我雖些要氣餒了，可是我若要振作起來!!!
現在如不努力得有一點成就，將來必瞭大慶！

元月廿七日夜誌．

負笈西遊

上海的暮春，仍是料峭多陰，清晨起床，打開閣樓臥室天窗，灰雲密佈，似將雨。一襲冷風拂面，使我不覺打了個寒噤。

今天，渴望已久的今天，西元一九四九年，也就是民國三十八年的五月三日，我本該興高采烈去整理負笈留洋行裝，那僅是一隻中型舊皮箱。可是，當時的情緒相反，終因即將拋棄生活了十七餘年的家園，尤其是必須辭別從安慶趕到上海的慈母，那份沉重抑鬱的心情，早把達到出國願望的豪興，驅散得蕩然無存。

記得，一九四八年仲夏，我即將在安慶的教會學校高中畢業的前夕，我的英文老師王通儒（Jaureguizar）神父突然來家造訪，負命轉達安慶天主堂何廣揚（Heras）院長的意見，準備在我高中畢業後，保送西班牙深造。當時母親一聽此說，起先十分興奮，但隨即意識到，孩子此去何日能返？躊躇良久不能決定是否讓我遠行西歐。最後，終於撇除私愛為孩子前途著想，毅然忍痛許諾。

當時，西教會決定保送赴西留學的中國學生，共有七人：鮑克俊，上海震旦大學法學系畢業；管茂生、曾憲揆，同大學分別在文學系和政治系肄業；王安博、韓伯賢、施正祥以及

我，都是同屆高中畢業生。

　　回憶次年春季，我一家人東分西散，大姐海玲在南京郵局服務，姐夫胡章南在同市銀行工作；二哥葆和赴湖南與未婚妻丁紫芬會合，那時她正服務於白崇禧軍團屬下政工隊話劇團，湘潭一役國軍潰敗，她遂隨軍退轉廣西柳州，後被解放軍追擊時，兩人均被俘收入人民解放軍編制，並派入藝宣隊工作。

　　在此之前，北方戰場國軍節節失利，解放軍轉瞬南下，渡江在即。尚留安慶的王、韓、施、我等四人，極需赴滬等待辦理出國手續。那時，我與母親、大哥寶笙、大嫂王鎮以及小弟寶瑋住安慶南水關一座樓房，院中一棵大銀杏樹高聳穿越屋頂，枝頭已滿綻扇形嫩葉。母親在廂房為我整理行裝，「喜歡嗎？這是我替你趕織的。」她拿著一件胸背米色兩袖咖啡色的絨線衣給我試了試，立即低下頭把它塞進皮箱，顯而易見不願給人發現她那傷感濕潤的雙眼。當時，我本想好好安慰她幾句：「時光易逝，媽，我很快就會回來的……」可是，話到口頭便哽住了，一字也無法吐出，眼淚猛往肚裏吞。

　　大哥大嫂和小弟默默在旁，似乎有千言萬語無從說起。突然，大哥跑進內室，拿了兩本厚冊給我：「這些郵票是當初父親幫助我們搜集的，經過我和葆和繼承整理，蠻像樣了。如今帶出去在空閒時翻翻，也可聊解寂寞。」我接下郵冊非常激動，驚喜之餘，突感一種莫名負擔。自忖這是父親的遺物，再加上兄長們的心血，雖稱不上什麼「傳家之寶」，可在情感上的意義，卻無物能與之比擬，我該如何去珍惜它們！

　　房中又恢復了使人窒息的沉寂，窗外黑黝黝一片，只有微

風吹著樹葉嗖嗖作響，一盞低瓦的頂燈發出微弱的黃光，加強了淒涼的離別氣氛。

翌日凌晨，天，灰濛濛；霧，白茫茫。一早我們便在小東門江邊會集，伴送我們的家屬親友留在岸旁，母親不耐傷懷留在家中。我們辭別眾人倉促登上渡船，乘風破浪揚帆而去，遙見大哥小弟和其他諸人，在江邊遠遠揮手道別，直到蘆葦漸漸掩蔽了他們的身影，晨霧吞噬了一切，我才默默地念著：「別了，孕育了我少年時代的宜城！」船到江心，回首依稀可見高聳在霧層上面古老迎江寺鎮風塔的模糊塔影……

茲賦雙調小令兩首，聊表當時情懷：

〈南水關離家前夕〉
夜昏沉，葉疏零，樓外銀杏房裏燈，匆匆整裝行。
魂牽縈，夢難恬，休提分曉登遠程，辭母愁煞人。

〈宜城江畔惜別〉
雲縹縹，江滔滔，浪拍船舷帆正高，昆仲遙相眺。
路迢迢，景渺渺，蘆掩塔影心神搖，行程何其早？

我們一行人渡江到大渡口，輾轉抵達蕪湖，王、施兩人直接赴滬，我則赴寧小住向大姐辭別。但韓伯賢卻在蕪湖途中留下，其原因似乎是：他父親堅持傳統觀念，若長子不先與養媳「圓房」，絕不允許走出。韓秉性至孝，在「父命不可違」的故有「美德」下，莫可奈何只得留下。

在寧姐姐處小住時，憶及兒伴同窗焦賢僖正在國立中央戲劇學院攻讀，於是前往探望。那時全國大學生鬧得天翻地覆，聽說上海大學生乘交通大學學生自己開火車到南京請願，只見大街小巷一片混亂。我從來不愛參與政治，根本不知在請什麼願，當我走近中央戲劇學院時，不識路，街上除了一些零星的傷兵外，很少行人，我於是懵懵懂懂向前問路，誰知那些兵大爺聽到要去中央戲劇學院時，不但怒目圓睜，其中一個還吼著：「想找死？去那兒幹嘛！」

　　那位兵大爺雖說聲色俱厲，但卻有一副菩薩心腸，看到我小小個頭，乳臭未乾的小子，大學生們都被打得落花流水的時候，居然還敢向他們問去高等學府的去處，並未對我加以為難。我被他們一唬，趕緊打道回家。一問之後，原來那時政府當局不便出面鎮壓學生，唆使傷兵大隊出來毆打。

　　臨行時，姐姐從私房中資助了我一些國外零用錢，數目如今記不清了，對一個從來沒有過錢的我來說，意識中感覺很多很多。此外，還給我一枚金戒指，說是如果錢花光時可以變賣。

　　上海出國前那段時間，其他同學均下榻震旦大學宿舍，唯我一人住在桃源路表姐夫吳玉岱家。但幾乎每天都到震旦大學去和大家聚會。可有時卻和比我還大幾歲的表侄們去蕩馬路。值得回憶的是：曾去「蘭心劇院」看了一場「孔雀膽」，內容和莎士比亞的「哈姆雷特」很相似，不知是否抄襲人家改編而成。另一次是看「浮生六記」那張傑著影片，我非常欣賞女主角盧碧雲的精湛演技，誰能預料多年後，我被聘去臺灣任「臺灣電影製片廠」總技師時，和她一塊兒拍了好幾張影片。談起

舊事，我們的大哥竟在安慶郵政管理局是同事，於是兩人之間的友誼又加深了一層。

我們在上海等待起程時，正是解放軍從北南下渡江前夕，整個大上海人心恍惚、亂成一團。金元券無限制在貶值，物價連日高漲，政府控制無策，全國經濟崩潰瀕於癱瘓。記得我曾不知花了幾十萬元才買到一副墨鏡！為了挽救國家金融體系，蔣經國以太子身分出現，高呼「打老虎」口號，風執雷行，不知多少投機取巧、囤積居奇的奸商，被打得落花流水，大快人心，其威望之盛不可一世！可惜，這輝煌成果只落得曇花一現，誰知他正在手到功成的當兒，卻打到「母系家族」，景陽崗英雄的氣慨再盛也無濟於事，結果，只有窩窩囊囊地退避三舍、銷形隱跡。這樣一來，奸商們立即死灰復燃，更加囂張肆無忌憚，民警們乘機渾水摸魚。

表姐夫經營皮毛進出口貿易，生意相當可觀。一日清晨，我們正在早餐，「大上海民兵保衛團」大群勇士一窩蜂遝門而入，士氣高昂大聲說道：「共匪若來，欲保上海安全無恙，必須萬眾一心，有錢出錢，有力出力，有命出命……」結果，姐夫被「樂捐」了二兩重的金條共十條。「大上海民兵保衛團」毫不含糊，正正規規簽付收據，並將「樂捐」者的姓名記上名冊，以備將來有朝一日闡揚於世。

期盼經年的一天終於蒞臨。

我站在弄堂口，皮箱靠在腿旁。母親面對面關心注視著我，沒有流一滴淚。我，也沒流淚，但腦中漠然一片，方寸繚亂無法理清，不知是喜是悲。周圍送行的親戚鄰里絮絮交談，

我無心聽他們說些什麼，只見一張張蠕動的嘴。

「黃包車來了！」母親用手挽著我，似摟非摟，暖暖的，那麼溫馨感人！表面上，我還是呆若木雞，毫無表情，胸中恰似浪濤翻滾，無法抑制。

「亂世大家境遇拮据，我本想回鄉籌點錢給你在外派用，怎奈時局緊張不得成行，只得自姐姐處取得少許，就算是為母的一點心意吧！」

剎那間我清醒過來，雙手緊緊握住母親的手，不由悲從衷來，淚如雨下……

「一個人在外沒人照顧，自己多小心點冷暖。」她繼續叮嚀著：「逢人遇事謙和點，別盛氣凌人，免得招嫌招嫉。記得嗎？你曾自己刻過的一枚篆體陽文偏章，假如我沒記錯的話，刻的是：『與人為善伯夷風』，不是特別喜歡把它蓋在你的畫上嗎？做人，不要忘記這句話，能讓人且讓人，朝『與世無爭』去修身。一般父母都望子成龍，我卻希望你淡漠名利，多追求點精神上的安逸和快慰。」她頓了頓，用手輕輕理了理我額前的散髮，親切地勸導著：「你從小喜歡畫畫，這次去歐洲留學，沒準要選修油畫。孰知投身畫壇，幾人能出人頭地？多少畫家連圖個溫飽都成問題。我想，你最好選一門和藝術直接有關的學科，首先把生活問題解決了再去學畫，把繪畫作為你的所好，你的精神寄託。這樣，你的作品不至於在下意識、為了討好觀眾而受影響。畫的好壞，要看你是否具有天才和藝術修養。如果你真正能不遷就外來因素，依照自己的靈感去發揮，成品即使不能出群拔類，至少是你自己的真實作品。」

母親的一番至理名言，使我感動得涔涔淚下。無疑後來成為我畢生為人處世和求知理學的座右銘！

　　我們六人在震旦大學會齊後，隨即乘計程車來到楊樹浦天主堂，由將來率領我們赴西的尚Losantos神父陪伴，到距離外灘很遠的遠洋碼頭上船。此時的離滬並非出國，只是先到香港等待辦妥護照後在直飛西歐。震旦大學的安慶同學均前往送行。多年同窗一旦分道揚鑣各奔前程，大家難免黯然神傷。天際一片灰暗，細雨濛濛，倍增淒切惆悵。

　　此刻，上海解放即在旦夕，在這兵慌馬亂之際，一路上難民背包提箱滿街亂竄，母呼兒啼人聲鼎沸。車輛踟躕蠕行，於是乎，喇叭聲震天價響，到處亂成一團，我們不知花費了多少時間才抵達碼頭。龐大的遠洋巨輪佇立眼前，甲板上擠滿中外旅客，熙熙攘攘，毫無電影中那般羅曼蒂克情調，更沒人將五彩繽紛的紙條從船上擲下，讓碼頭上送行的人接著，雙方各執一端，以表惜別之意。當我們抵達碼頭時已晚，無暇也無心情旁顧，趕緊登船被安頓在底層統艙後，不多時，氣笛便嗚嗚作嗚船即起碇，慢慢離開堤岸。據說，這艘是最後離華的一條船：「美國總統遠洋輪船公司（American President Oversea Lines）」的兩萬八千噸「戈登將軍號（General Gordon）」。

　　由於是統艙，無論是雙層鋪、三層鋪或是地鋪。人，像罐頭沙丁魚一樣擠得滿滿。阿Q精神，左鄰右居，頗不寂寞！船上階級層次劃分嚴謹，統艙旅客絕對不允許到頭二等娛樂廳或甲板走動。君不見「鐵達尼號（Titanic）」在撞觸冰山沉船時，三等旅客的悲劇嗎？不過，在這艘戈登將軍號的船尾甲板上，也

劃有一些空地，讓你散散步、曬曬太陽、看看海景，或是打打乒乓，倒也蠻逍遙自在。

這是我第二次乘海輪。回憶第一次是在抗戰初期，日本鬼子攻陷南京，直迫沿江各地，我全家逃難，自安徽經江西抵達浙江，結果在溫州乘船到上海法租界避難。那時我尚年幼，根本不能意識到逃難的悲哀。一路上逢大道搭卡車，鄉間小路乘獨輪車，翻山爬嶺則坐滑杆兒，內陸河乘民船或小划子，最後遇海就上了大輪船，倒十分有趣。

自溫州去上海所乘的是艘義大利客輪，設備豪華。當時我們所坐的似乎是二等艙位，不復記憶，只記得我們一群中外兒童在甲板上遊戲時，那些穿鑲金邊白制服的洋佬，站在有煙囪的最高層，好帥！他們不時向我們拋撒巧克力糖，下面甲板上的孩子搶糖，滾著一團，他們便樂得哈哈大笑……此情次景記憶猶新，恍如昨天。

這次，當我們的「戈登將軍號」經過崇明島出海時，正值子夜。由於水流交混，船身被衝擊得無規律晃動，胃中翻江倒海，整夜不能成眠。於是，使我又記起當年自吳淞口進入黃浦江畢生難忘的滋味。

香港，這個多麼誘人並富有詩意的名稱！這「東方明珠」，相對華夏古老文明而言，她象徵著摩登與先進。任憑她在中國近代史上是一大恥辱，但多少人對她的市面繁榮和風光綺麗而嚮往、而沉醉！當然，當初的我也不可例外。但過去在上海讀小學時，對香港印象最深的是，滬上電影大製片人張善琨，將香港新星陳雲裳聘任「木蘭從軍」女主角，不盡餘力將伊

捧得紅得發紫。該片在滬風靡一時，使香港一切奉為時尚，尤其是那些好時髦的青年們，一到夏季，天氣尚未炎熱，趕緊穿上短袖寬身的香港衫。我那時年幼，住在霞飛路八仙橋，課餘或假日，不是和在弄堂裏和鄰居小朋友玩耍，便是隨娘姨去聽說書「唐伯虎點秋香」、看黑白默片「火燒紅蓮寺」，或是去「共舞臺」看上幾本機關連續劇「濟公活佛」或「錦毛鼠遇難」……。「木蘭從軍」是時尚影片，當然不可不看。我當時雖小，看電影只看故事情節，卻發覺花木蘭步上征程那場戲，身佩鎧甲腳跨駿馬，英姿煥發，好不威風！可惜根本就沒有向前奔馳，只見她老在一個狹窄的範圍裏打圈圈兒。孩童心裏知其然不知其所以然，只感到彆扭之至。直到後來自己從事影片攝製時，才恍然大悟，因陋就簡，原來在狹窄攝影棚裏拍出的外景，連在小兒的眼中都過不了關。

當我們駛進港口時，遙見港灣中船艘鱗次櫛比，岸上高樓大廈林立，那時心跳頻率陡增，情緒興奮，不可言喻。

一旦船身靠岸，碼頭上人群中早有人豎起接我們的標誌，原來是鴨巴甸（Aberdeen）天主堂的神父來接我們先到他們那裏稍息和進餐，然後再作一切安排。天主堂座落在景色宜人的鴨巴甸灣岸邊，後廳平臺的大理石階坡直伸海中，眼前「白雲與海鷗齊飛，碧波共長天一色」，教人好不心曠神怡！忍不住，立即更衣下海。香港的仲春，風和日暖，水準如鏡，加上海水浮力忒強，沉浮其中悠然自得。況且，那是我首次享受海水浴，如醉如癡，其樂無窮。

黃昏，我們被安頓在半山多明俄會天主堂側院住宿。一日

三餐由門房家屬料理供應，早餐通常是稀飯小菜，午餐和晚餐則是一湯兩素一葷，廣東烹調雖是家常便飯，味道不錯。偶而端上些叉燒、烤乳豬什麼的，果然是名不虛傳的著名粵菜。如此，我們便遊手好閒，終日無所事事地待了一月有餘，等待辦理護照。

留港期間的開始一段時間，成天價溜達於市，恰似劉姥姥初進大觀園，耳聞目睹都是新鮮，真是山陰道上應接不暇，市區街道雖窄，商鋪夾道繁華異常。給人第一個感覺是來到了「異地」，滿街中外文招貼廣告高掛，櫥窗攤位商品堆積如山，琳琅滿目不及暇顧。況且，由於是免稅港口，其價格之低廉，尤其對我們來自通貨膨脹地區的人來講，真是難以置信。可惜我們囊中貧乏，可望而不可及，徒自望洋興嘆。結果在考慮良久後，施和我終於下了最大決心，各人買了一只自動防水錶和一對「Waterman」金筆。自我寬釋一番，出國留學嘛！總該有點像樣的讀書工具。

此外，尚有一件使我不解的事，二次世界大戰結束後的四十年代末，全球走往欣欣向榮之道，工業發展尤甚，特別是汽車式樣，更加日新月異，均走往「流線型」時尚。相反在香港九龍市區，卻出現那那麼多方方大大的「老爺車」。但看起來卻挺豪華高貴，一輛輛嶄新雪亮，並都有制服筆挺的車夫駕駛，不時傲慢地在大道上行駛，或停在高級飯店或大廈前等候主人。當時自卑心作祟，避免人家把你看作「鄉巴佬」，羞於問其究竟。後來赴歐，才知道那是世界名牌之巔的英國「Rolls Royce」轎車。據說，香港是世界擁有此高貴轎車密度最高的所在。

日復一日地等待，不知何時獲得護照起程赴西。沒奈何，只得尋找點消遣打發時間。一天午後，我們登維多利亞山巔遊覽。向南舉目遠眺，南海浩瀚一望無際；朝北低首俯視，九龍高樓大廈遙峙，港灣中船隻錯綜運行，如過江之鯽。頃刻間汽笛唱晚，西方一片燦爛，橙黃紫赤堆砌天邊，夕陽一襲籠罩海市，恰似「馬賽克」長屏輝煌閃爍。歸家時，夜色已降，霧氣朦朧，港灣中昏暗船火隱現，與岸上五色燈光相映成趣。間或渡輪穿駛海面，車輛飛馳街道，光影交錯，如夏夜流星劃空而過。啊！香港夜景之美，煞是世間絕無僅有！

　　五月的香港，溫度不亞於內陸炎夏，最佳消暑方式，莫過於沉浮海中，我們不時去淺水灣游泳。通常午飯剛畢便出發，直到黃昏盡興始歸。交通工具是電車或公共汽車，為能多載乘客，多數是雙層，我們最愛上層前方座位，如此方可享盡「千里目」之趣。

　　暮色中抵家，驀見門前平臺上，婆娑著一條娟秀身影。走近一看，原來是個妙齡女郎正在溜冰。時若春風拂柳，時若飛燕穿林，其體態之輕盈如洛神履水，那滿月臉龐雖非羞花閉月，但蓓蕾初放甜美異常。南國姑娘早熟，方到及笄年華，已姿豐肌圓，胸隆臀滿。當晚，其青春洋溢的倩影，不斷徘徊在一個尚未滿十八周歲青年的腦際。

　　翌晨探詢後，才知道她是門房的小姨，時常來姐姐家走動。

　　有天黃昏，我正在憑欄遠眺變化萬千的金烏西沉，心頭思潮澎湃，遐想西歐暮色，是否如此瑰麗？一絲離愁油然而生。偶然間，下意識感覺似乎身後有人走動。回首一看，卻是那夢

寐以求的姑娘在不遠處經過，四目相視，均報以微笑。於是，我走近她開始搭訕：

「好悶熱！沒一絲海風。」

「還好，我們習慣了。不像你們上海人……」她用極不標準的國語回答著──通常，一般廣東人把廣東以北的內地人都叫作「上海人」──她頓了頓，問道：「阿姐說，你們去西班牙留學，是嗎？」

「不錯，我們正要去那裏留學。你知道西班牙嗎？」

「我只知道一少少西班牙，在新聞片上看到的。那裏有鬥牛，有跳舞，好靚啊！」

「我叫Miguel。」我想知道她的名字，所以預先報名。

「米─格─爾。」她依樣畫葫蘆，把每個音節拖得很長照樣念了一遍，然後迷茫地問道：「你姓米嗎？」

「哦，不！我姓張。這是我的西班牙名字，相當於英文的Michael……」

「Michael，Michael，吾悉得！在美國影片中，很多明星都這麼叫著。」沒等我說完她便插嘴說著。

「那麼，你的名字呢？」這下我的機會到了。

「……阿好。雖是小名，大家都這麼叫我。」

「阿好，阿好。」我重複了一遍，瞟了瞟她春風和悅嫣紅的臉。「那麼，我以後就這樣稱呼你好了。」

彼此投以會心的微笑……

自此以後，阿好來她姐姐家走動，似乎較前頻繁得多，一般是黃昏，在姐姐家晚餐後，便到後院或平臺散步。我則每天

下午，耐心等待著暮色降臨。雖未「人約黃昏後」，也按時看看伊人是否到來？哪天如果撲個空，心中頓感一片失落，夜間便輾轉反側難以入眠。如果見到她，雖稱不上花前月下的詩意交往，僅僅藉廣東話夾雜國語，天南地北、雜亂無章地交談片刻，宇宙即變得燦爛富美，世界便全屬於你！任憑月亮星星多高，伸手可摘；奇花異草多遠，舉目可賞。從此，你再也不與孤寂作伴。剎時間，忘卻了要去留學，更記不起有人還在為我們辦護照……

有天早晨，我們起床不久，忽聞院中一陣喧囂，出房一看，原來是門房帶著尚神父，他氣喘如牛，極其激動地和另一位傳教士來看我們。

「Hola, hola! Cómo estais, chicos? Acabo de llegar.」尚神父興高采烈地和我們一個個擁抱打招呼。

「Muy bien, muy bien! Muchas gracias!」我們異口同聲回答著。

接著，他說去西的證件全部辦妥，只等購買機票便可起程。其實，護照早在上海辦妥，只因局勢緊張，西班牙駐華領事館已遷菲律賓，他正是從那兒取得簽證趕來的。遂自公事包中拿出一大疊護照，按各人姓名分別給了我們。大家喜出望外，趕緊打開護照查看內容。不看則已，一看，臉上卻顯出莫可奈何的神色，原來在職業一項上填寫著「助理傳教士」，尚神父立即解釋說，唯有這樣簽證才容易快速批准。好吧！助理傳教士就助理傳教士，這下子為了留學，搖身一變竟成了神職人員！

當晚與阿好見面，將這消息透露給她，彼此意識到分別就在旦夕，心頭不免都引起一片惆悵。欲說無言，氣氛中滿充抑鬱，雖然遠處偶然傳來汽笛幾聲，也無法撩起心底一圈漣漪。良久後，她終於舉目仰望天空，憂鬱地喃喃自語：

「啊！這一去什麼時候才能回來？」

「我想……」我無法答覆，只想找幾句話安慰她一下：「我想六、七年一定可以把書念完，回國時特地再來香港看你。」

「六、七年，好長的時間啊！你真會來看我嗎？」

「當然！」我未假思索隨口而出，其實未來的事非常渺茫。不過，那時我的確有這個想法。

「唔要這樣輕易許諾好不好？只要你在西班牙求學時，後來學成回國時，保持一個美好的回憶……」說到這裏她的眼眶濕潤了。

「別傷感！我會不斷給你寫信。」我沒有更妥善的言詞來安慰她。

是晚，我們就在這無可奈何的惆悵情緒中惜別。

從未離開母親一步，從未和妙齡女郎單獨散步和娓娓交談過的青年，一旦辭 母遠行，負笈去國的前夕，欣喜悲愁，展望仿徨，交織成一張交錯縱雜、緊纏思維、無可清理的網，恰似中世紀荷蘭神秘畫家Hironymus van Aeken的超現實畫篇，每幅儘是魅影離奇，表達著不可思議的玄秘。我朦朧入睡，夢牽魂縈，不知明朝起程時，心情又是何等模樣？

翌日一早起身收拾行李，連尚神父在內一行七人去九龍歇

宿。我們下榻的「美麗華（Miramar）飯店」是西班牙人所開，所以把我們招待得無微不至。

當晚，大家外出看電影，我則藉故留下給阿好寫信。內容無非是些安慰她的言語，準備抄一首田漢的〈南歸〉贈送給她：

> 這裏我曾倚過我的手杖，
> 這裏我曾放下我的行囊，
> 在這寂寞的旅程中，
> 我曾遇到一個可愛的姑娘。
>
> 我倆並坐在樹蔭，
> 我向她　談我流浪的經過，
> 她睜著那又大又黑的眼睛。
> 癡癡呆呆地望著我。

剛抄完前兩段，感到不可思議，一個尚是弱冠首次出門的青年，哪來那麼多生活經驗？簡直就好象南宋詞人辛棄疾所賦的前段：「少年不識愁滋味，更上層樓，更上層樓，為賦新詩強說愁。」無病呻吟多彆扭！立刻將信撕毀，重新再寫。這次僅將〈南歸〉的結尾兩段給抄了下來：

> 啊！姑娘啊！
> 我不是個不懂愛戀的人，
> 可是你也真癡得可憐，

縱然我流浪到多遠，

我的心永遠在你的身邊。

你若是聽見晚風吹著樹葉兒鳴，

那便是我呼喚你的聲音，

你若是看見樹葉兒隨著晚風飄零，

那便是我思念你的眼淚縱橫。

　　把這兩段詩反覆朗誦幾遍後插入信封，妙！的確得當，

既委婉動人又能表達心意。一個沒有文學修養、更無才華者，

借花獻佛有何不可？不過，我曾在信中闡明，這是田漢不朽名

作，不敢掠人之美。

　　一九四九年六月十五日，是一個值得紀念的日子。凌晨不

到六點，即有「計程車」來接我們先到「半島飯店」聚齊後，

再送大家去啟德機場。南國破曉忒早，到達浮在海面、極其狹

窄的機場時，早已天色大亮。當靠近將把我們載往西歐的飛機

時，不看則已，一看之下，天哪！那竟是一架極小的螺旋槳飛

機，乘客容量僅二十餘人，除我們七人外。尚有兩位義大利神

父、兩個德國拖大帶小的家庭以及其他幾個來歷不明的乘客。

生死自有天命，我們戰戰兢兢魚貫登機。後來聽說，這是架私

家包機，不屬於任何航空公司，係由二次世界大戰英國皇家空

軍退伍駕駛員所組成者。因為是私家包機，必須讓正規班機優

先使用跑道，然後我們方可起飛，結果在機艙等候將近一小時

後，才聽到馬達聲響。首次乘飛機，況且是遠程，不能說是恐

懼，心中難免充滿好奇，是否暈機？會不會感到不適？當機身滑動漸漸騰空，非常平穩，先前的一切過慮化為烏有。

此刻已旭日上升，金光萬縷透過雲層射向天空海洋，萬物鍍為金黃，一切都變得絢爛富美。自視窗向外俯視，山川海灣、樓房市區，漸漸縮小微若玩具。未來展望和別鄉離情交織，一股從未體驗過的感覺，頓然而起。兒時的嬉戲、課堂校園中的情景、家庭的溫馨……一幕幕重現眼前。同時，朋友同學、兄弟姐姐、乳娘母親，以及阿好的一顰一笑，都是那麼和藹親切。最後，母親慈祥並憂悒的雙目凝視著我，漸次擴大，滿蔽世界、滿蔽宇宙、滿蔽一切！在那張寬闊無比的超綜體銀幕上，我看到兒提時代的自己，依在她身邊初次學畫；我看到仲夏夜露天，自己在竹床上乘涼睡去，她輕柔地給我蓋上薄被；我看到抗戰期間，父親不願在日軍佔領區苟延，帶領全家去安徽霍山避難時去世，她默守床腳暗泣，沒有嚎啕一聲……啊！母親！我如何受得了這樣繼續回憶下去，真想放懷大哭，一暢抑鬱，但怎能在大眾前失態，只得佯裝熟睡，雖雙眼緊閉，往事仍然時隱時現纏繞心靈……

我就迷迷糊糊地在神情恍惚、意絆魂牽中，悄然去國。

旅途風光

　　自香港啟德機場起飛，整整四個小時後抵達越南河內
（Hanoi），因為是「小包機」載油量不多，飛不了多久必須
加油，順便可讓乘客和飛機小歇片刻。一小時後繼續西行，直
到午後五點半左右到達緬甸仰光（Rangon），由於沒有過境簽
證，我們必須補付十四個盧比，按當時的兌率，相當於四塊多
美金，大家都很氣憤，其原因到不是補費，而是邊境警員狐假
虎威那副嘴臉。

　　這真是個從未經歷過的現象，在雲層裏飛了很久，總不見
天黑，直到十點鐘左右，才稍顯黃昏模樣，這是因為我們與太
陽同方向西行的緣故吧！

　　當我們抵達印度加爾各達（Calcuta）下機晚餐時，當地時
間才八點多，而我們手錶上的香港時分已十一點多了，由於兩
地在經度位置離格林威治的遠近，時差三小時十五分。

　　晚餐是飲料、甜點或水果，一概包括在內的西餐客飯，出
國前我們雖然曾經練習用過刀叉，可是真正使用時，還是礙手
礙腳好不自在。此外，用餐時大家各自叫了不同的飲料：橙汁、
檸檬水、汽水……等等，其中有一個，先要了一瓶白水解渴，然
後再要飲料，誰知西崽竟要他另付費用，那時我們身上外幣一

文不名，結果這位同學只好無飲料用餐，胸中一股怨氣。

雙螺旋槳的「小包機」飛不了多久又得降落加油和「休息」，這站是印度首都新德里（New Delhi），在那裏停了很久，還用了早餐。這樣時降時飛，橫豎我們無須趕時間，倒可步出機艙換換新鮮空氣。

又飛了三小時許，抵達巴基斯坦首都卡拉基（Karachi），在整個行程中，這是個大站。在那裏，我們不但享有一席豐盛的午餐，並且還提供給我們每兩人一間非常舒適的雙人房間稍事休息。

起飛前，在候機室內耽擱了一段時間，這真是個非常有趣的場面，我們從來沒見到過那麼多，各種族各衣飾不同的旅客，黑的、白的、黃的、棕色的應有盡有。此外，他們喳喳哇哇的語言，更增加了那萬國情調，就如同聖經上所載，各地人們群聚巴比倫，建造巴別塔（Tower of Babel）一樣！

當晚，其實究竟是離香港後的那晚，由於時差的緣故，弄得我糊裡糊塗，不願再為時差的問題去傷腦筋了。在機艙裏昏昏沉沉地，似乎聽到我們在沙地阿拉伯的一個叫什麼巴林（Bahrein）的地方降落了。因為是黑夜，外面又是熱得無以復加，沒興趣出機艙換空氣，朦朧中不知待了多久，才聽見隆隆的螺旋槳聲啟動，並感覺到機身慢慢移動，於是意識到飛機在又起飛，但從來不知下一站將是何處。

迷茫中醒來，擦一擦惺忪的睡眼，機艙圓角小窗外已天光耀眼，俯視下面，只見一望無際的淡黃沙漠，間忽隆起排排大小不等的沙丘，在驕陽照耀下，隱現出閃閃金光，勾成一幅

巨大無比的抽象畫。飛行不久後,下面的景色變成燦如晶玉的湛藍海洋,幾朵白雲飄忽其上,於是我意識到破曉已久,否則雲朵不回潔白得那樣可愛。瞬間,我們鑽進雲層,眼前盡是混混沌沌一片,心中飄飄然如神仙騰雲駕霧,直奔九霄天外去瑤池赴宴。當飛機衝出雲層時,我們發現正在飛近一座狹長的島嶼,並慢慢盤旋在它的上空準備降落,一問之後,才知道那是位於地中海東部極綺麗的賽普勒斯(Syprus)島。還是那句老話,「小包機」每飛行一段航程後,必須降陸加油,由於機上沒有「航空小姐」,更沒有準備餐點,每逢降陸加油,讓旅客們用餐和休息片刻。在該島機場用過早餐,因為要待兩小時多才飛羅馬,可惜我們沒有入境簽證,不能到市區遊覽,只可在機場國際區域溜達。那裏免稅商店林立,紀念品琳琅滿目美不勝收,但我們都是窮措大,只得飽飽眼福望洋興嘆而已。

當我們飛抵羅馬非烏米基諾(Fiumiccino)機場,又是沒有入境簽證,大費唇舌後,終以遊客身分准許我們在羅馬耽待七十二小時,再離境前往西班牙。

出了機場我們直接去旅館安頓,久聞羅馬是世界藝術古都,在途中車上一見市容,果然名不虛傳,街坊建築十分雄偉,盡皆巨石所建,歷經風雨剝蝕,呈現斑痕壘壘,愈加增強其古城風韻。這裏教堂滿布,幾乎每條街道都可見到各時代建築格式的門面和高聳的鐘樓,每個廣場不拘大小,均有精美的噴泉或雕塑裝飾;即使在中心鬧區,往往保留著古蹟的廢墟殘垣。當我們到達狄安娜旅館(Hotel Diana),儘管外面古樸,進得門來,內部卻是非常摩登精緻,設備周全。晚餐時進得餐廳

只見華燈輝煌，由於是古屋新妝，廳中仍保留若干斑痕點點支撐拱門的多里克（Dorico）式石柱，古新配合得那般協調，愈顯得莊嚴雅致。晚餐無論如何豐盛，還是少不了加了肉末的半生不熟的通心粉，飯後西崑端來一大盆幾乎近黑色的無柄櫻桃，非常甜美，我們邊吃邊談，西崑看我們幾乎把全盆吃光，趕緊跑來邊問：「Finito？Finito？（完了嗎？完了嗎？）」不等我們答覆，便將剩下的半盆櫻桃搶走，那時我們才發覺不該那麼貪嘴，弄得非常丟人，好窘！

到了義大利，語言上沒有多大的障礙，雖然我們在出國前，學習了少許西班牙語，準備進大學時，不至於因語言隔閡措手不及，這裏，我們用簡單西語問路或購物，當地人都能聽懂。由於意西兩國文同屬拉丁語系，很多字非常相像，但有時兩字書寫發音都相像，而意義相左。有一次我去買糖果，選了一袋包裝很精美的，小店老太太特別告訴我那種糖果是非常「amaro」，因為「amar」這字在西班牙語中是「愛」，我以為她提醒我那是專送情人的糖果，我於是笑笑買了下來，但是，不明白她那不以為然的表情，其實，她深知我沒有懂得她好心的提醒。回家一嚐，果然那袋糖果的味道的確很苦，才恍然大悟她為什麼向我說「amaro」，原來義大利語的「amaro」就是西班牙語的「amargo」──「苦」。

翌晨一早，尚神父帶領我大家外出遊覽，鮑和我由於旅途太累，留在旅館休息。下午，有一位西班牙神父特來嚮導我們參觀羅馬名勝古蹟，首先去的是聖瑪利亞大教堂（Santa María Maggiore）。我們這群剛從中國出來的學生，對西洋藝術毫無

認識，聽嚮導神父用西語講解，再由尚神父用半生不熟的中國話來翻譯，所理會到的還談不上一知半解，僅僅聽懂一些最重要的概況和數字而已。據說聖瑪利亞大教堂是羅馬早期教會所留下的教堂中，原先建築結構保存最完整者，它的七十五米高度，是全羅馬十四世紀初所造的羅馬尼斯克式鐘樓中最高的一座。其內部最為稱著的是五世紀在牆壁和拱門上所鑲嵌的裝飾畫，由色彩和光線的精密配合，明知是平面圖案，怎麼看，也完全是立體，往往使人無法相信自己的視覺。後來才知道那種繪畫技巧稱之為「迷眼法」，西語叫「trampantojo」，這個字是由trampa、ante、ojo三字所組成，也可譯為「視覺的陷阱」，此等炫耀繪畫的技巧，在文藝復興和巴羅克教堂和王府中往往倍受歡迎。

隨後去特萊威噴泉（Fontana di Trevi）與其叫「噴泉」，倒不如叫做「懸泉」，因為這座泉水的設計，並不是向上噴出，而是像許多小瀑布一樣，從不規則的自然石坡上垂掛下來，流入前方一個橢圓形水池。它之所以聞名於世，是因為到那裏觀瞻的遊客，若背水反扔進水池幾枚錢幣的同時，許願將來再回羅馬舊地重遊，一定會實現你的願望。遊人都如法炮製，我也跟著湊熱鬧，在袋裏尋得兩枚小港子扔進水池。後來雖然多次經過羅馬，僅在機場沒有外出，然而，在半個世紀以後的一九九九年秋季，果然我和琴作環義大利之旅，到羅馬後，又去探望了這座久違的清澈噴泉。

君士坦丁大帝凱旋門（Arco di Constantino）就在Colosseum旁邊，是大羅馬帝國所留下的凱旋門中保留最佳的一座，高二

十一米，寬二十五米，建於第四世紀初，為紀念君士坦丁大帝的彭斯‧米爾費烏斯（Pons Milvius）戰役勝利所建。其結構各部比例之相稱，八根哥林多式巨柱之雄偉，以及雕像浮雕之精美，促成它成為世間少有的建築瑰寶。

欣賞過凱旋門的雄姿後，便進入龐大的弗拉比奧露天劇場（Anfiteatro di Flavio）參觀。但世人都稱之為Colosseum，這字的意思是「巨大」，源自當初古羅馬奈容（Neron）大帝，在劇場一端豎立了一座極其巨大的自己雕像而獲有此名。這座露天劇場建於西元前一世紀，為橢圓形，長一百八石八米、寬一百五十六米；其外牆分四層，高五十七米，下面三層共擁有八十個拱門。裏面是坡形坐席，可容十萬觀眾，供鬥獸競技之用。但在古羅馬奈容大帝迫害基督徒時代，曾經將大批基督徒關進劇場供猛獅噬食或處以極刑，慘不忍睹，但座上官宦貴胄卻引以為樂。

記得我小時候，還不到八、九歲，在上海就看到一張好萊塢的黑白默片，片名忘了，內容就是當年古羅馬如何慘殺基督徒的史蹟，由於印象過於深刻。那些殘忍的場面，如今還歷歷眼前！

經過威尼斯廣場時，遠遠便見到滿布雕像和浮雕的白色大理石所建的龐大建築群，一問之下，才知道那是維多里奧‧瑪奴艾爾二世（Vittrio Manuel II）紀念堂，同時也叫做國家紀念館（Monumento Alla Patria），在我們外行遊客劉姥姥進大觀園的眼中，那是非常了不起的雄偉壯觀建築群，但羅馬本地人卻認為那僅是十九世紀末的現代建築，其藝術價值遠遠不能與其他古蹟相比，只可稱之為名勝而已。

達到羅馬的第三天，一早我們便乘電車去梵蒂岡晉見天主教教皇比約十二世（Pio XII），因為時間尚早，我們走馬看花參觀了舉世聞名的聖彼德大教堂。首先我們站在貝尼尼（Bernini）所設計的橢圓形回廊大廣場，仰視米開朗奇羅（Michelangelo）所設計的聖彼德教堂穹窿圓頂高聳雲霄，震撼之餘，驀然感到文藝復興建築之偉大，而自己卻渺小得微若塵土。進得教堂，五彩繽紛的大理石雕刻的建築裝潢，尤其是中央祭壇上的華蓋，有四根扭曲的所羅門（Salomón）式巨柱所支撐，美侖美奐，使你看得眼花繚亂，讚歎不已。

　　當我們離開教堂走向左側皇宮時，只見教皇的瑞士禁衛軍，頭戴插有駝鳥毛的鋼盔，穿著深藍和鮮紅直條相間的中古制服，執矛佩劍，威武中並帶俊秀，加上莊嚴巍峨的建築，我們置身其間，好像處於中古宮廷。宮裏的衛士則穿十九世紀軍服，繡滿金邊花飾的藏青上裝上滿帶勳章，帽子和肩頭也都是閃耀的金色纓穗。

　　宮中寂靜無聲，非常莊嚴安謐，時見黑、紫、紅等色道袍的神職人員在華麗的走廊中穿梭走動。經過一間間金碧輝煌的大廳，最後抵達一間不甚寬敞，但佈置十分精緻的內廳，四壁蒙以紫紅色的絲絨，頂上儘是絢爛的浮雕花飾圖案，透過高大落地窗的潔白紗簾，光線顯得特別柔和，使全廳充滿一種和悅高貴感。長窗的對面便是鎦金、並不高大的絲絨寶座。

　　在內廳等待良久後，教皇比約十二世才出現賜見，他全身潔白，胸前掛著一個金十字架，「潔白」可能代表他心靈的聖潔，「金十字架」可能喻意繼承耶穌的苦難，來領導世上生靈皈

依天主。前來內廳晉見教皇的不只我們，還有其他不太多的人士，教皇非常和藹地向每個人問候，並伸手讓每人稽首親吻他代表皇權的戒指，這是天主教教徒對其教皇的敬禮，只要身為教徒，即使是高官貴胄，甚至於總統國王，假如他們是天主教徒，在晉見他們的教皇時，都得行此大禮。然後，教皇親自賜給每人一枚一面是聖家像、另一面是他自己肖像的金屬聖牌。辭別前，並舉手在空中畫十字三遍向大家降福。當時我們都是極其虔誠的教徒，能晉見教皇不但引以為榮，似乎全身被以聖寵而出。由於我不是崇拜偶像主義者，在晉見教皇的過程中，倍感興奮是必然之事，但心情仍保持相當自然和寧靜，但是和我們同去的西班牙神父們，卻緊張得全身發抖，情緒難以抑制。

在我們所參觀的教堂中，另一座值得一提的是，羅馬聖彼得教堂其次的第二座大教堂，長達一百三石二米，寬六十五米，格式與其他教堂迥異，正廳頂為裝潢極華麗的平棋，名之為「城外之聖保羅（San Paolo Fuori le Mura）」教堂，這座教堂始建於第四世紀，歷經修建，直到十九世紀初被焚後予以重建。其最傑著的是在正廳券門廊柱上方牆上，用馬賽克（Mosaico）鑲嵌有歷代教皇的畫像。

歸途中，我們又參觀了古代教難時期一個名叫多米第拉的地窟（Catacumbe di Domitilla）。[1]參觀這些教難遺跡時，揭發了我很多感想，當一個信仰或一個主義在倍受壓制的環境中產生後，再用暴力強權來鎮壓和摧殘，根本無濟於事，相反，虔誠教徒和壯烈義士的鮮血，更會滋潤信仰和革命之花的成長和燦爛。

當天晚上我們就匆匆整裝自羅馬乘火車北上，因為不是臥鋪，睡得不怎麼甜。天明後，向窗外看去，一路都是沿海，火車穿過金色的田野和山崗，不遠的地中海不時呈現眼前，被旭日照耀得愈加富美；當車廂鑽進山洞，頓時一片漆黑，出洞後大放光明，映入眼簾的又是一幅新鮮的風景長屏，蔚藍的長空中，飄浮著白雲幾片，下面一望無際的海面如晶瑩的碧玉，頃刻間又被濃郁的松林所掩蔽……人道地中海地區風光綺麗，今日有幸得見，果然名不虛傳。

　　行行復行行，午後不久便到邊境，必須換車進入法國，我們趁機採購一點食物和水果，以備旅途食用。在買水果時，店裏老太太用非常疑慮的眼光瞅著我半響，然後指著我左手無名指上的金戒指，嘰哩咕嚕問了一大串，起先我聽不懂她究竟說些什麼，後來才會意她看我那麼年輕，怎麼已結了婚，於是我用半生不熟的西語向她解釋，我並沒有結婚，是姐姐給我的紀念。其實，那是我出國前經過南京時，是姐姐給我將來在國外，可變賣作為零用錢的不時之需，因為那段時期國內金元券貶值，通貨膨脹，大家都收藏黃金首飾用以保值，沒想到竟使一位義大利老太太以為東方青年那麼早婚。

　　四十年代末的火車非常緩慢，又在法國車上過了一夜，到清晨才至杜魯士（Toulouse），改乘長途汽車去露德（Lourdes）朝聖。由於那裏的風景綺麗絕頂，更是聖母顯靈的聖地，所以前來朝聖祈福的教徒和遊客，熙熙攘攘熱鬧非凡。宏偉的教堂高矗立在一座秀美的山丘上，下面便是舉世聞名的露德聖母顯靈的山洞，裏面供奉有聖母像，像前滿置閃爍不定的燭火和油燈，兩旁

岩壁上滿掛拐杖、夾板、繃帶……種種病人的用具，那都是病人來此朝聖，祈求發願病癒後所留下的紀念品，同時也藉以宣揚聖跡的功效，西班牙語把這些物品叫作「exvoto」。

之後我們繼續向西班牙進發，約在下午四、五點鐘左右便抵達西班牙的邊城以容（Irún），我們慶幸終於踏上了目的地依伯利亞半島上的西班牙王國！這是帶領我們的尚神父的祖國，況且這裏的軍民都對神職人員特別尊重，所以辦理入境手續等各項事宜非常順利，無需多久便換車開向北方名城聖塞巴斯提盎（San Sebastián）。在火車上向外遠眺，所見到的一切，無論是田野或鄉村房舍，都是破舊雜亂不堪，比起方才離開的法國來，真是天淵之別，可能西班牙因內戰緣故還沒復原，在加上第二次世界大戰期間，西班牙雖處中立國立場，然其政治態度傾向軸心集團，而被世界戰勝國封鎖所致。

由於心情愉快，大家在車上談笑風生，驀然間，不知誰叫道：「瞧，瞧！鬥牛！」我們立刻向窗外看去，果然在不遠的一個鄉村小廣場上，圍著水洩不通的群眾，正在觀看一個穿著金光閃爍緊身衣褲的鬥牛士，揚著一塊紅布在與一頭巨大的黑牛在周旋。大家都感到非常幸運，一進西班牙國境就看到了鬥牛。後來經尚神父介紹，才知道西班牙任何鄉村城鎮，每逢本地大節，不能缺少鬥牛盛舉，這是他們全民引以為榮的國粹！

自從六月十五日凌晨自香港啟德機場起飛，歷經河內、仰光、加爾各達、新德里、卡拉基、巴林、賽普勒斯六國七站，加上時差總共歷時整整三天，直到十七日中午義大利時間十二點半，安抵羅馬，在那裏前後遊覽了三天，途經法國又耽擱了

兩天，終於在二十一日下午抵達目的地西班牙。這麼長時間的飛行，又多次更換火車，身體疲勞自在言中，但由於圓了久待的美夢，並在途中能觀賞到畢生難以奢望到的文物古蹟和異地的綺麗風光，心靈上的滿足和愉快則無法言喻。

如今已跨上了第一程人生旅途，往後的漫長歲月，尚不知怎樣去迎接和領受……

1　按：類似這樣的地下隧道，滿布羅馬郊區，是當年基督徒被羅馬帝國執政者迫害時所鑽的地下避難所。

入學攻讀

　　通常西班牙大學是在每年十月第二週，第一週是給學生辦理註冊買書等事宜。我們離開學時間尚早，所以在入境後，非常從容地遊覽了北部沿海的幾座大城：聖塞巴斯提昂（San Sebastián）、比爾堡（Bilbao）、桑當德爾（Santander）後，便到屬於最後一省的一個名叫戈米亞斯（Comillas）的避暑小鎮安頓下來，準備在那裏預先稍學習點西語，再到馬德里就讀，途中發現我的金指環可能在途經桑當德爾棧房盥洗時給丟了，我並沒有怎麼聲張和表現懊惱，僅僅不經意地說了聲：「哎呀！我的戒指丟了。」

　　我們在戈米亞斯所住的是一座專供避暑的兩層小洋房，底層是客廳、廚房、廁所和小儲藏室，樓上共有三間臥室和一間潔具齊備的浴室。我們一共六人，臥室的分配是，其中較大的一間給鮑克俊和管茂生合住，餘下給曾憲揆和王安博，施正祥和我兩人共一間。三餐去附近山崗上的戈米亞斯教皇大學（Universidad Pontificial de Comillas）食用，這樣我們每天去大學餐廳和神父、修士，以及修道生們共餐。因為那座大學專為培植神職人員所設，裏面沒有一個普通學生。

　　每餐飯前有一位修道生輪流朗誦一段聖經和謝恩詞和畫十

字，然後才啟動用餐，飯畢也必須同樣念謝恩詞和畫十字。

　　為了學習西語，大學特別給我們一間小教室，並指定兩位神父教學，每天四堂課，上午兩堂，下午兩堂，每週五天，星期六星期天和例假休息。飯後和課後，我們經常在大學逗留半響，和修道生們攀談，他們都非常和藹，耐性地糾正我們的用詞不當和造句上的錯誤，對我們語言學習大有裨益。

　　到戈米亞斯後沒幾天，尚神父便要帶我們去北部阿斯杜利亞斯（Asturias）省的重要港口西鴻（Gijón）一行。尚神父雖是萊翁（Leon）人，當他晉升神父後便在鄰省的西鴻為教會服務，甚為一般群眾所推崇。他性格剛強，做事嚴謹，在西班牙內戰期間，曾敵對共和政體，參加佛朗哥起義部隊作戰，任隨軍司鐸。這次他欲將我們介紹給他的家鄉信徒，根據我的推測是，他去中國傳教能帶回這麼多求學青年學子，一方面，對教會總算有個交代，另一方面，可在家鄉籌款，用以供給我們這六人未來的學費、膳宿、零花等費用。

　　怎奈戈米亞斯不通火車，必須乘長途汽車折回相反方向的大鎮多瑞拉貝加（Torrelavega）搭車。西班牙戰後經濟貧困，交通落後，二百公里左右的路程，小火車走了七小時才到西鴻。當火車抵達目的地進站時，月臺上早已站滿歡迎的群眾，當我們一下車，人們便蜂擁上來問長問短，突然不知誰在人群高喊：「Viva China!（中國萬歲）」，大家跟著三呼「Viva China!」，尚神父遂接著領首高呼：「Viva España!（西班牙萬歲）」，我們亦三呼「Viva España!」相以應和。繼之掌聲大起，情緒之熱烈儼然歡迎什麼要人。

是晚，在參觀赴宴後，施和我被分配在一家家庭客棧（pensión）歇宿，那家客棧是一家非常虔誠的天主教徒所開，全家四口：古稀年齡靜穆的祖母，五十來歲非常熱情周到的孀居母親，還有兩位千金，長姐黛萊（Tere）十九歲，黑髮星目，性格外向，幼妹羅莉（Loli）十七，棕髮倩秀，靦腆內斂。就寢前，互道晚安，姐妹倆身穿睡袍，倚門不願即去，黛萊用發音生硬、錯誤百出的英語和我們攀談，羅莉則在旁微笑以待，偶爾也插上兩句。

　　「孩子們，太晚了！人家一定很累了！」母親在走廊裏關懷著。

　　「晚安，晚安！」兩姐妹微笑離去。

　　我從來沒和西方姑娘在如此親近的境遇中接觸過，上床入眠前，心情不禁飄飄然有一種無法言喻的舒適……

　　伊伯利亞半島的北部瀕甘達伯里格（Cantábrico）海，風光旖旎，各沿海城市，尤其是諸鄉村小鎮，均是情調逸致的避暑勝地。西班牙北部沿海地帶氣候涼爽，南方海濱炎熱，但陽光充足，通常去北部或東部地中海的陡峭海岸（Costa Brava）的西國避暑人士品位較高，赴南方黃金海岸（Costa Dorada）或白色海岸（Costa Blanca）專尋陽光，不顧炎熱的避暑者格調較底。

　　正值夏季，我們僥倖能邂逅西班牙避暑勝地，當然不能錯過享受海水浴的良機，但是由於上課時間和海灘離家尚有一段路程，不允許我們每天去泳浴，但是一到星期六星期天或是例假，我們早餐後便匆匆帶上毛巾和游泳衣到海灘，盡情享受日

光和海水浴情趣。況且在海灘上還可交到不少當地青年朋友。其中有幾個姐妹是當時西班牙全國機場總司令若阿（Roa）空軍少將的千金，她們定居馬德里，在戈米亞斯擁有別墅，每逢炎夏，幾乎全家都來避暑，後來我們到馬德里就學期間，經常保持來往。姐妹中有個名叫芭蘿瑪（Paloma，中文指鴿子）的，她的年齡與我們相似，所以大家很談得來，多次她家舉行音樂會或聚會時，都邀請我們去她家官邸參加。後來結婚時，我還參加了她的婚禮和酒會。西班牙每逢各種婚喪喜慶，從來沒有以錢當作禮品的習俗，那時我已在馬德里就讀，向一位叫林連水的商人買了一個景泰藍小瓶給她，當時西班牙和中國缺乏交往，中國工藝品更為稀少，物稀為貴，即使價值很低的中國傳統工藝品，他們都視為瑰寶。

多次下午課後，我獨自帶著畫冊到村中或郊外寫生。有天午後，我去了一個偏僻的海灣散步，那裏的醉人環境使人流連忘返。當晚把日間所見撰文記下，不過，那是剛滿十八周歲青年的敘述，熱情奔放富於幻想，辭藻不免受到三十年代散文的影響，稍嫌浪漫和豔麗，為了保持當時的心情不予刪改，如今讀來，別有一番滋味：

　　敞開胸襟，理一理散髮，深深暢吸一口微帶鹹腥的空氣，面臨Cantábrico海，無所思，無所遐想，把鄉愁悵惘付諸那挺著白胸的海鷗，任其掠過碧波而去。

　　難辨的天與海，在遙遠的混沌中，卻被堆砌上燦爛的彩霞，五光十色，像綴滿寶石的錦帛橫互天際。

翡翠的波濤，鞭韃頑奇的紫崖，迸濺出無數真珠脂玉，喧囂的響聲轟隆，恰似鐵木真的勁旅萬馬奔騰！

　　啊！我陶醉在這奇幻、迷離的暮色中。

　　倏蕢然間，一個村姑出現在崖石的那廂，頭頂著一籃不知名的菜蔬，一扭一擺走上山坡，那輕盈的步伐如履平地。當她和你擦肩而過時，看得清那雙長睫覆蓋著的大眼睛，鑲嵌在那張被海風和烈陽吹曬得嫣紅的臉上。並見到那薄衫下隆起的雙阜微微顫抖，與那纖腰花裙的擺動相以應和，在微風中婀娜如舞，婆娑，婆娑，隨即消失在不遠的玉米地中……

　　此刻，呈現在眼前的一切愈加富美了，夕陽投出金光像輕紗一襲，蒙罩了海洋和大地，萬物都被鍍上一層薄金，爍爍閃光。水鳥陣陣歡樂地吵著還巢，晚風拂著玉米長葉，山路旁的野草雜花也隨著節拍搖擺。

　　萬物似乎都在笑，而且笑得那樣甜美，正如沉緬在初戀中的少女，仰著含羞的緋色臉龐，去迎接新攀上戀人的初吻。

　　零星的海鷗還在盤旋金波之上，不忍即刻歸去，驚濤仍在拍擊紫崖，響徹雲霄。在這夢幻中，我面臨著Cantábrico海，忘卻了歸程。

　　一天下午，我們去離家很近的戈米亞斯侯爵府參觀，那是一座十九世紀末西班牙「摩登派（Modernista）」大師高迪（Gaudi）同時代的幾位名建築師所設計的傑作，脫胎於哥德

式，擁有極精緻豪華的裝飾，裏面的特色傢俱等物，均為高迪所設計。當時我對西方藝術知識淺顯，僅能欣賞和讚歎其外表的華麗，至於其建築結構比例等精妙處一竅不通，更不知高迪是何許人也。在侯爵府對面的花園裏，有座形狀十分奇特的小建築，線條錯綜不整，牆飾大部分為五彩繽紛的碎瓷鑲嵌而成，故命名為「奇幻宮（El Cabricho）」，聽說後來在八十年代被日本鉅賈出重資購買用作餐廳了。

參觀時我們邂逅了三位西班牙妙齡女郎，她們的名字是姑姬（Cuqui），碧露加（Piluca），瑪莉莎（Marisa），前面兩位是鄰村聖比森得漁村（San Vicente de la Barquera）人，後者是從馬德里來此度假的大學生，日後，當我去馬德里大學就讀時還遇見過她。姑姬家庭從事旅社餐館業，因此她邀請我們去那兒玩，那個小村也是避暑勝地，並擁有很多名勝古蹟。

我們厭煩上課學習的時間太多，大家蓄意翹課一天到外散心，於是租了自行車應邀到聖比森得漁村遊覽，惟有鮑獨自留下未去，由於他的行經從不越軌。鄰村距離我們只有十幾公里，在沿海公路上踏著自行車，一邊是一望無際的碧海雲天，另一邊，時爾蒼松翠柏，時爾丘陵田野，公路兩旁楊樹遮蔭，陣陣海風拂面，毫不感到正是炎夏。

一小時餘便抵目的地，三位姑娘早在村口迎接。我們立刻下車一道步行到姑姬家的旅館，把車放下稍歇後即外出遊覽。

首先她們另邀了兩個男性朋友，把我們領到漁港上了一隻小漁船，不知是租的抑或是借的，出海遊蕩了一圈，遠處藍天碧海混沌一色，白雲海鷗上下相映，甘達伯里格海微帶腥咸的

海風沁入胸襟，感到特別涼爽。

　　姑姬請大家在她家旅館午餐，一湯一菜，佐以酒水麵包，最後是水果甜點，比起大學修道院的口味鮮美多了。日後才知，那是極大的盛情，通常西方人不輕易請朋友在家用餐，況且我們方認識不久，也許我們是中國人的緣故，而促使她如此熱情款待。

　　翌日上課時，西班牙語神父非常生氣，怪我們怎能翹課，我們則不以為然，因為我們並不是一群小學生，學西語是補習性質，並非上什麼正式學校。

　　這段期間，可能由於好奇，每天下午，一群天真活潑的小女孩，經常聚滿我們廳堂載歌載舞，她們都只十歲上下，棕黑金黃的頭髮，深褐灰藍的眼睛，小花裙像蝴蝶般飛舞，可愛極了。我們被融化在她們的歌聲旋律中，又回到了童年時代。

　　其中有個叫黎乃斯（Lines）的女孩，才九歲，淡褐色的長髮披肩，嫣紅的圓臉上，鑲嵌著一雙動人的綠眼睛，美麗極了。如果動物之間確有心電感應的存在，我可毫不猶豫地站出作證，她一定知道我非常喜歡她，每次來我們家時，必定輕快地跑到我身邊緊挨著坐下，只要有一天沒有她的出現，我的心就空洞洞的，如同失去了什麼，荒唐至極！

　　我們就在這無愁無慮的日子裏，逍遙自在地學習著西語。

　　我們的近鄰是一位常年外出水手丈夫的婦人，三十幾歲並不美，但相當妖豔，她對這群突如其來的中國年輕學生非常友好，時常送些甜點、烤蘋果什麼的過來，順便比手劃腳和我們聊天。她有三個女兒，大的十二歲叫Angeles（是María de los

Angeles的昵稱）黑髮大眼，捲長的睫毛，很靚麗；小的十歲許叫Loli（是María de los Dolores 痛苦瑪利亞的昵稱）擁有一頭紅髮，一臉雀斑，非常可愛，最小的叫安芭若（Amparo），才滿四歲，比較靦腆，有時也和她姐姐來家，總是躲在一旁一聲不響望著大家。她們經常帶著一隻小花狗來我們客廳玩耍、唱歌跳舞。我們非常樂意她們的到來，她們的天真活潑沖淡了我們多少鄉愁和寂寞，並且還可以練習很多會話。最有趣的是那隻小花狗，我在中學時就愛吹口琴，經過香港時買了一把全音階C調口琴，準備在寂寞時解悶。每當我在家吹口琴時，那隻鄰家小花狗便跑來坐在我的對面聆聽，起先我還沒注意，後來，牠不但來聽，竟引吭高歌起來，實在討人歡喜！動物竟如此喜愛樂聲，難怪印度和阿拉伯人常以悠揚的笛聲來馴蛇，並使牠婆娑起舞！試想一個沒有音樂的世界，那是多麼枯燥聊寂！

一天傍晚，鄰婦來到窗前，手上捧著一大盤烤蘋果，傷感地說道：

「這是最後一次，我為我的中國年輕朋友所烤的蘋果，從今以後，我不便再和你們交往了……」

「為什麼？為什麼？」我們非常詫異地想知道個究竟。

「……」她欲說且休，搖搖頭悒悒而去。

後來才知道，她的水手丈夫在海上長期不歸，年值韶華的妻子常守空房，可能偶爾不甘寂寞，與其他男人有所來往，於是外面閒話蜚語頓起，因此教皇大學裏的神父竟禁止她和我們交往。

豈有此理！我們都對這可憐的婦人打抱不平，和我們這些

外國年輕學生交個朋友，又沒有什麼歪斜企圖，有何不妥？況且，這班道貌昂然的神父，雖然是好意防患於未然，但把我們看成何許人了！

轉瞬間兩個多月過去，管、王、施三人先被分送到巴雅多利（Valladolid）大學就讀，兩個多星期後，鮑、曾、我三人終於在十月卅一日抵達馬德里，這是一個非常值得紀念的日子，當時作夢也不會想到，這一待下來，就是半個多世紀！

當晚我們被安排在一位老太太家歇宿，那位老太太一定是位很虔誠的天主教信徒，因為她在家中一間小房間裏，還佈置了一個小聖堂，聖像、祭壇、蠟燭臺一應俱全。她始終戴著一副墨鏡，很可能眼睛有毛病。一個戴墨鏡的人通常會給人一種神秘感，不容易接近。但是，在她客廳牆上掛著一幅非常大的油畫，畫中是一位神情端莊美麗少婦的全身像。於是我們猜疑那是這位老太太年青時候的畫像，她曾經有過美滿的家庭，享受過輝煌的歲月，如今落得孑然一身，只得把心身奉獻給天主……我們這樣胡思亂想，就因為這位老太太，從她的舉止談吐看來，仍舊保有相當的品味和氣質。

不久後我們都被安排到大學生宿舍居住，並在國立馬德里中央大學（Universidad Central de Madrid）註冊就學，一切膳宿和學費都由保送我們來西的天主教會供給。當時我住的是一個私人宗教社團所辦的大學生宿舍，名叫聖約翰大學生宿舍（Residencia Universitaria de San Juan Bautista），坐落在大學城附近的一條小街上，規模不大，是一座連帶地下室共七層的公寓樓房，所住學生不到三十人，視房間大小，兩人或三人同住

一間，每層有公用浴室，鋪床疊被和打掃衛生均由女服務員擔任，每日三餐在飯廳供應，髒衣是每週換洗、床單則是半月替換一次，學生可專心攻讀不必為起居雜務操心。

由於我的宿舍緊靠西方公園（Parque del Oeste）邊緣的一條車馬稀疏供人散步的幽靜大道，林蔭下滿排露天茶社，每當風和日暖的晴天，學生們常到茶社叫一杯咖啡或啤酒，坐上一兩小時，順便在那個美好的環境裏溫習功課和作業。況且經常還可以邂逅附近居住的年輕姑娘。我不習慣喝啤酒，通常叫一杯檸檬水或橙汁，五十年代初，西班牙物價非常便宜，花上西幣三、五元，任憑你坐多久，服務員也不會來干涉。那時，馬德里很少中國人，我們無論到何處都非常引人注意，尤其是十幾歲未成年的少女，好奇心更為強烈，她們經常結伴自動來和你搭訕，你不需要什麼破費，充其量只要一包炸薯片或一盤花生米，就可以和她們聊上半天，我就是這樣和她們練習會話，效果比任何語言學校都強。

我們宿舍坐落的街道非常狹窄，對面隔街四層樓住了一個姨媽帶著三個從外省來馬德里就讀的姪女，我們是對鄰，進出門時難免時常遇見，久而久之便熟稔成了朋友。每次和她們約會去公園散步聊天，因為姨媽約束甚嚴，我們便在一張紙上畫個大鐘把時針分針畫得清清楚楚，偷偷地在陽臺上對街給他們看，這樣我們就可按時見面。如今回憶學生時代的往事，倍覺浪漫有趣。

我所選的是建築專科，根據當時的學制，除了幾門藝術性素描和技術性繪圖，以及語言，必須直接在高級建築學院

（Escuela Superior de Arquitectura）考試獲得學分外，一年級和二年級的部分學科必須在其他學院修讀，例如：大代數、三角幾何、解析幾何、微積分、物理、地質學等必須到數理科學院（Facultad de Ciencias Exactas），基本化學到化學學院（Facultad de Químicas）去修讀。

在科學院和化學學院的大課堂（Aula Magna）上課時，彙集各科一年級學生不下數百名，教授用擴大器講書，本國學生也許無礙，我則由於語言的程度不夠，不但聽不清楚，連大意都不能瞭解，回宿舍只得開夜車翻字典讀書，好在我所讀的是科學，文詞無須深入，讀文科的那就更加苦了。

第一年，早晨去大學城上課，下午去一個建築繪畫培訓班習畫。無論是上數理或化學課，教授或講師在講臺上授課，我在下面起先只能聽懂幾個單詞，漸次對西班牙語在聽覺上似乎並不那麼陌生，但還是沒法聽懂究竟講些什麼。至於學畫對我來講，並無困難。因為我自幼習畫，無論國畫或水彩都能畫上幾筆，據一般評論還畫得不錯。

結果在期終考試時，數理等學科根本無法應考，連考場都放棄沒進。僅在建築學院考及格了英語和基本建築圖（Dibujo arquitectónico elemental）兩門課。

英語考試第一部分是翻譯，第二部分是口試。當我看到西文試卷時，前段是西文英譯，後段是英文西譯，過去在教會學校高中所學的英文尚可應付，勉強懂得大意，可是看到西文，只能認識幾個單詞，要翻譯則一籌莫展。猶豫片刻後，結果硬著頭皮走向講臺，用並不太流利的英語向監考教授解釋，這次

考的是英文，而我來此不久，所學的西文很淺，無法懂得試卷上的西文，叫我怎能翻譯？教授聽了，便非常和藹地用英語問了我一些家常情況，例如：「你是什麼地方人？」「來了多久？」「在西班牙生活習慣嗎？」……等等簡單問話，這下子我可甩出全身解數應答如流，教授聽了微笑頷首，立即給我及格，連第二部分的口試都免除了。

　　一年級必須修讀的地質學是屬於自然科學學院的課程，當時馬德里大學城裏的自然科學學院尚在逐步籌辦中，院址坐落在數理學院對面，已籌辦完畢的僅有範圍較小的寶石研究等專門學科，至於地質學課程則必須到市中心大馬路Gran Vía附近的馬德里大學另一部門去上課。每次課畢，我們便順便在市區溜達，青年學子特賦浪漫綺念，在大街上每遇美貌女郎，必上前美言讚譽，西語為「echar piropos」，西班牙女郎不但不對此引以為孽，反而報以甜蜜的微笑，有時還嗲聲嗲氣地說聲「謝謝！」假如幸運的話，有的同學上前搭訕還可交個朋友。

　　地質學期終考試時，正好我患病在床沒法應試，結果，教授特別開恩，一星期後傳我去他實驗室個別以口試方式補考，成績雖然僅獲得及格，對我來講已是心滿意足，因為我那時的西語程度還相當低拙，教授居然能聽懂，已算我的大幸，還給我過關，真使我雀躍不已！地質學教授是一位五十多歲體態肥碩、光頭和藹，並且非常詼諧的長者，在課堂教學時，便時常離題敘述些他到非洲沙漠地帶考察時，遇到某些部落習俗趣聞，或是到世界各處火山勘探時所遇到的驚險經歷，非常引人入勝，不時還穿插些親歷的笑話，引得哄堂大笑。就是因為他

的那種樂天的性格，那天考試後和我開了個不小的玩笑，使我窘得不知所措。在西班牙，可能在別的地方也是同樣，一般教授通常在他的得意門生中選取一兩位作助教。那天我個別口試時，有一位非常年輕貌美的女助教在旁，考試結束後閒聊時。

「你覺得我新選的助教怎樣？」教授突然向我冒出這麼一句，使我丈八金剛摸不著腦袋，不知他的所問究竟用意何在，只好含糊以答：

「哦！很好，一定能勝任。」

「僅僅很好能勝任嗎？

「……」

「我的意思是，你覺得她漂亮不漂亮？喜歡她嗎？」他見我躊躇不定沒有及時回答，便直截了當問個明白。

假如是現在，我一定會誇張奉承一番，可是那時，我僅是剛出校門不久的小毛頭，在如是情況中，不知如何應付，急得滿臉通紅。

「呵呵！呵呵！」教授大笑起來，助教小姐也跟著掩口吃吃笑著，笑得非常甜美！

地中海的民族啊！終年沐浴在和煦的陽光中，你們是如何的爽朗和浪漫！

攻讀建築學科先修班的學生，一二年級的高等數學和物理必須在數理學院，基本化學也必須在化學學院上課，大學城中的數理學院和化學學院成直角坐落在同一區域，但和文哲學院卻相隔二百餘米的校園。通常我們清晨九點鐘上第一堂課，每堂課為時五十分鐘，有時下堂課要等到十一點或十二點鐘，

要打發中間一兩小時的空閒時間，我們理科學生常到文哲學院的咖啡廳小坐，為何不留在自己學院的咖啡廳等待？原因是攻讀文哲的女生眾多，而且比讀數理的要漂亮，這樣，我們有機會和靚麗的女同學聊天，通常是「乾聊」，有時餓了或腰包充實，便會叫點吃的和喝的請請對方，因為西班牙人屬於拉丁民族，紳士風度特濃，在女士面前，即使是同學，也不會像美國人那樣各自付帳。由於我血液拒絕接受任何點滴酒精，不能喝啤酒，只能叫杯牛奶咖啡，或可樂和橙汁什麼的冷飲，陪伴的則是一碟炸薯片或西班牙所稱的「俄羅斯沙拉」，尤其後者是我最喜愛的食品，那是將煮熟的馬鈴薯碎丁，拌以豌豆、胡蘿蔔丁和少許金槍魚末或碎蝦仁，最後加以用蛋清和橄欖油攪拌成的「白汁（salsa mahonesa）」，口感潤滑其味無窮！直到如今，每次上酒吧吃點心時，都會叫上那麼一小碟佐飲。

　　西班牙的教學方式屬於歐洲系統，尤其是數學方面，不但注重習題計算，還特別要求貫徹理論的瞭解，與我們在國內讀高中時完全不同。考試時，准許學生攜帶參考書和所做過的所有習題，所以當我們進入考場後，立即將大皮包裹的有關書籍和習題本鋪滿書桌以資參考。例如分析大代數，考試時間為三小時或四小時，前半場是習題計算，試題僅出三條，如果一題答案正確，即可及格（Aprobado）；兩題正確，為優等（Notable）；三題正確為超等（Sobresaliente），這幾乎史無前例有人能獲得此等最高榮譽。下半場為理論敘述，根據題目必須引經據典，用定律、方程方式等等佐證來演繹論述，就和寫任何題材的論文一樣，如果你對所學沒有融會貫通，就無從執筆。

歐洲學校通常將一學年分成三季：秋季自十月初至耶誕節，有假期兩週餘；冬季自元月第二週至復活節，另有假期一週；春季自復活節至六月中旬舉行期終考試，隨即享有長達三個月之久的暑假。

　　記得我在某次大代數季考做習題時，還剩三分之一時間，習題尚未結束時，突然發現答案不可能正確，一定在某處發生錯誤，於是迅速仔細尋查，當尋得錯誤時，已無時間糾正再從頭做起，在急得滿頭大汗莫可奈何下，只得用文字來表達：設若某錯誤處計算正確的話，那麼以後尚待計算的程序，應該這樣那般去進行，方能獲得最後正確的數字答案。教授看到試卷，知道這個學生不是不會計算這道習題，而是因為一時疏忽不能獲得正確答案，結果讓我及格通過了那次季考。

　　次年，管、王、施三人自瓦雅多利專學到馬德里來就讀，施被安頓到我的宿舍居住。有天我們偶然在報紙上見到一項大學生宿舍啟事，備有助學金，讓貧寒子弟或特殊情況的學子申請免費住宿，況且那是國家正式批准命名為「Colegio Mayor」的大學生宿舍，比起一般私立者要正規，不僅供膳宿，尚有培養德育的責任。我倆遂前往申請免費住宿，當時我們是騎馬找馬碰碰運氣，並不存有太大希望，誰知竟僥倖被批准。那個宿舍的主任名伊希多若・瑪爾丁（Isidoro Martín），是個學識淵博德高望重的教授，後曾一度任馬德里大學校長，是我的恩師，我結婚時由於遠離家鄉沒有親長，遂請他做我男方的主婚人。

　　那座聖保羅（San Pablo）大學生宿舍是當時馬德里，也許是全國最豪華昂貴的宿舍，是帶有濃重政治意識的民間宗教社

團「神聖信仰傳播者協會（Asociación de Propagandistas de Santa Fe）」所辦，當時佛朗哥政府內閣中的半數閣員都屬於該會，住在裏面的除了我們幾個免費窮學生外，儘是名門貴族和富商的子弟，其家庭盡可租賃，甚至於購置豪宅雇請傭工服侍，但他們選擇大學宿舍讓其子弟居住，目的在培養青年學子的德育和群體生活，將來步入社會，不至於與群眾脫節。所以，在裏面居住過的學生中，很多日後都成西國政壇顯要，例如國會主席、部長、法官、行政首長等等不乏其人。

當初西班牙國王潢‧加洛斯（Juan Carlos）還是王子時，他的兩位青年唐兄阿爾風索（Alfonso）和恭薩羅（Gonzalo）親王在大學就讀時，便和我們同住一起。兄長阿爾風索親王比較有理性，待人接物非常和藹，和大家一起玩，一起打籃球；弟弟恭薩羅親王則不然，常以身為皇親國戚而炫耀，不與同宿舍夥伴交往。有天早晨，他在淋浴間慢慢洗澡（宿舍的淋浴設備都是分開的單間），在外的同學等待不及，喊道：「喂！裏面的哪個小子請快點，我們還要上學呢！」 恭薩羅親王根本不理，在裏面仍舊慢吞吞地享受他的淋浴，後來，被催得不耐煩，大聲向外吼道：「你不知道我是誰嗎？恭薩羅殿下！」外面的那位一聽卻火高萬丈，立刻罵道：「我管你是殿下還不是殿下，和我們平民住在一塊兒，就跟我們一樣，擺什麼臭架子！」

日後，這座大學生宿舍主辦社團除從事培養一代年輕人的德育外，尚創建大學課程教育中心，教授文哲、政經等學科。幾年前，又擴充教學範圍，演變成一座具有聲望的私立「聖保羅大學」。

儘管功課繁重，尤其到考試前夕，喝咖啡或吃一種名叫辛巴第那（Simpatina）的提神劑開夜車，坐立不安，無時不在惦念著考試，但大部分學生時代的生活還是非常多彩多姿和富有情趣的。馬德里大學城中和附近的公立或私立宿舍，每週末都舉辦形色各異的文藝、運動、娛樂等活動，諸如：各種球賽、音樂晚會、詩歌朗誦、電影欣賞……等等，除此之外，還經常舉辦學術講座、徵文比賽和繪畫聯展等藝技活動。在上述活動中我曾參加宿舍乒乓球隊，週期性到其他宿舍和在自己宿舍比賽；音樂晚會中有時亦上臺表演一兩曲口琴演奏，雖然吹得不太高明，西班牙人性格單純和善，他們都會熱烈捧場。一次在我們宿舍主辦的大學城繪畫聯展中，我售出一幅水彩畫，酬金西幣六百元，根據當時的兌率相當於美金十五元左右，因為那是我畢生畫畫首次有人出資收藏我的作品，使我雀躍不已，興奮得不可言喻！我記憶猶新，那份酬金雖微不足道，對我來講其意義不同凡響，不願隨便花費，遂將之購買了一些油畫畫具，那個小畫盒和調色板還珍藏至今。

　　有年期終前，在數理學院佈告欄上看到一項很吸引人的消息，是同學會號召參加「大學生暑期勞工營」的通告。於是我便很快邀了一同來讀化學的施君，興高采烈地去報了名。

　　考試剛完畢，勞工營主辦人即通知大家去選擇工作專案和地區。一看之後，什麼勞工類型應有盡有，佈滿全國各地：公路、造林、農場、牧畜、工廠、漁業、採礦……等等，不勝枚舉。尤其在礦業中，除了北部阿斯杜利亞（Asturias）地區的煤礦，中部阿爾瑪登（Almadén）全球蘊藏最富有的水銀礦外，對我們最具

有吸引力的，卻是東南方沿地中海的阿爾美利亞（Almería）省境，有個叫若達爾基拉爾（Rodalquilar）的金礦。也許是好奇所致，我們毫不猶豫，立即報名參加金礦暑期勞工營⋯⋯」

那時，西班牙非常貧困，內戰結束後還沒復原，加上多年被盟邦各國封鎖，其原因是世界二次大戰時，西班牙雖說保持中立，其實非常親善軸心國家集團。我們所乘的火車，引擎還是用燒煤來發動，車廂座位都是木條做的。咔嚓，咔嚓，一夜坐下來，明晨到達到目的地時，腰和坐骨被搖晃得又酸又痛！

若達爾基拉爾金礦本來屬於大英帝國所有，因為礦石含金率太少，每噸僅產金三至八克，在無利可圖的情況下，把這塊炙手火碳甩給西班牙。為了解決礦區員工和家屬四千多口的生活問題，西班牙當局硬著頭皮接收下來，繼續開發。

我們這批來自首都的大學生，可說是手無縛雞之力，只能分派我們擔任工資最底，最容易做的小工職務，用小推車幫助搬運些碎石塊而已。我們的每天工資僅西幣二十元！繳十元伙食費，不足數由暑期工作營貼補，餘下十元是淨餘報酬。礦區無宿舍可言，民家又沒空房容納，結果為期一個月的住所，是地地道道的帳篷，好在天熱，有時我們就索性睡在露天海灘上，仰望著星斗滿布的天空，耳聽著澎湃地夜潮，倒也是一番新的人生體驗。由於白天的勞累，往往來不及欣賞那大自然的美，便呼呼入睡了。

第一天上工時，好興奮！把一車車小礦石推得好快，西班牙礦工呲著牙，望著我笑。我對他們打著招呼，越發推得更快！白天的勞動使我當晚睡得非常恬。

當第二天黎明，大家鬧著起身時，啊喲！不得了！全身筋骨像脫了節，酸痛得無以復加，好容易掙扎起來去上工。那天，西班牙礦工，牙，呲得更厲害，笑，也笑得更響亮！

　　以後幾個星期的日子真不好過，車上的石塊越來越少，推車的速度也越來越慢，情願多跑幾趟往返。只要稍有機會，就想偷閒休息休息。幸虧礦場工頭根本不把我們大學生做小工當回事兒，不但不對我們加以訓斥，有時反而跑過來開幾句玩笑：「這樣好好把身體鍛鍊好，將來失業再回來，我給你們工作。」我們聽了很尷尬，哭笑不得。

　　日後，我從業建築師和設計師，在工地現場視察時，見到有些工人偶爾偷懶，閒聊幾句抽支煙，從心底覺得這是應該享有的權利，甚至於還向工頭勸說，不要對他們太嚴厲。

　　所以，我認為知識分子應該親身體驗一下勞動的艱辛，將來在社會處世上，對勞工的苦楚，容易多體惜些。

異鄉新識

　　入西班牙邊境後，我們正在火車上欣賞兩邊窗外田野風光時，突然有個四十多歲，臉上飽經風霜的華人，走近我們操著一口山東老鄉口音來打招呼，他自我介紹是在西班牙走江湖玩雜耍的藝人王茂亭，擁有一個雜技團在西國境內巡迴演出，無定所。沒談多久他下站就要下車，告別前他說如要找他，可到馬德里一個「公使」家打聽他的行蹤，因為他每次經過馬德里必到「公使館」造謁，他是文盲，從皮夾中找出一張名片讓我們抄了「公使館」地址，並告訴公使的名字是王德炎。我們聽了非常詫異，據知西班牙在二次世界大戰期間雖為中立國，但佛郎哥元首的外交傾向一向與軸心集團親善，與中國並無邦交，哪來公使？他姑妄言之，我們則姑妄聽之。

　　抵達馬德里上學後，閒悶時記起此事，心想既然公使有名有姓，又有地址，何不前往探個究竟。結果，鮑、曾、我三人前往造訪，由於人地生疏，好不容易在市區中心一座豪華公寓尋得「公使館」，登門入室說明來意後，一個西班牙中年女傭讓我們在客廳坐定，進入內室通報後請我們稍等，說夫人一會兒就出來。誰知這一稍等，並不誇張就等上將近一小時。在這段不短的時間中，我們將客廳每個角落看得一清二楚。只見沙

發椅幾等傢俱雖已陳舊，但均十分精緻豪華，牆上掛著油畫，面對進門正中的一幅，是身穿外交官禮服，胸前繡滿金線花紋，並戴有幾枚勳章的無冠中年人畫像，想必那便是王德炎公使。所有的窗門均為乳白色，不知是原色，還是時間的過程使之發黃，尤其是那排入內廳的落地格子窗都鑲以鏡片，反映出房頂吊下的低度燈泡的水晶燈，使人下意識感到一種豪門敗落感。

女傭端出茶水，一位淡雅，但一看就知道經過極端化妝五十左右的貴婦姍姍來遲，她身著一套三十年代的淡色名貴連衣裙，襟上佩帶著一朵絲製白茶花。一跨進客廳便連聲不絕地道歉著：

「罪過，罪過！讓各位久等了。」帶有極重的合肥口音。至少是我，聽到她的歉詞，心想為何在內化妝那那麼久，不早點出來。當時孺子孤陋寡聞，後來才知道這是社交的習慣，如有客來訪，貴夫人即使打扮妥當，也不宜即刻外出，那樣會有失身分。

王夫人舉止談吐很有氣質，但不乏社會名流和外交官場中的造作。日後我們才知道，她原是合肥西鄉巨富唐家閨秀，閨名柳溪。

說起王「公使」的家世，值得費點筆墨加以詳述：

遜清光緒末代年間，合肥西鄉有個唐家大圍，圍主唐大老爺良田千畝，築土圍設碉樓儼然小城。內有花園菜圃，房舍廄棧，牛羊家畜成群，住房八百餘間，莊稼漢以千計，土匪來時，他們備有火槍火炮在土城抵禦，匪徒不敢輕易超越雷池半步。唐大老爺三妻四妾子孫滿堂，延本鄉才子王志洋坐館教學。[1]

王志洋倖免殺身之禍後，無意逗留京師，暫時返鄉再求出路。正適唐家大圍延師坐館，遂前往應徵。唐老爺子見他雖貶為探花實是狀元，學貫五車才富八斗，能得如此英才教導子弟，慶幸異常。後又見他不但教學有方，並且敬業嚴謹，便將唐家愛女柳溪配予老師長子德炎為婦。王志洋為了報答知遇之恩，將本名志洋改為揖唐，意在向唐老爺子拜揖謝恩也。

　　滿清覆滅民國到來，王揖唐又回京在政界崛起，尤其在北洋軍閥時代，更是春風得意顯赫一時，甚至於和段其瑞、馮國璋等為友平起平坐，在華北地帶鞏固了政治地位。抗戰初期，蔣介石曾一度邀其共事，他不信任蔣能付以重任未予接受，後來汪精衛組織偽政府，羅致他共同執政，亦被他拒絕。日本侵華關東軍先後佔領我東三省和華北地帶，美其名為建立「大東亞共存共榮圈」，必須請一位有影響力和政治地位的中國權威人士出面，藉以安撫淪陷區民眾，遂邀請王揖唐出道，擔任「華北政治委員會」主席，當時不知王揖唐是否鬼迷心竅，為了獲得不可一世的權勢和利益，竟毅然答應上道。[2]

　　抗戰勝利後，王揖唐被國民黨政府論罪漢奸而伏法。

　　其實，王德炎在抗戰前已是中華民國的科班外交官，曾在中國駐法、比、荷等使館任秘書。由於父蔭庇護，搖身一變而為獨當一面的「全權公使」。他中等身材，沉默寡言氣貌平常，待人接物還算落落大方，無論家事對外均由夫人唐氏處理，倒落得個清閒。王「公使夫人」精明能幹，其夫在比利時任職大使館秘書時，曾偷閒進大學攻讀，說得一口流利法語，遠較其夫君的深帶合肥方言的外語為佳。況且，她出自鄉紳大

戶人家，重禮儀好客，時常擺席邀請中外友人赴宴，她深知遠離家園的海外學子，多感鄉愁寂寞，不時備家常便飯讓窮留學生獲得牙祭。同時，她能在青年知識分子前，敘述古今中外的經歷和趣聞而深感慰藉。

王揖唐在世時雖家財萬貫，房產遍及北京、上海，在合肥老家的田地亦不記其數。但一經正法，一切家產均被沒收。王「公使」在外所帶出的財物雖多，「外交官」薪俸泡湯後，只出不進，況且他家又不習慣過個儉樸生活，不得不另尋出路。怎奈王「公使」一向所交的都是富豪大門，又無經商的能力和理財之道。那時的西班牙經濟頹廢，市場蕭條，自從一九五二年美國起首向西解除封鎖，在西租借海空基地給予美援後，經濟才慢慢好轉起來，於是，美金在市場中的影響也大起作用，因而也產生了美元黑市市場。這時王「公使」靈機一動，對他來講靜坐家中換美元從中漁利，乃最適合不過的一樁生意。

但王「公使」是富家子弟，一生只知揮霍不善理財，連數字位數較多時便弄不清。一天，他找我去他家幫他算帳，當我在他「辦公室」中算帳時，見他打開抽屜裝滿美金鈔票，大吃一驚，心想如果上門換錢的是個歹徒，豈不將他鈔票搶劫一空？

某日，突然傳來噩耗，王「公使」在家中被一名換美金的菲律賓留學生打死，那名留學生搶了錢，從二樓陽臺跳下逃跑，將腳骨折損而被逮捕。後被法院因搶劫和殺人罪判刑監禁十五年，因是無產學生未付分文經濟賠償。

「公使夫人」王老太經濟環境漸趨拮据，不得不辭退傭工更換簡陋住所獨居，量出為入省吃儉用。「富隱深山親戚看，

窮居鬧市無人問。」過去賓客滿堂，如今門前冷落，世道炎涼竟至如是。其小叔王德寅每月託西班牙華僑華人協會會長蕭繼鑾帶給她西幣五百元補助家用。唯我夫婦有鑒舊日友誼，則加倍前往問候冷暖。因王老太孤獨寡居，並請鄰婦順便照管，同時留下電話號碼，以便偶有急事可隨時通知。

一日，鄰婦來電話稱，數日不見王老太家動靜，我夫婦遂趕去探望，按鈴許久後，王老太才遲遲開門，只見她面容憔悴，原來已臥病在床數日，連忙將彼送至紅十字會免費醫院醫療。[3]

一年後，鄰婦又來電話通知王老太數日不見動靜，我等立即前往，這次無論按鈴多久，卻毫無反應，只得打電話通知員警和其小叔王德寅，員警來後探明究竟後，決定找消防人員打開房門進入臥室，見王老太已臥床去世一日有餘。經過法官驗屍鑒定死亡證明後，我等遂幫助其小叔辦理後事，同葬於其夫在馬德里市區東面阿爾姆德納（Almudena）墳場之墓地。

由於王老太生前我家熟稔，知道她和在紐約市立大學執教的侄兒唐德剛保持聯繫，我遂在王老太的遺物中找到她侄兒的地址，立刻致函報知噩耗。唐德剛沒幾天就自紐約飛抵馬德里，我們同去墳場，他在姑爺和姑媽合葬的石墓前下拜磕了三個響頭，滿眶熱淚，口中念念有詞。他耽留在馬德里的幾天中，我不但給他講述了許多王老太的生前舊事，並且還陪他交涉遺產事宜，因為在她老人家遺物中，還有兩件西銀行保險櫃的證件，我們不知保險箱裏尚有何物，錢財或是重要文件？否則為何在銀行租賃兩個保險櫃？與銀行當局交涉多次，他們說，如無合法繼承人的書面證明，銀行礙難打開。但唐氏家族

都已早年離鄉背井，分散海外，哪能證明是王老太的合法繼承人。唐德剛還打長途電話給紐約的律師諮詢此事，同樣答稱，若無亡人確實親人和繼承人證明，他也無能為力受理此事。結果，只得放棄此舉。據說，西銀行法規是，任何保險櫃如在二十年以內無人來認取其中物件，就有權將櫃打開，把所保管物件悉數交予國有，然後將櫃再行租賃。[4]

王德炎的胞弟王德寅，任汪精衛偽政府駐柏林「總領事」，五短身材，氣貌不揚，但穿著極其考究，說得一口流利德、法、西語，善於理財，終生不娶，身邊卻常有美女成群。年輕時隨兄長在比利時就讀，不知是否真正獲得博士學位，但常以博士自稱，久而久之，中外人士均稱他為王博士。

自從軸心國團體崩潰，王博士只得投奔在西班牙做寓公的兄長，起先和兄長同住在過去寬闊的「公使館」官邸，後來官邸被業主收回，新居為普通公寓樓層，遂搬出另起爐灶，購房屋置地產，收房租度日。

此外，由於他曾經一度確是「外交官」，後來遂活躍在外交界，當時各國大使館任何慶典和酒會，均發請柬給這位王博士，大凡在購賃館址房產等事件，不論大小，只要找到王博士，問題就可迎刃而解，王博士在解決問題中所獲得的傭金也非同小可。在佛朗哥專制時代，一切進口商品管制甚嚴，尤其像烈酒地毯和轎車等高級消費品的稅收忒重，但一般外國使節可享受免稅優惠。於是，有些外交官利用此種特權謀取高利，尤其是拉美諸國外交使節，因為他們國家政局很不穩定，時常使節在外，國內換朝變代，他們就因政治立場不能返國，由

是，不論是國內執政官員，或是在外的外交人員，在任內能撈多少就儘量撈。在外的結交到大名鼎鼎的王博士，利用外交官特權，不愁把免稅商品出手，至於賣出價格是多少一概不問，只要能獲開價數目便滿意，如此，王博士的捎客利潤就更可觀了。

上世紀七十年代，王博士一天無意向我透露，他在瑞士銀行的存款不下五億美元，西班牙境內的多數房產地皮還不在內。可是他為人非常「謹慎」，不相信任何人，即使是同床共枕的情婦，因為是週期性，一概不予信任。說句公平話，王博士積財有方從不違法，商品交易中，中間人取傭金是合法行為，即使如此，他還是被列入西班牙警方黑名單。

王博士身高不到一米六，卻愛尋找一米七五上下的金髮女郎做伴。一次他和一位在西學習吉他的德國金髮碧眼靚女，在馬德里音樂學院門口被西班牙便衣員警攔截，將女郎吉他砸破，檢查是否藏有毒品，結果一無所得空驚一場，聽說，之後德國女郎向法院起訴，警方不得不加倍賠償。當時佛朗哥的政策，只要不私販毒品軍火、煽惑顛覆運動，其他微小不法行為，睜一眼閉一眼不太干預。

正因他性格乖戾，畢生鮮有知己，直到晚年得中風不能動彈，住進馬德里豪華療養院，全天候三位女護士輪流照管，除其英籍女秘書、西籍情婦、兩位中國餐館老闆外，很少友人赴院探望。

那段期間，亡妻尚在人世，我夫婦倆起先去探望的次數比較頻繁，因他嘗謂：爾等若常來，吾在遺囑中決不虧待你們。從此以後，我們不得不大為減少探望他的次數，以免貪圖遺物

之嫌。

　　王博士在療養院臥病十來年，因年邁體弱終於與世常辭。

　　據我所知，他在逝世前除了贈余繁體直寫「海外繽紛錄」、「聊齋志異」、民間章回小說數本，以及老式留聲機一架外，家中豪華傢俱，均分贈予英籍女秘書和西籍情婦，至於鉅款家財和房產，則不知他如何處理之。

　　一九三二年由日本關東軍主謀，成立傀儡「滿洲國」，讓溥儀「執政」稱彼為「閣下」，而非「滿洲帝國」，不稱溥儀「陛下」。一年後，才改國名為「滿洲帝國」，稱溥儀為「滿洲帝國皇帝」，而不是「大清帝國皇帝」，不准穿龍袍，這寓意溥儀復辟大清帝國的問題。登極大典是一九三四年三月一日，在長春郊外杏花村，將長春定為國都，改名為「新京」，在登基大典則允許溥儀穿上光緒皇帝穿過的龍袍。

　　二次世界大戰中，軸心集體國家和其友善者，紛紛承認「滿洲帝國」的存在，並互設使館互換外交使節。然而，好景不常，一九四五年八月十五日日本宣佈正式投降，「滿洲帝國」也隨之壽終正寢。溥儀在十七日上午在瀋陽機場準備逃往日本，被蘇聯空降部隊俘虜。

　　這段歷史聽來非常悲慘，時兮命兮，末代皇帝不論他如何忍辱立國，或是殺身成仁，都與當時的局勢無補，不要忘記他也是人，有選擇自己權利的自由！

　　偽「滿洲帝國」駐西班牙「公使館」撤銷後，留居馬德里的「秘書」共有兩人，其一姓劉名希賢，其二姓王名明耀。讓我將此二君的下場順序道來：

劉希賢遼寧瀋陽人氏，娶日本女子為婦，該東洋內助賢淑
明理和藹超人，伺候夫君無微不至，然體質虛弱，不時臥病在
床，雇西班牙女傭打理家務。

劉「秘書」忒愛攝影，在其「外交官」任間遍遊歐洲各
國，攝取各地民俗鄉情和名勝古蹟幻燈片。一日，邀請留學生
到家盛備茶點接風，同時放映幻燈片介紹歐洲各國風光。當一
群年輕學子抵劉家撳電鈴叫門，開門者乃一氣質非凡的美貌
西班牙青年女郎，大家第一個驚豔印象，以為是劉「秘書」特
意邀請作陪的西籍友人，登堂入室後，該青年女郎微笑請眾入
座，周到服侍茶水，方知乃是所雇之女傭。後傳聞，該西籍女
郎係其外室，我們聽後不敢置信。後每次造訪，美貌女傭招待
來客斡旋自如，儼然主婦毫無傭工姿態，複使來客懷疑流言可
能屬實。

劉「秘書」嘗熱心為新到留學生組織旅遊團，遊覽馬德里
附近名勝古蹟，如多萊朵、塞戈比亞……等名城，並予詳細講
解各處歷史沿革，頭頭是道，誠然一傑著之嚮導。

後肝癌故疾突發，住院醫療不治而亡。其日籍遺孀曾留院
任護理一段時日後返國。在她留院服務期間，我夫婦曾多次前
往探望，深談同宗之中日文化和各異的民情風俗，受益匪淺。
彼此不太明白時，曾藉筆書寫來解釋，劉夫人寫得一手好「漢
字」，使我們感觸很深，目前國人能寫像樣的「漢字」者委實
不多，係科學昌明促使國學走向衰敗之途乎？

王明耀「秘書」較年輕，未婚，原籍東北大連，為人灑脫
爽直，講得一口好日語，幾乎與日本人無異。我認識他時，在

日本駐西班牙大使館充當雇員，與一位德籍女郎同居。

王「秘書」打得一手好乒乓球，王「公使」在世時，有時帶中國留學生和他同去馬德里貝拉茲格茲（Velázquez）俱樂部打球，每次當他出手與國人或洋人對打時，通常距離球桌一米餘，無論是攻是守，都具有瀟灑優美的姿態，周圍都站滿觀眾欣賞他出神入化的乒乓球技，並不斷鼓掌叫好。

我們經常去王「公使」家包餃子吃，有時興之所至也搓個輸贏極小的麻將，由於我的過去西籍亡妻極愛水餃和麻將遊戲，某些習慣她已被「中國文化」同化了。

當時，佛朗哥政府尚未和中華人民共和國建交，王明耀君曾赴中華民國駐西班牙大使館，申請恢復中國國籍被拒絕。

按所有因政治原因失去國籍，流亡在西班牙的人，稱為無國籍居民，當他們要出西班牙國境旅行時，西警方頒發西政府庇護之短期護照。

六十年代中期，王君離西赴日留居，漸漸資訊中斷，後聞七十年代初，他在東京患癌症逝世。

我們留學生和上述漂泊還外的「偽外交官」及家屬聚會時，上天下地無所不談，唯不觸及政治。有人謂：不屑與「漢奸」交。我倒認為「漢奸」此名不宜妄加於所有在淪陷區之人身上，應有輕重之分。例如：「華北政治委員會」主席王揖唐牟利貪權通敵助紂為虐，被前國民政府正法至情至理，然其子輩在偽政府服務聽命於人，對政局無足輕重，錯擇途徑有過無可置疑，設若違抗父意，仍留國民政府外交部工作，當然可稱忠貞之士！

同樣溥儀係遜清末代皇帝，有機會企圖忍辱復辟，成立偽「滿洲帝國」，實是喪心病狂。至於汪精衛在淪陷區組織政府，在某方面說，對淪陷區居民造福匪淺，為保衛淪陷區的同胞，偽政府建國軍常與日本皇軍火拚。當時有人以為汪精衛與蔣介石私下相通，一在淪陷區一在大後方扮演黑臉紅臉，然抗戰結束後，事實並非如是。

　　我還知道家鄉一人，在淪陷區日本皇軍憲兵隊服務，並非臥底特務人員，因職務關係曾經拯救過不少抗日青年學生，其中不乏共產黨員，人民共和國成立後，不但未將之問罪，反而予以嘉獎。

　　此外，當初抗戰期間處於上海淪陷區一幫從事影業的藝人，雖然是私人電影公司，在一位特別與中國人友善的日本影界德高望重的川喜多長政拉攏，滬上製片家張善琨將上海的「中聯」、「中影」等十二家電影公司合併為「中華電影股份有限公司」，當時簡稱「華影」，由林柏生任懂事長，川喜多長政任副懂事長，張善琨任經理，在上海製片和發行。此外由日本的「東寶映畫株式會社」、「滿洲映畫協會」，以及南京汪精衛偽政府共同投資組成「中國集團聯合影視有限公司」，其業務在壟斷華中和華南淪陷區的影片發行，並為日寇侵略政策攝製新聞記錄片。至於壟斷華北影業，則以「新民映畫協會」為基礎，建立北平「華北電影股份有限公司」。為首者難卸「與敵共謀」的罪名，然而，那些為電影藝術獻身的藝術和技術工作人員，仁者見仁智者見智，這裏，我豈敢妄加斷語。[5]

　　記得過去我自西班牙被聘去臺灣工作，為臺灣國聯公司拍

片時，李翰祥導演和我閒談起他當初在香港拍片的經歷。他曾認識一位很知名的導演岳楓，當然這個名字對一般新中國的青年來講，正如卜萬蒼和屠光啟等大導演們同樣陌生，李翰祥談到岳楓對自己「所執導的一部前期影片「生死劫」感到非常滿意，那張影片的主題是「久旱盼雨」的故事，寓意著在日軍佔領的上海淪陷區居民，多麼切望「雨」的蒞臨，這裏的「雨」是當時國民政府偏安在「渝」——重慶——的諧音，因此岳楓被日本憲兵隊傳去三次審問，若非川喜多長政的斡旋釋保，岳導演很可能要大吃苦頭。諸如此類的事件不勝枚舉，這便是被迫在淪陷區生活在水深火熱中的百姓，絕對大多數是忠貞愛國之士的例證。

有天上午，王「公使」夫人打電話給我，說有個中國劇團到馬德里來演出，要我通知鮑克俊和曾憲揆同去觀看，先到她家聚合早點吃了便飯再去。那劇團是巡迴演出性質，把蓬搭在卡斯提亞廣場（Plaza de Castilla），上世紀五十年代初，那裏還是一片空地，無任何建築。當我們快走近廣場時，便見到遠遠有一座像馬戲團一般的高大帳篷，外面到處掛著閃爍的彩色燈泡，票房前一大群人排隊買票，正門上方有燈光照得雪亮的橫幅招牌，上面寫著「Teatro Chino de Manolita Chen」，中文直譯是「馬諾麗達·陳的中國劇院」。剛我們一到「劇院」門口，那裏把門的因為認識「公使夫人」，立即滿堆笑容迎上前來，將我們引到安排在舞臺前貴賓席坐下。

未等片刻，劇場燈光漸暗，只見一位濃妝豔抹的西方中年女子，從後臺掀廉姍姍走到燈光輝煌的前臺，微笑著用西語

嘰裏咕嚕說了幾句開場白，當我還在捉摸她在講些什麼，突然間，她微笑伸手指向我們說了句什麼，一道耀眼的燈光立即向我們照來，接著觀眾的掌聲齊鳴，那時，只見身邊的「公使夫人」緩緩起立，微笑向四周觀眾頷首打著招呼，儼然一位要人對歡呼她的人群答謝。報臺女子遂一鞠躬轉入後臺，王夫人坐下低聲告訴我們，那就是中國劇院掛名主人馬諾麗達・陳，真正的老闆是她丈夫，是青田籍甩飛刀的陳質彬，過一會兒能看到他上臺表演。

節目內容不外乎相聲、小品、魔術、雜耍、民俗歌唱和舞蹈……等等，請注意，是「民俗」而不是「民族」。在說相聲和表演小品時，時常引起哄堂大笑，我們雖聽不大懂演員們相互的臺詞，觀其動作表情和聲調眼神，黃色成分一定很濃。舞娘們大都相當豐腴，因為在那種場所，纖秀苗條的身材根本不會受到歡迎，而且她們在翩翩起舞時，往往有些挑逗動作，引得臺下觀眾心頭癢絲絲不知所措。舞蹈結束時還來一個與法國「坎坎舞」相似的動作，背對觀眾將後裙向上一掀，露出穿著三角褲的豐臀……臺下於是口哨、噓聲齊起，鬧得滿堂起哄久久不歇！

壓軸戲是陳質彬的驚險飛刀表演，做靶子的卻是其妻馬諾麗達，她筆挺靠在一塊彩繪木板前，全場鴉雀無聲，三通鼓由緩而急遽然停止，陳質彬大吼一聲，遂將懷中十數把利刃向他妻子，接二連三不斷迅速甩出，那些吹毛而過的利刃緊沿著馬諾麗達身軀的輪廓插進木板！飛刀聖手緩緩轉身一鞠躬，臺下掌聲齊起，震天價如雷貫耳。一場精彩的表演就此結束，大家

心滿意足散場回家，「馬諾麗達‧陳的中國劇院」的名聲也隨著傳遍依伯利亞半島。

後來。王夫人告訴我們，那座巡迴雜劇院原名是「中國劇院」，系山東籍的抖翁王茂亭和飛刀陳質彬合夥所經營，後來王茂亭外出單獨表演，將劇院出讓予陳質彬，他遂改名為「馬諾麗達‧陳的中國劇院」，因為這樣他們認為更能吸引觀眾。

若干年後，我和妻子又在西班牙人所經營的雜技團，見到王茂亭的抖翁演出。他不但能將大小不同的單翁或雙翁「扯」得出神入化，而且可將任何具有細頸的瓶罐，都能「玩」得叫你目瞪口呆，叫絕不止，況且他的性格十分開朗詼諧，到處甚得人緣。在演出時，用他那濃重的山東口音、錯誤百出的西語和臺下觀眾調侃，引得哄堂大笑。他私下告訴我們那是故意做作，是藝人在臺上不可缺少的噱頭，不足為外人道。

一天，我們首先來馬德里的幾個同學在王公館家裏閒聊，突然有母女兩人登門造訪，聽說也是由其他國人介紹而來，那時她們家住倫敦，丈夫是蘇格蘭人，姓弗瑞斯特（Forrest），早年在上海經商，與當地許氏女子結婚，生有一混血女，取名瑪嘉利達（Margarita），醉心西班牙南方弗拉門哥（Flamenco）民間舞蹈，這次專程來馬德里準備留下，讓瑪嘉利達拜師習舞，她除了講英語外，不會講普通話，但說得一口地道的上海方言，聽起來特別親切，尤其是瑪嘉利達長像不中不西，鼻樑畢挺，黑髮吊眼，雖不能講得上美麗，卻非常清秀和具有吸引力。經過多年的奮苦學習，居然在西班牙舞蹈界稍有名氣，綽號「中國女郎（La China）」成為職業舞蹈家，留居

西國各地專為弗拉門哥舞所開設的舞臺表演維生，西班牙人叫此類舞臺為「達伯拉奧（tablao）」，因為舞臺地面必須用木板拼成，這樣弗拉門哥舞在上面跳起來，腳根和腳尖的敲擊才響亮有聲。

同時她也很愛做特約演員參加影圈工作，因為她擁有一口標準的英倫上層社會語音，很多英美來西拍攝的影片，都邀她參加演出，在「北京五十五天」中，她便上了不少鏡頭。空閒時常和我家的摯友曼巴索和我家來往，同時她非常好客，家中經常舉行「派對」，聚滿美術、電影、戲劇、舞蹈各界的藝人。

此外，她不知何處學來了一套看手相和看牌算命的本領，開始時好玩為朋友算命，漸漸名聲傳出，馬德里很多上層社會人士，其中不乏名門貴族，也來求她看手相或看牌，結果她將家中廳堂佈置得非常神秘，在昏暗迷蒙的燈光下，正式操起蔔占之業。

早期，我還認識了一位寧波商人林連水，他高挑的個子，剃著平頭，永遠捧著一張笑臉待人接物。他是一個神秘人物，似乎和國內關係非常密切，我們如果需要什麼書和畫冊、什麼小工藝品，就去找他，在一般情形下不會使你失望，並且收費也十分合理。有時他拿一些小象牙雕刻，或景泰藍、雕漆小瓶或煙灰缸之類的工藝品給我們轉賣給認識的西班牙友人，窮學生把價格略為提高幾成，也可賺取少許零用錢。

後來林連水在馬德里大馬路的偏街開了個中國餐館，門面是我替他設計的，因為大家都是朋友，沒取報酬，那時我已認識了後來成為妻子的Olga，我為她取了一個中國名字：娥笛，

林老闆為感謝我，請我倆在他餐館晚餐，此外，還送給娥笳一雙象牙筷子，她驚喜若狂，因為她是中國迷，任何中國東西，即使再無價值，對她來講，都如獲珍寶。後來林連水把太太自家鄉接來，生了兩個千金，大的叫芳芳，小的叫菲菲，都非常聰明可愛，託給一位西班牙太太卡門（Carmen）照養，娥笳和我常去她家玩，大家成了好友。後來聽說，這兩個完全西化了的女郎非常有出息，在馬德里大學裏，姐姐芳芳任職化學系助教，妹妹菲菲任數學講師。

二次世界大戰後，美國美其名維護世界和平，在歐洲具有戰略價值的國家租設軍事基地，西班牙就在馬德里近郊的多萊洪（Torrejón）、薩拉哥薩（Zaragoza）、塞比亞的莫容‧德‧拉‧佛容得拉（Morrón de la Frontera）設有空軍基地三處，卡迪斯的若達（Rota）海軍基地一處。此外，並將其海軍威力伸展全球各海洋，派遣在地中海值勤巡邏的是第六艦隊。中國商人的聰明頭腦見有機可乘，於廿世紀五十年代中期便發明所謂「郵遞裁縫（Mail Tayloring）」，歐洲各國的中國「流民」——非「流氓」，尤以上海幫為甚，紛紛從事這項生財有道的新興商業。其過程如下：

郵遞裁縫首先買通艦隊後勤官員，在航空母艦或巡洋艦甲板置案量衣，將購衣兵士的姓名尺寸寄往香港縫製，不到一個月成衣就可寄回。況且上海人最會賣噱頭，每套西服內裏鏽有「專為某某先生特製（Made specially for Mr. ××）」字樣。美國大兵在國內哪穿得起訂製全裝，而且郵遞服裝十分便宜，當時每套才美金廿五元上下！中間人郵遞裁縫則可獲賣價的四分

之一，由於每次上船所訂製的西裝以數千上萬套計，這筆進帳委實可觀！

林連水在經營中餐館的同時，與很多上海幫人均從事此業而發財。

我們剛抵馬德里不久，就聽說北方比日堡到了一批安徽蕪湖天主教區的學生共上十人，後來又有大批天主教神父共二十餘人，陸續自中國各地輾轉來西，此外尚有兩個背景較特殊的人物：

其一是吳祖禹，他偕妻梁宜玲及兩歲幼女自羅馬來西，他父親吳經熊早年留法，在描述當時中國留學生在巴黎逸事的蝴蝶鴛鴦派小說「海外繽紛錄」中，也有把真名更換過後的他。吳經熊後成為是中國當代法學家，中華民國憲法起草人之一，曾任中國駐梵蒂岡教廷大使。梁宜玲說我的相貌和她二哥很相似，因而我們之間的友誼甚篤，直到以後我和娥笛交朋友時，兩人還時常到他家走動。

由於在西留學生日眾，遂創立「西班牙留班學生同學會」，共推吳祖禹為首任會長，過了一陣，發覺「留班」此字不妥，會貽笑大方，遂將該詞改為「留西」。一九五三年，天主教于斌樞機主教來西斡旋，促成西班牙與中華民國恢復邦交，首任駐西大使于竣吉是其父的舊交，遂將他羅致到大使館任三等秘書。吳祖禹進入使館工作，遂卸除同學會會長之職，由吳玉德神父接任，直到若干年後，人事變遷甚巨，同學會遂不了了之。

其二是張慕飛，他在國內解放前，曾是蔣緯國麾下幕僚，

來西時的軍銜是陸軍上尉。後由大使館交涉，進西班牙參謀學校（Escuela de Estado Mayor）就讀，結業後赴臺灣任裝甲兵上校團長。在馬德里時，我們交往頻繁，一個絢爛的春天早晨，那時他還沒入學，寄住在一個西班牙家庭，那天我沒課到他家去玩，那個家庭有個豆蔻年華的漂亮姑娘瑟利阿（Celia），她建議一塊租自行車到艾爾·巴爾多（El Pardo）去郊遊，那裏是佛朗哥元首官邸所在地，距離馬德里只有六公里，是個風光綺麗的小村。於是我們便興高采烈地跨上自行車去「踏青」。一路上和風拂面，公路兩旁松林草坪的青蔥翠綠，況且，時有麋鹿漫步其間，頓使你伏案終日苦讀的勞累洗滌殆盡。

六公里行程，說長不長說短也不短，我們都沒有騎自行車習慣，到達目的地時，瑟利阿已香汗淋面，曾一度向我借手帕擦臉。當天回宿舍晚餐時，我無意展開手帕擦手，同學們發現手帕上有口紅，起哄起來，不由我分辯口紅的來源，讓我背了個「黑包」。

神職人員中最初與我走得較近的是李金增神父，那時我倆都在馬德里大學城數理學院有課，他每天騎了一部氣管排量很大的摩托車上學，好氣派！當時西班牙在戰後特別貧困，學生中很少能買得起那樣巨型摩托車，所以對他都非常羨慕，聽說李金增神父家境頗富，離家時帶出很多美金，大家替他起了一個「美金神父」的綽號。他在西班牙沒待多久便去美國，聽說他買下一座教堂，為信徒服務非常成功，曾被美國天主教主教區評為模範教堂云云。

再有與大家交往最頻繁的是張少伯神父，他曾經就讀於北

京天主教所辦的輔仁大學中文系，結業後留校任助教，國文程度頗高，寫得一手好字，方方正正，一筆不苟，正如其人。他在當時的華人圈內很被人推崇，因為經常為人無償服務，我和娥筍結婚的宗教儀式便是由他所主持。

他在馬德里時，住在一座女修道院，為她們做彌撒和執行其他聖事，女修道院特為他在小花園中安置一座環境非常幽靜的單獨住所，我和娥筍不時前往探望。張少伯神父在西班牙華人圈內口碑甚佳，多年後終於去臺灣為教會服務。

還有一位山東籍的楊伯德神父，他在馬德里待了一段時日後便赴巴塞羅納發展，開了一家中餐館和一座大學生宿舍，以營業餐館所獲的盈利貼補宿舍的不足。楊神父的確神通廣大，後來又開武術館並撰太極拳立論著書，不但在巴塞羅納華人圈裏，且在當地社會頗具聲名。

這裏必須闡明的是，在天主教的教規中，當修士晉升神父時，必須發三個願，即獨身（castidad）、服從（obediencia）、貧窮（pobleza），普通神職人員僅發前面兩願即可，如入任何修會，例如「耶穌會」、「聖方濟各會」、「聖阿古斯丁」……等修會，則必須發最後貧窮願。所以，一般僅發過兩願的神父，不允許結婚，必須服從教會命令，但可保有私產。由此可見，西洋「出家人」和東土「出家人」不完全相同，有的無須「四大皆空」作整體性的奉獻，當然，像水滸中的花和尚魯智深，或活佛濟公那樣的僧人，就另當別論了。

一九五二年五月槐花香的季節，第三十五屆國際聖體大會（IIIV Congreso Eucarustico Internacional）在巴塞羅納召

開，全球天主教都派遣代表團前往參加，那是極其盛大的宗教活動，由教宗庇約十二世（Pio XII）主持，梵蒂崗的樞機主教（caresdenal）、全世界的各地總主教（arzobispos）和主教（obispos），以及各極神職人員、修會修士修女，穿著個色道袍參加，巴塞羅納市區和近郊，一時車水馬龍萬象更新起來。那時在西班牙的中國人幾乎全部是天主教神父的學生，怎能錯過這大好良機，從各地群集到這個依伯利亞半島東部的地中海名港。

聖體大會期間，我認識了一位早年定居在巴塞羅納的尚四海，他是在歐洲各國走江湖的雜技藝人，與德國前妻生有三子，隨父親雜技團在歐巡迴演出，後娶西班牙加達露涅（Cataluña）女子生有一子，那時才兩歲餘，非常活潑可愛，我們被請到她家用午點時，見到小寶寶拿著牙籤戳著一枚大圓紐扣轉動，說等到長大後也會和哥哥一樣在臺上作轉盆表演，引得大家捧腹大笑。若干年後，尚四海在馬德里城郊大石（Peñagrande）區建房遷居。一次，我和妻子前往探望時，遠遠見到一座似廟非廟不倫不類的中國式跳簷門樓，無須詢問便找到他家。尚四海經常帶著兒子領雜技團外出，西籍主婦凡遇到丈夫的朋友極其熱情，把我們照顧得無微不至。

尚四海在馬德里還有一弟，名不復記，大家都稱他為「尚老二」，亦娶當地女子為妻。尚老二務業修指甲和修腳，通常預約上門服務，由於中國人手藝靈巧，甚受馬德里上層社會人士歡迎，他說美國與西班牙複交後的首任大使夫人和流亡在西班牙的匈牙利伯爾拉切（Perlac）伯爵夫人，均是他的固定主顧。

世界上竟有那麼湊巧的事，一天，秘魯籍的華裔心理學

醫生朋友陳博士給我掛了一個電話，問我是否課餘有空教一位伯爵夫人國畫，窮學生有機會賺點零用錢，當然欣然允諾。正好那位伯爵夫人市中心的豪華住宅在我女友娥笛家附近，我每週二和週四下午六點鐘教過一小時繪畫後，即可和娥笛在卡斯德亞納大道附近散步。教畫時當然邊談邊畫，一天，伯爵夫人說，她曾經有過一個中國人為她整修手指和腳指，不但為人十分和藹，技術也非常高明，突然間失去聯絡，再也找不到像那樣的職業性人員，我一聽之後，即刻知道就是尚老二，於是我答應伯爵夫人代她尋找，結果從王老太那裏獲知，尚老二的西籍妻子患癌去世，他離京去他處謀生，不知去向。

歐洲的社會名媛和貴婦，她們的夫君不是商政顯要，就是富豪貴冑，通常夜間應酬早晨晚起，下午則在家無所事事，有時邀請同階層夫人聚會閒聊是非，否則付出高價潤金「聘雇」從事藝術者，教她們賦詩、繪畫，或彈鋼琴，如此她們在社交場合中有話題可談，並且，還可炫耀少許似是而非的藝術修養。由是一般落泊潦倒的文人和藝術人士，出賣時間來換取一些，對他們來講的「豐潤」報酬。假如這些獻身藝文者，果真具有真才實學，還可藉他們高貴學生的推薦，而在社會中成為知名之士。歐陸自十九世紀起，就有不少著名的畫家，曾經受到過貴婦的支持而成名，而那些促成藝術家聞名於世的貴婦，也因此獲得榮譽，豈不是件兩全其美的好事？凡是以地位或財力支持從事藝文人士者，不分性別，西語稱為「mecenas」。

早期的馬德里有一位傳奇女士黃瑪賽（Marcela de Juan），她在西班牙社會很有名氣，因為她精通英、法、西等國語言，首

先在西班牙外交部翻譯部門任職，後在聯合國充翻譯，不時還在西國報章發表有關中國的文章和短詩，還出版兩冊中國古詩西文譯本，西國文藝界一般人士均認為她是中國女文人和詩人。

她欲在報紙雜誌上發表詩歌前，往往把中國原文給我，讓我先代她譯成西文，我的西文詩歌的意境和詞句可能不十分完美，預先給娥筎潤色後再給她。詩歌發表後，她總是送點粉盒、化妝品之類禮物給娥筎作為酬謝。

我首次跨入電影界工作，就是黃瑪賽女士給我介紹的。一九六三年春天，美國好萊塢獨立製片家薩姆艾爾‧伯朗斯頓（Samuel Bronston），在西設廠籌拍「北京五十五天（55 Days at Peking）」，廠方認為黃瑪賽是中國通，聘她審核劇本，同時請她代找一位中國藝術顧問，於是她將我介紹去，這樣可一舉兩得，因為我這一去工作，不但可解決藝術上的疑問，在必要時也可助她一臂之力。雖然後來各奔前程，來往並不十分頻繁，但始終保持著良好友誼。

因此，我不惜以巨大篇幅來細述她的平生：

一、初次相識

首次見面，那應該是五十五年前的事了，我不願說上世紀中旬，聽起來好遙遠。

那時，我剛來馬德里不久，聽到廖若晨星的老華僑說，這裏有位非常資深的華裔黃女士，據說在滿清時代便來馬德里了，她精通數國文字，目前在西班牙外交部服務。當時在

馬德里中央大學──現在改名為貢伯路登塞大學（Universidad Complutense）──就讀的中國學生同樣是小貓三隻四隻。週末或假期，我們經常去當地老華僑家「串門」，他們都非常熱情招待，減除了不少遠離家鄉子身海外學子的鄉愁。如今既然多得到一位華裔的資訊，便打聽清楚她的地址和電話號碼，以便多一家走動走動。

一個暮秋的下午，我們約好去黃女士家造訪。她住在莫拉將軍（General Mola）大道一所公寓建築的頂層，現在這條大道已改名為貝爾加拉王子（Príncipe de Vergara）大道，由於莫拉將軍是佛朗哥元帥起義推翻西班牙共和政體戰爭中的名將，後來西政體由獨裁和平演變成民主後將之更換。那時的莫拉將軍大道還是兩旁邊道通行車輛，中間是步行道的格式，中間那條西班牙稱之為散步道（paseo），該莫拉將軍大道非常悠長，法國梧桐夾道幽雅之極。我們乘公共汽車早下了一站，遂踏著黃葉，在散步道上行行重行行，終於找到了那座雖不十分豪華，但很有氣派的公寓建築。

乘電梯到達頂層按鈴後，一個西班牙中年女傭開門，微笑著引我們入客廳坐下，便入內室通報，我們趁空窺視廳中佈置……

那是一間中西合璧雅致非常的所在，外層窗簾是透明薄紗，內層是與西式沙發面配套的銀灰絲絨，除了咖啡桌和側面依牆的鋼琴也是西式外，其他茶几和櫥櫃等均是中式紫檀傳統傢俱。正中主牆上掛著巨幅人像油畫，畫中人是一位身著滿清官吏盛裝，面目清秀英姿煥發、留著小八字鬍的中年人，其餘

牆上掛滿中國條屏和斗方書法和西洋風景和靜物油畫，尤其是一張高几上的石雕觀音側身座像特別引人注意，那柔和的輪廓和慈祥表情，有唐代遺風。

盞茶功夫後，一位穿米色連衣裙、身披淺褐針織外套的中年夫人，笑容可掬地自內室姍姍而來，她修長的身材，微帶中國「意味」的面貌，有點冷豔之感。

「歡迎，歡迎！要你們久等了！」她用一口略帶北京腔的普通話寒暄著。

根據西歐習慣，假如有客登門造訪，女主人即刻外迎有失身分，即使在內無所事事，也要讓客人在外稍等。

「用咖啡，還是用茶？」

「咖啡好了，假如不麻煩的話。」茶在國內喝慣了，到了國外嘛，改嚐咖啡。

她向在旁侍候的女傭吩咐了一下。不久後，女傭端出咖啡和一些早就預備好的點心和乾果，一小碟一小碟擺滿了沙發前的咖啡桌。

開始時，彼此間難免有點生疏，沒過一會兒交談漸漸投契，氣氛也隨之和悅起來。

自此以後，我們只要有機會便去看看她，她雖然非常繁忙，能抽空見到一些中國年青留學生，能尋獲一點失卻的舊夢，也很樂意。

由於黃女士的生辰是元旦，我們一些較熟稔的「忘年之交」，幾乎每年都去她家祝賀。她總是備了豐富茶點，但無蛋糕，她說，她不太喜歡正式過生日，當看到蛋糕上的一支支蠟

燭，就意識到又增長了一歲而感到「恐慌」。即便如此，有那麼多年青朋友來陪伴，唱起「Happy birthday to you」時，她仍是感到非常快慰的。

二、日後的交往

一九六二年春天，我突然接到黃女士的電話，問我是否有空和願意參加一張有關前清義和團圍攻北京東交民巷史蹟的美國影片工作，那時，我自西班牙國立電影學院畢業已數年，僅參與了一些微不足道的小片，驀然得到這個大好機會，怎不欣喜非常！即使沒空，也要拋棄一切來接受這項邀請。問清之後，才知道好萊塢大獨立製片家薩姆艾爾·伯朗斯頓來西拍攝一部名叫《北京五十五天》的歷史巨片，已聘請黃女士為劇本審查，另外還缺少中國藝術指導，於是她便想到我是最適當人選，準備將我推薦給他們。自此，我與黃女士在同一片中工作，於是彼此間的接觸更為頻繁了。

那時，黃女士在西班牙外交部工作，她精通英、法、德、西諸國文字，由於自幼隨家庭赴北京，在法語學校就讀，十五年後返西定居，能說一口地道的「京腔」，中文閱讀和寫作能力較差，所以有時在撰寫有關中國文章和翻譯中國古詩時，找我去她家磋商。這樣她在中文上，我在西文上都相得益彰。

多年的交往後，自她本人或別處，我們得知她的一生經歷，的確是非常少有的傳奇故事。

三、滿清駐西班牙公使

前清時代，在浙江餘杭縣，有個姓黃名履和的勤讀書生，應試科舉，屢試屢及第，鄉試時先秀才後舉人，殿試時晉級進士，被派於外務部門就職。當時滿清駐西班牙公使缺職，由於該國與滿清間業務並不繁重，況且有語言障礙，是冷缺無人問津，黃履和遂自動申請前往補缺。

一八九七年，黃履和赴馬德里正式上任大清帝國駐西班牙全權公使之職。在職兩年後，在一個偶然機遇中認識了一位比利時籍的伯如達（Brouta）夫人，該女士秀外慧中氣質高貴，使滿清國的黃公使一見鍾情，那時的黃公使年屆三十尚無家室，這在當年是非常少見的現象，所以在交往不久後，終於一九〇一年初夏在倫敦締結良緣。一年後，一九〇二年的一個明媚春天，愛情的結晶誕生了一個女嬰，取名為娜婷，那是法文Nadine的譯音。

兩年後，一九〇四年黃公使又被派遣到古巴首都哈巴那（La Habana）就任公使。任間，於次年一九〇五年元旦，他們的第二個女兒出世，取名瑪賽，是西文Marcela的譯音，同時還起了個中文名字「愛蘭」，但這個中文名字，自出生起，從來就沒用過，這個女嬰就是本故事中的主人翁。後來黃瑪賽將她的姓「黃」字，寫做西班牙文的同音字「Juan」來取代，怎奈Juan在西文中是「名」而非「姓」，習慣稱呼上，前面必須加上個「de」字，因此Marcela de Juan便是黃女士沿用的正式姓名。

嬰兒黃瑪賽誕生後八個月，黃履和公使又被調回西班牙復職，當時的大清帝國公使館設於馬德里貝拉茲格茲（Velazquez）路，如今該路仍屬馬德里最高尚地段，那裏的建築壯觀和氣派，還是首屈一指。但他們卻居住在郊區直線城（Ciudad Lineal）的花園別墅，現在該住宅區雖面貌全非，但禁止建造高樓大廈，多少還保持了一些往日的風格，目前的中華人民共和國駐西大使館就在那裏。

　　期間，黃公使的兩位千金沒正式上學，特請有家庭教師在家學習，這是早年西方貴族和上流家庭教育子女的習俗，尤其是女兒，由於家庭富有，認為她們將來無需就業謀生，所受的教育都偏向家務管理、藝術培養、社交禮儀……等等。在家中學習時，特別注重世界主要語言，他們姐妹倆得天獨厚，父親是中國人，母親是比利時人，家庭教師教英語和德語，再加上身住西班牙，後來她倆對聯合國官定的英、法、西、俄、中五種語言，除了俄語外，都能運用自如，況且她們還精通德語呢！

　　在黃公使馬德里任職期間，對幼年的黃瑪賽女嬰來講，還發生了一件饒有趣味的插曲。一九〇六年，也就是她出世後的第二年，滿清朝廷為了西班牙國王阿爾風索十三世（Alfonso XIII）的婚禮，派遣僧親王為賀使前來馬德里參加。這位親王見到黃公使不滿兩足歲的混血千金秀麗可愛，遂提出與其幼子交換生辰八字聯姻的荒誕想法，黃公使視幼女為掌上明珠，況且觀念先進，不願女兒將來在帝王家受委屈，雖心中不以為然，又不便明言拒絕，遂托詞孩子們尚幼，滿漢不能通婚，誰知這位王爺倒非常開通，說是現代文明不拘小節，並稱，他的幼子

小王爺屬雞，而公使千金屬龍，十二生肖中無鳳以雞取代，這對小配偶是「龍鳳呈祥」，將來一定幸福無疆！黃公使對王爺的執意聯姻無可奈何，只得暫時允諾。所幸一九一一年辛亥革命成功，廢止帝制建立民國，這段荒唐婚事，也就不了了之。

若干年後，黃瑪賽年長，正應驗了歐西的一句諺語「世界如一方手帕」。 有次她在巴黎一個宴會中，遇到一個素不相識的中國青年紳士，交談後竟是當年兩個父親為他們做主定親的未婚夫婿小王爺，當時的小王爺已成家立室，向她打趣說：「親愛的瑪賽，現在我仍舊有權要求娶你做我的正房！」 黃瑪賽微笑著答道：「假如我答應你的請求，你將怎樣處理你目前的三妻四妾？」 隨之大家哈哈大笑，互相擁抱彼此在面頰上親了親，便算了結了一樁公案。

中華民國成立後，雖然「改朝換代」政府體制改變，黃履祥仍在駐西公使職位上保留了一段時日，直到一九一三年秋，接到新政府指令調遣返國述職。消息到來闔家雀躍，尤其是黃家姐妹，終日在家聆聽父親的教誨，華夏的疆域是如何寬闊，文化是如何燦爛，民情風俗是如何別致……現在終於有機會可親眼看到那些美麗的事物，親身可體驗到那古老而奇妙的世界。

四、闔家返華

當初歐亞間的交通工具，通常是遠洋巨輪。法國的「遠洋航遞（Messageries Maritimes）公司」的郵船，每年僅一次往返於馬賽（Marselle）和上海之間，所以黃公使全家必須乘該公

司的其他航班，自馬賽起碇渡地中海、經蘇伊士運河達紅海、再橫渡印度洋抵錫蘭首都哥侖波上岸，另換英國海輪途經新加坡、香港至上海，在上海稍停兩天後再赴天津，全程共三十九天！中國公使返鄉述職，坐的當然是頭等艙，這些遠洋巨輪的設備和服務極其豪華，佳餚美酒一天三餐外，還備下午點心；船上備有各種娛樂場所，夜晚有猜獎、跑馬等遊戲和舞會，讓旅客不至於在旅程中感到無聊。況且在如此漫長的海上航行，必須經過很多港口，每次停泊一到兩天，旅客可自由上岸觀賞各地不同的異國風光，真可謂是難得的假期旅遊！

泊碇上海的短促期間，黃公使全家上岸遊覽，最使幼年黃瑪賽驚訝的是，黃浦江邊的外灘，那麼多西洋大廈林立。英租界的巡捕，大多是高大纏著紅頭巾有兜腮鬍子的印度人，一問之下叫做「紅頭阿三」，法租界的巡捕，很多則是矮小帶尖頂斗笠式帽子的安南人。她曾與姐姐娜婷首次合坐一輛人力車蕩馬路，那時正是炎夏，見到車夫拉得汗流浹背，非常於心不忍。

黃瑪賽在幼年日記上記得很清楚，他們抵達北京的日子是一九一三年八月二十三號。那時中華民國的新任總統是袁世凱，上任不久市面上便出現有其側面光頭像的銀元，大家都叫它「袁大頭」，此稱對幼年的黃瑪賽非常逗樂，故此持久不忘。卸任的黃公使很快便到外交部上班，不久後被特任禮賓司司長，負責接待所有來華訪問的政界或文藝界的外賓，有的是在歐洲就認識的舊友，還被請到官邸小敘，那時她父親的官邸在北京東總布胡同。那是一座非常體面共有三進的四合院府第，朱漆大門前方兩旁有一對大石獅；每個寬闊的天井裏分別

栽有杉柏、石榴、紫薇以及玉蘭等樹，另外還放置了大金魚缸
和一些小假山作為陪襯。

　　最奇怪的是，當時和中國外交官結婚的歐洲女士中不少是
比利時人，在任的外交部長陸徵祥夫人也是比利時人，因此，
彼此間走動頻繁。[6]

　　在馬德里時，黃瑪賽和姐姐娜婷沒有正式上學，請了家庭
教師在家學習，到了北京後必須找個學校。當時，在北京有兩所
為外交官和外僑子女開辦的學校，一所為英國人所辦，只許白
種兒童入學；另一所為法國天主教教會所辦，名「聖心（Sacré
Coeur）學堂」，由方濟各會修女Franciscana主持，種族歧視
較低，除了白種兒童外，同時招收中國高官貴冑和上層社會有
色人種的子女入學，黃氏姐妹便開始上了聖心學堂。中學畢業
後，還在美國人在北京開辦不久的清華大學就讀了一段時期。

五、京華所遇之名人

　　一九一八年春天，一天上午家中門房進來通知，外面有
一對男女青年來訪，黃禮賓司長便吩咐引進客廳。通常一般不
重要的訪問，父親都讓黃瑪賽在旁聆聽，原因是可讓女兒多增
長些社會接觸。見面交談後，才知道那對青年前來造訪的主
題是質問，以外交部高級官員的身分在對外輸送勞力中受傭金
的事，事情的過程是：一九一四年開始一次世界大戰期間，法
國曾要求中國輸送一批勞工到法國工廠做工，這樣他們可以將
工人抽出赴戰場與德軍作戰，每名勞工付美金十元作為代價。

話談清楚後，才知道中國外交部經手這項交易的官員與黃瑪賽父親同姓，也姓黃而導致錯誤。於是大家誤會冰釋友善交談起來，這樣才知道前來質問的青年名叫毛澤東，二十三歲，在北京大學圖書館服務。那時黃瑪賽僅十三歲，事過境遷，當時青年毛澤東的形象永遠銘刻在她的腦際。

常到黃府與黃瑪賽父親討論文學動態的有胡適和林語堂，她那時年齡雖小，但由於父親寵愛，常在旁聆聽，所以日後對這兩位的文學著作情有獨鐘，尤其對林語堂描寫老北京習俗的「京華煙雲」等佳作特別喜愛。

中國外交部黃司長的兩位千金年事稍長，婷婷玉立，靚麗高雅，因是歐亞混血女郎，別有風韻，在當時北京外交場合和上層社會中特別活躍，有「姊妹花」之稱。

當黃瑪賽剛滿十八歲時，不少中國赴歐美的留學生返國服務，其中有一位叫葉公超的英俊「海歸」青年，剛從英國留學回來便被分配到外交部，由於工作關係常到禮賓司走動，因此和妙齡的黃小姐漸漸熟稔起來，兩位年齡相差無幾的青年彼此間均私存愛慕之意，但沒明言，不久後，葉公超外調任職，這段柏拉圖式的羅曼史也就告一段落。多年後，二十世紀的六十年代初，退撤臺灣的中華民國外長葉公超正式訪問西班牙，當時，正在西外交部任職語言部門主任的黃瑪賽，被派接待那位中國貴賓，兩舊友斑鬢相逢，不勝滄桑之感，但能暢懷一敘往事，不失為一樁快事。

一九二四年，英國王室成員溫莎（Windsor）中尉——後因其兄愛德華八世（Edward VIII）與星松（Wallis Simpson）夫人

結婚禪位,而登基英王位為喬治六世(George VI)——訪華,中國外交部禮賓司黃司長除以官方身分接待外,還私請到家赴宴。溫莎中尉見到黃司長兩位小姐,遂對她倆的大方脫俗非常賞識,要求在華期間由兩位小姐陪伴遊覽,並馳馬於郊區天壇附近,這一段非尋常的邂逅,亦是黃瑪賽終身難忘的回憶。

學業結束後,黃瑪賽便進入法國工商銀行工作;其姐娜婷性格比較活躍,並且,從小就愛穿男裝,一次在社交場合中被張宗昌大帥所賞識,被羅致任命為上校聯絡官,自此以後,經常軍裝出入,非常神氣!

一九二五年,義大利公使館新到一位有爵位的加諾(Ciano)青年秘書,很快便和黃公使家兩位風頭十足的千金成為好友,他們經常在外交場合和舞會中出現。後來,加諾伯爵與法西斯黨魁莫索里尼女兒結婚,在二次世界大戰中曾任義大利外交部長及法西斯最高議會議員,由於反對莫索里尼施政方針而遭槍斃。黃瑪賽談起舊事非常痛惜,她說:「其實,加諾伯爵是個本性非常善良的人,而是一個被捲入政治旋渦的犧牲者,雖然他在政壇和人生旅途上有如是悲慘的遭遇,但在她的回憶中,仍然保持著純真美好的形象。」

六、悲痛歲月

一九二六年,對黃瑪賽來講,是一個極其悲慘的歲月。首先是,她曾和法國青年伯爵古爾受(François de Courseulles)交往了將近兩年,彼此間的感情已達嫁娶程度,而且黃瑪賽的父

母對這位法國青年伯爵也甚有好感。當古爾受伯爵返法述職不久，給黃瑪賽寫了一封委婉的「謝罪」信，請她原諒他們不能完成百年好合，原因是他的法國貴族社會不允許他和一個歐亞混血女郎締結良緣……黃瑪賽讀信後氣憤填膺，吼道：「一派謊言，一派謊言！真正的愛情哪在乎社會輿論！君不見英王愛德華八世，為了和美國離過婚的星松夫人結合，竟不惜辭去王位！」其次是，在同年的晚秋，父親在東總布胡同官患病不治身亡。如此嚴重的雙重打擊，幾乎使花樣年華的黃瑪賽悲痛得欲尋短見，為了打消那絕路念頭，獲得母親允許赴歐一遊，主要的目的地是回西班牙，尋找兒時綺麗的夢，況且，那裏還有母親的兄長伯如達舅舅。

　　黃瑪賽囑咐姐姐少出照拂母親，因為母親因父親的逝世，精神大受打擊健康情形不佳，並把北京家中一切安頓妥當後，便乘火車到天津，從那裏再度登法國「遠洋航遞公司」直達馬塞的「波度（Porthus）號」巨輪，自多年前來華時的原路回程赴法。在巴黎消磨了一個月時光，見到不少在北京時的舊友，談起往事如夢不勝感慨。隨即乘火車去馬德里，胡略・伯如達（Julio Brouta）舅舅定居在塞戈比亞（Segovia），趕到馬德里車站迎接。黃瑪賽首次到塞戈比亞這座古城，那裏有很多教堂，有童話式美麗的碉堡，還有一條羅馬時代的雄偉並擁有數不盡的拱門水道……她從小離開西班牙，即使曾經見到過一些名勝古蹟，也記不太清楚，如今，展示在眼前的一切是那麼新鮮，那麼動人，減除了不少離開北京時的憂愁。塞戈比亞郊外有座陸軍炮兵軍官學校，每逢假期，青年的學員都軍裝畢挺，

到城中廣場美其名「散步」，實際目的是「泡妞」，他們在廣場上突然發現一個外來的中國靚麗姑娘，爭先恐後前來問長問短獻殷勤，弄得黃瑪賽不知如何應付，嚴格說來，原來黃瑪賽青年時代是在中國成長的，根本不習慣西班牙小子如此的熱情風流。

黃瑪賽的舅舅原是「柏林日報（Berliner Tageblatt）」的駐西班牙記者，後留下定居寫作和翻譯。一天，胡略舅舅叫她帶一部蕭伯納著作的譯本到馬德里給一個叫阿基拉爾（Aguilar）的大出版商，由是黃瑪賽便認識了這位大出版商，繼而成為摯友。後來，她的很多著作都由阿基拉爾出版社出版和發行。

在去馬德里的車廂裏，突然有個乘客前來打招呼：

「對不起，黃小姐，您還記得我嗎？」

「……」黃瑪賽覺得有點面熟，但具體記不起是誰。

「您不記得在巴黎時，有次宴會上巴西公使梅洛給我們介紹……」

「哦，對不起！現在記起來了。你叫……」黃瑪賽沒等他說完，就回答了。

「我叫約瑟，這是我的朋友費爾南多。」他給黃瑪賽介紹了站在身旁的朋友。

他們在車上一路談笑到馬德里，更湊巧的也許是天公撮合，他們仨同住在一家旅館。在馬德里期間，自然而然地同桌進餐同出遊覽，彼此處得非常融洽。後來黃瑪賽記得，在車上，當約瑟給她介紹那位陌生朋友握手時，她立刻像觸電一樣，心頭發生一種從沒經歷過的感覺……誰能預料就在那次邂

逅中，註定了黃瑪賽與費爾南多兩人的命運。

　　他們倆交往頻繁，不久便進入熱戀嫁娶階段。費爾南多‧洛貝茲（Fernando López）是位建築師，他家是南方格然那達（Granada）非常「體面」的世家，因此對歐亞混血兒的黃瑪賽將進入家門當兒媳，多少有點看法。但是，費爾南多的非黃瑪賽不娶的堅定意志，終於使固執的傳統世家讓步，結果是有情人終成眷屬。可惜好景不常，這對燕爾雙飛的愛侶，僅僅享受了兩年半的綺麗歲月，費爾南多患疾病不治而亡。況且，黃瑪賽的母親也在費爾南多去世後不久病逝，親人的連續去世，使黃瑪賽一次又一次墮入了痛苦絕望的深淵。

七、寄託工作

　　沒奈何，新寡的孀婦只有把全部精力和時間投入工作，企圖避免腦際空閒去在悲慘的回憶中盤桓。首先在一家名叫「SNIACE」的企業工作，任職經理秘書，由於精通多國文字，在對外貿易中非常得力，因此甚受經理讚賞。說句實話，黃瑪賽對該職務並不太感興趣，所以在工作了一段時間後，恰巧得到荷蘭駐馬德里領事館需要一名諳多種語言的秘書，於是前往應徵，立即被錄取雇傭，由於她自幼在外交圈子裏生活，這項職業為她是再適合不過了。在領事館工作期間，心情也漸漸好轉起來，於是她開始寫作，在報章雜誌上發表一些有關中國的民情風俗介紹。當時西班牙社會各層對那個遠東的古老中國一無所知，僅僅讀過「馬可波羅東遊記」的認為對「卡泰

（Cathay）」或「支那（China）」那個遙遠和神秘的國度稍有認識。嗣後，又被西班牙外交部羅致，在語言部門服務。

基於所發表的文章，應馬德里現代藝術博物館的要請，做了一次命名為「中國藝術介紹」的演講，當時西班牙最有影響力的保皇黨「ABC」日報大加宣揚。此後，不僅西班牙的大城市如巴賽隆納、塞比亞……等，紛紛請她去演講，甚至於還到里斯本、巴黎、布魯塞爾、安姆士坦以及瑞士的好幾個城市去介紹華夏文化和其習俗，於是一躍成為歐洲文化圈內的名媛。

黃瑪賽的成功自有她本身條件，身為大清帝國外交官千金，是歐亞混血女郎，不但精通各國語言，身材高挑面貌娟秀，每次上臺演講時，身穿素淨繡花旗袍，手指繫絲手帕，婀娜多姿聲音動聽，甚受一般聽眾歡迎。

八、再度返華

自從二次世界大戰結束創立聯合國後，她便常被西班牙政府派往聯合國任同步翻譯，最後，又被派至西班牙駐香港領事館服務，因此有機會多少膚淺地認識一些中華人民共和國的情況。

黃瑪賽是一九一三年八歲時隨家到達北京，在那裏居住了十五年後，於一九二八年最後一次離開北京到西班牙定居，直到一九七五年，四十七年以後首次因公再度返華，她是西班牙訪華代表團的聯絡官，那時新中國還沒完全對外開放。

西代表團一行人自香港經過羅湖邊境，抵達新中國的第一個城市是廣州，參加了廣州國際廣交會，除了五花八門豐盛的

商品外，使她注意的是兩座工業模型，其一是製造柴油火車頭的工廠，其二是大寨模範公社。

翌日一早，中國官方便率領西代表團參觀幾個規模極龐大的公社農場，每個農場據稱有好幾萬農民，備有學校和醫院，年輕醫療人員稱之為「赤腳醫生」，這個名稱引起整個代表團團員的詫異，一經解釋後，均對這批受過兩年醫療訓練的學生，「赤腳」步行往返於鄉間為農民治療而產生敬意。

抵達北京後，下榻在北京飯店，這座大樓是挨著老北京飯店新建的，設備完備，可與任何歐美飯店媲美。在排得緊緊的開會日程結束後，官方首先帶著代表團成員參觀了新中國的建設，她看到北京面目全非，到處是寬闊的大道，過去王府井的東安市場已擴建成非常雄偉的東風市場，滿街如過江之鯽的自行車到處亂闖，過去的城牆、牌樓、還有很多胡同都已消失，感歎不已。不過後來遊覽名勝古蹟時，見到了故宮、天壇、頤和園、十三陵、長城……等等依然如故，而非常欣慰。此外還參觀了工廠、公社、農民住宅、躲避原子彈襲擊的防空隧道……等新建設，最後該項龐大工程，不得不使人歎為觀止！

在上海所住的是過去的莎遜大廈，現在變為和平飯店，可喜的是黃浦江煙波浩瀚，外灘老建築林立如舊，蘇州河那廂的百老匯大廈依舊矗立橋邊，一問之後，才知已改成上海飯店。此外，很多舊時代租界上紀念殖民地國家英雄的路名一概更換，例如，上海最寬闊最長的霞飛路已易名為淮海路，由於黃瑪賽少年時代在北京時，一次世界大戰法國英雄霞飛元帥曾經訪華，並到她家做客，故而特別記得這條路名。

九、尾聲

　　西班牙不像英、法、德、意、荷、比諸國過去以帝國主義姿態，在十九和二十世紀初不斷侵略滿清王朝，即使在侵華的八國聯軍中，西班牙也未曾參與，因此西班牙和過去的中國工商，甚至於文化關係上，都少有交流。

　　在早年西班牙華僑華人中，僅有一些雜貨小販和少數江湖賣藝者，像黃瑪賽女士這般華裔傳奇人物，實在是絕無僅有，況且她在西國上層社會，尤其是文化圈內佔有出穎的一席之地。她不但藉報章和演講，在西歐宣揚中國文化和介紹華夏習俗，還出版兩冊中國古詩西文譯本，此外並撰寫「我昨天所住過的中國和我今天所看到的中國（La China que ayer viví y La China que hoyentreví）」一書，書中前篇談到民國初期，袁世凱復辟、軍閥互鬥、溥儀結婚……等事跡和當年北京街坊的民情舊習。後篇涉及中華人民共和國七十年代她所目擊的實況，給歷史留下親歷的見證。

　　這裏，謹以此文紀念在八十年代仙逝的黃瑪賽的同時，獻給現代旅西僑胞和國內讀者，俾便認識早年西班牙的一代不凡華裔女士。

---

[1]　按：王志洋才華出眾，早年鄉試中舉後赴京殿試，竟然文昌星高照，狀元及第獨佔鰲頭，他正在滿懷得志的當兒，卻被下旨斬首正法，原來他新科狀元郎的本名釋義是志在外洋，而非報效大清朝廷，招忌了當年一手遮天攝政的慈禧

太后，她在大發雷霆盛怒下，下詔處以極刑，殺雞儆猴用以懲罰心懷不軌之臣民。幸虧當朝重臣李鴻章出面上諫，謂正當朝廷用才之際，似乎不宜僅以取名不當而被戮。結果，太后買了李卿的老面子赦免死刑，但剝其狀元功名貶為探花，並終身不予重用。

2 　按：這控制華北極重要的政治機構乃獨立性質，當時的汪偽政府也無權干涉。所以後來汪精衛在他的日記中曾經記有：「此老不除，中國無法統一」云云。

3 　按：王老太過去是「公使夫人」時，曾和當時的貴婦和社會名媛一樣，曾一度參加紅十字會「榮譽護士」輪流當班，為貧窮病人義務服務，因此，那次住院時倍受關注，一月後康復回家。自此以後，我等前往探望次數更為頻繁。

4 　按：唐德剛是當代著名史學家，祖籍安徽合肥，五十年代初赴美留學，後獲美國哥倫比亞大學碩士和博士學位，他才氣橫溢，博學多聞，況且古文根底深厚，天性詼諧，落筆妙趣橫生。上世紀五十年代在林語堂在紐約所主辦的「東風雜誌」上，曾發表過一篇〈梅蘭芳傳〉，將中國四大名旦之一的梅氏，描繪得活靈活現躍出畫面，獲得一致佳評，而名揚全球海外華人圈。之後，他曾撰寫「胡適口述自傳」、「胡適雜憶」、「李宗仁回憶錄」、「顧維鈞回憶錄」、「晚清七十年」等書，此外，並著有包括歷史、政論、小說、詩歌、雜文等多部膾炙人口的作品。

5 　按：川喜多長政係一位極其反對日本軍國主義的親華影人，在他的自傳中曾經說道，當時他在上海代表日方參與電影任務，條件是日本皇軍不能干預其舉措，就因為他拒絕拍攝所謂的「宣傳教育片」，曾接到被暗殺的警告，其父就因為過分親華，而被日本軍國主義的從員置之於死地。號稱「中國之友「的川喜多長政，曾在上海維護過很多愛國的影人，人家問他為何如此愛中國和它的民族，他回答說：「我如此愛中國和它的民族，正因為我特愛日本和它的民族所致」。這句話充滿哲理，耐人尋味。目前，在日本尚存有「川喜多長政映畫紀念館」，用以表揚其無狹窄民族觀念的心態。

6 　按：陸征祥部長自夫人去世後，便進入天主教修道院「出家」終其晚年，傳為佳話。

家書萬金

　　自我離滬抵達香港，稍事安頓後，隨即寫信給上海的母親報安，中國的郵遞向來非常迅速，港滬間的信件兩天便可到達。一九四九年五月十六日，就收到母親的回信，我將牢記這個日期，那是我遠離她老人家收到的第一封家書，其價值何止萬金！

　　清兒：

　　　三號下午匆匆離我，雖覺此去前途較株守家中光明多多。唯此次之走實如逃難，行裝與所帶不寬，一隔數年，如缺乏接濟時，家中又無法匯寄，總感吾兒之志高，而遭遇之太苦，且母子隔離幾時得見，當然不無離別之傷感！

　　　……望將必需衣服乘便購置，以免臨時匆促到西班牙上岸時，服裝不整齊，有損儀錶也。吾兒在外要注重身體，因離鄉太遠，起居飲食、風俗習慣，更是氣候水土大不相同，所以對於身體，尤當注意。

　　　……實和[1]於四號來一信，在上月廿七號發出云：即擬出發退至衡陽，必要時再至桂林……所急於知悉者，

兒之能否出國。

　　……現在上海情形與兒走時又大不相同，報載可知大約，食料應用物價格增高，衣料用品等滿地鋪攤出售，比平時便宜多多。我雖用得著，無錢購買，且不敢買，只得聽聽與看看便宜貨耳！……

　　　　　　　　　　　　余後述，順祝旅祺
　　　　　　　　　　　　母字　五月十三號

　　當我一遍又一遍讀著母親的信，見到她宣紙上纖秀的羊毫筆跡，貼心的關懷和教誨，怎不叫人心碎，尤其是「母子隔離幾時得見」那句話，久久縈繞在腦際。在離開香港前，我們又互通了兩封信，每次都特別叮囑我：

　　……不知兒的周圍是否能互相照顧，甚不放心。假如有時兒吃些虧，不一定是吃虧，氣量大一點。即使吃些小虧，或者還占了便宜。因為人太精括了，反感不是處世良策。……望兒定要記住我的話，待人謙和，交友謹慎；害人之心不可有，防人之心不可無；況且，人心日薄，決不能以己之心，度人之心，因為，我往日如是待人，吃了不少虧……

　　……為得到光明的前途，目前的困苦是難免的，望吾兒勉之！五、六年後，吾兒學成歸來，樂聚天倫，發展自己的本能貢獻予社會，我願足矣！

五、六年，嚴格說起來，不能算太久，僅是一個大學學程的時間，可是，母親呀！對你來講，卻是「永遠」，你等不及我歸來歡聚天倫，便撒手去了，當我能回到家鄉時，已是離開你廿九年後的一天，但是，放心吧！你的孩兒會把你的教誨牢記在心，作為一生中的座右銘。

　　抵西後，一道來的同學都不敢與國內家人通信，他們恐怕來西班牙留學，可能連累家人。我則不然，認為我們既然已來西，什麼人也瞞不了，況且，我們之所以來西班牙留學，並不因為祖國的政體改變而出走，留學計畫早在解放一年多前便做了決定。我是六人中惟一與國內家人，自始至終保持信件聯繫者，揣想這樣，多少可讓遠方的家人減少些懸念。

　　由於中國剛解放，與西班牙不通航空郵件，我抵西不久，便寫信告知家人離開香港來歐的旅途和來到西國的初期情形，很久很久後才接到母親自安徽合肥發出的回信：

　　實清吾兒：

　　　　自接在香港臨動身前所發一函後，就起始盼望再接到你抵西後之第一封信，幾月來每日掛念……今日，終能看到吾兒親筆來書，告知我一切詳情，快慰至極！

　　　　……姊姊仍在南京郵局，薪津較前大約一半，章南[2]雖仍在銀行，職業並不可靠……

　　　　大哥自江南解放後，仍令回安慶，第一月未領得薪津，又身無餘錢，弄得賣物度日。之後薪津照領，一菜一飯尚可生活。王姊[3]又懷孕，在一月中旬將分娩，今已

大腹便便矣。

……二哥嫂本在衡陽營商，我在上海時接到他一信，今音訊不通，二嫂八月間分娩，的確非常想念他們，但無法可知他們的近況。

……寶瑋在寧，本考入弘光中學初一，即震旦附中，是大哥當初所進的中學，……現和我們在合肥，常到天主堂南神父那裏去玩。

……奶媽不久就要來合肥仍住我家，她云：無論如何，再也不離開我家。

……

母書　十一月廿三日

來信可寫：中華人民共和國安徽合肥郵政管理局。

大哥附筆

這是來西班牙後，收到母親從中國寄來的第一封信，悲喜交集，淚如雨下。母親告訴了我國內所有親人，在解放後每人的動態。其中提到的「奶媽」，是哺乳我的奶娘李戴氏，自我出世後，一直養育我成長，愛我至深，甚至超過她親生女兒秀英。她憨厚善良，有一顆無限博愛的心，街坊近鄰只要求助，總是全力以赴，即使破費少有的積蓄，也不在意。我斷奶、長大，她繼續留在家中，輔助母親操作所有家務，母親待她如親人，從未有過主僕之分。先父逝世後，家境困難，她仍然和我們同甘共苦，從來沒有拋下我們，另尋較好家庭的意念。

在母親的同一信封中，大哥也附了一封簡函：

清弟如晤：

　　期盼中獲得來函，藉悉近況，慰甚。國內戰事仍未結束，尚有邊遠省份及海面孤島等地亟待解放，此亦時間問題耳。政治雖漸上軌道，而經濟及各項建設均在改進中。加以本年之水災，故人民生活均相當困苦，惟全面解放，一切安定後，當能逐步改善也。

　　吾弟所學，應以實用者為旨，俾便日後歸國，能為新中國之建設而服務。餘詳母函。　　即祝
康樂！

寶生手書

一九四九‧十一‧廿四

　　在接獲母親和大哥的信之後，過了年姐姐的信也接著到達，我說「接著」，似乎不大確當，因為是平信，元月十七日的信，直到三月初才到我手中。姐姐性格閒靜，嗜愛文學，是我們姐弟中文筆最好的一個。她經常寫散文和新詩，在校時，國文老師曾在她的一篇作文上的批語是：「若無藍本，可壓倒其餘佳作」，由此可見她的作品的確不凡。

寶清弟：

　　你到西班牙後的第一封信，由素娥姐轉到了南京。

　　……解放後的種種情形，要詳細敘述起來，真是用得著那句話：「一言難盡」。先來講些家裏諸人的情形吧！母親大概已將寶生、王鎮、大奶媽都先後去了合肥

告訴了你。南京、蕪湖同是在去年四月廿三日解放的，至於寶和及小薇⁴的行經，是在南京緊張時，大約是四月廿一、二日，他們在漢口發來一信，預備隨（國民黨）軍轉移……小薇因將生產，先撤退至柳州，寶和留在衡陽，衡陽戰役，四十九軍垮了，寶和因小薇的關係，大概會撤至柳州。但柳州被解放時，他倆不知怎樣了，迄今尚無音訊，很為掛念。面臨著這個動盪的時代，我們每個人的遭遇不可預測。你是個幸運兒，竟會跑到馬德里去求學，而寶和及小薇卻親身體驗了戰爭的殘酷！

　　……記得「飄」嗎？我們這一代人的變動，若取之為題材寫一部小說，其內容的豐富，絕不亞於「飄」。為什麼我會提到那本書呢？雖然時代不同，而一種新舊思想的交替，在破壞與建設的過度時間中，生活上的艱難和困苦，都不無當年「飄」的背景彷彿。

　　……我們現在又都像戰時臨時中學一樣，穿上了棉制服，顏色是深藍的，雙排扣，有腰帶的叫做列寧裝。這很方便，又樸素。在南京，大家已沒有了設計穿什麼衣服的習慣。不過，上海還是很繁華時髦的，這世界第六大都市，一時恐不易轉變。

　　……在工會成立慶祝晚會上，我又參加了話劇演出，近來常常在忙著排演，本來我對話劇相當有興趣，不過沒有時間，又沒有合適的劇本，排演起來未免有點勉強，不能純粹以個人的興趣為轉移。

　　希望有空來信告訴你的近況。草此　即祝

康樂！

海玲

一月十七日

　　祖國解放後，國際郵遞已正常，我自西班牙向國內所發出的信件，如果是北京、上海、南京、廣州等大城市，不到兩週即可到達，但家人給我回信，即使想寄航空，經濟條件也不允許，母親曾在一封信中提到，從中國發到西歐的信件郵資高達兩萬餘元，相當於好幾天的生活費用。我嘛，無論是否接到家書，週期性向母親奉告一些在西的攻讀和生活概況。其實，和母親交談，對隻身海外遊子來說，是件非常溫馨和獲有極大慰藉的事。這一封母親一九五〇年七月底的手書，給我帶來了特別的欣慰，因為，她老人家突然獲得失卻音信一年多的二哥的信件，並且還把信附寄給了我。

　　清兒：

　　　　七月十一的信及兩張照片，在昨日七月廿八收到。看到你臉寵的豐滿和喜悅的樣子，足見你在西國尚還舒適和愉快……至於你和外國姑娘的交遊，我們並不為奇，因為我們的腦筋並不太陳舊，外國的習慣也懂得一點。在你的處境，當然只能談友愛，決無談戀愛的道理，只要認清友愛和戀愛的區分，無論在中外的社交中，異性的交遊決無妨礙。

　　　　……七月九日，忽然得二哥來信及你小侄兒相片，

家書萬金 187

大家如獲至寶，且知道你亦在切念二哥嫂，……現把他們的信和小伍兒相片一併寄給你，也可讓你得到些安慰。

　　……寶瑋的書仍在讀，下學期初中二了。就是學業沒有以前的注重，現在重生產，種菜呀，做磚呀，開會呀許多事，所以功課差得多了。

　　……我現在對你父親的去世看開多了，因為看到和你父親差不多年紀的人受苦，很是可憐，你父親卻免掉這場苦楚……

　　我們本是無產階級分子，橫豎肚子一飽就感滿足了。

　　……奶媽時常惦念你！

母字

七月二十九日書

　　一遍又一遍讀著母親的信，無法抑制心酸，淚水如泉。當年父親的逝世，對母親來講，天已塌下，痛不欲生。為了撫養我們一群子女，姐弟五人，才堅強地活了下來。如今竟說出這種話來，似乎相守多年的伴侶喪亡，還為他慶幸？試想，她老人家的心中，該是如何悲傷！

　　母愛的海涵，宇宙再大，也無從相比！二哥自小體質孱弱，聰穎超人，是母親的寵兒。世間真正的母愛，是最關懷她子女中需要照顧、境遇最坎坷的孩子。二哥音信杳無，常達一年有餘，使母親晝夜不安，老天有眼，終於讓二哥在遠方輾轉獲得了家人的地址，給母親發出了報安信。

媽：

　　……為了一點點細小的緣故，中綴了我的信，以致寫好了沒有發出。（我揣測他有難言之隱）……

　　……以前的事說來話長了。離開漢口，隨著四十八軍節節撤退，在衡陽小留的時候，曾收到你從上海來的信，知道哥哥在蕪湖，寶清已到香港，以後便音訊隔絕了。

　　進入廣西後，在興安住了約三個月，便開始桂系的大潰退，在桂林我們單獨離開了部隊住了半個月，小薇生下了孩子，生日是九月二十七日。媽！你該高興，給你添了一個小孫子……還沒有給他正式起名字。

　　到柳州後，我們脫離了四十八軍，加入了徐森劇團，再跑，就在去海南島的途中的欽州，在南寧過去的小鎮被解放了。解放的過程非常輕易，沒經過戰爭場面，一點驚駭也沒有。解放後就輕易地加入了革命工作。現在四兵團的駐地雲南，我們四十師被分在下關，是大理邊境的一個大鎮。半年多的過去，大略如此，當然，其中有許多困苦是不言而喻的，不過，可告慰的是，我們都很平安地度過了。

　　……我們是供給制，一切衣服鞋襪都有發給，經常還有日用品的配給，另外還有一些津貼。

　　寶清是非常可惜的，恰當祖國大翻身的時候，他去了那麼一個法西斯政權的國家，我極於希望能和他通信，而且，也更希望他能很快地回來。

......

葆和上

六月十九日

　　二嫂小薇，兒時我們同在一所天主教會中學就讀，由於我們的父親是安徽郵政管理局的同事，況且住在同一職員宿舍社區，課餘大家在一塊遊玩，並曾在一起演話劇，她與我同演過陳白塵的「結婚進行曲」，和姐姐合演過「芳草天涯」，作者的名字忘了是誰，兩家孩子間的交往甚密、友誼甚篤，因此二哥與她相戀、終成眷屬。

　　在我離國前不久，二哥和小薇加入了國民黨軍隊的話劇團，我還看到過小薇在曹禺的「原野」中，扮演金子的精彩演出。由於他們在劇團中所獲的深湛經驗，所以在解放時，立即被解放軍文工團羅致為革命宣傳工作。在數年後姐姐的信中得知二哥和小薇終於從軍隊中復員了，他倆已有一男二女，共三個孩子，都回到合肥定居，信中還說，政府對復員軍人非常照顧，除發給的復員費可敷半年的生活費外，並介紹了工作，小薇被分配到合肥外鎮六家畈水利工程學校工作，二哥則被分配到公安部門服務。

　　寶瑋是我們五姐弟中最小的一個，屬虎，比我小七歲，我離國時尚在上小學。次年他也給我寫了一封信：

　　小哥哥：

　　　　從你走後，我一直沒寫信給你，因為我沒有寫信的

習慣，所以就不大會寫信，那麼，對寫信有點害怕，但是很掛念你和二哥，所以竭力避免害怕，今天就學寫這封信給你。

……這幾天是運動會，結終後，我們就要月考了，還有你給我的郵票，我都收到了，謝謝！假如你有多餘整套的郵票，請給我一兩套，因為外國郵票我實在可憐，只有一套，還是在南京買的。在南京我有了一樣很好的成績，就是學會了騎腳踏車，我非常高興！同時想到你若是和我在一處，我必跟你學游泳了，可惜我現在少了這個機會。

下次再談，祝你　快樂健康！

弟　寶瑋上

聖母月十一號午

十來歲的小學生能寫出如此真情流露，而且非常通順的信，已是不容易的了，更何況是我家最小的弟弟，故此我非常珍惜他的情誼。

我停停寫寫從未中斷和母親的聯繫，她老人家每次信中，都特別關懷我的健康、學業和經濟情形，同時也告訴國內每個家人的近況，大哥被勒令赴皖北幹校開始思想改造學習，之後返回郵局本位工作，每月收入僅相當於兩擔餘的米價，根本不夠維持一家數口的維生開銷，從而國內家境每況日下，為了增加一點收入，母親為人針織絨線衫貼補家用，況且，大家經濟都非常拮据，並不時常有活可幹。有封信中還說道：

中國屢遭天災人禍，民不聊生，尤其是安徽省的水災，糧食盡淹，災民把粗糠、樹皮、草根、河藻、石苔都吃光了，無法可想，攜老帶小到城市中來乞食。聞安慶中下等人亦已吃糠，幸合肥尚無吃糠者……

……若經不起苦的人便死了，還省點國家消耗，所以無用人多死去些好一些，這種話我是黑了良心說的，好在我也是無用的人，就算咒我自己吧。……

……你沒來信，使我等得非常著急，但恐怕你多費信錢，又費時間，所以不催你常給我來信，你知道，媽是多麼掛念你。如有空和我通信，對我沒有關係的，我們母子敘敘家常話，報報平安，無須顧慮。並且，你的出國是求學，等得到實學回國為人民服務，當然對祖國有益，所以多來信無關的。……

母親！當時讀了你的信後，真如萬箭穿心，一來也許是懶，沒有勤快向你多稟告些我的情況；二來獲知國內的你們，正在遭遇到如是的苦難，而我遠在海外，無力給你們絲毫救濟，連多寫幾封報安信都沒做到，天哪！一個做人子的怎能承受得了心靈上的歉疚！

套一句從前小學時代作文時的開場白「光陰似箭，日月如梭」，十來年的時間瞬間即逝，但對國內親人來講，那艱辛的歲月度日如年，該相當於多少世紀呀！這天文數字，想起來不寒而慄，真無法想像他們是如何過的？

大哥寶生曾在一封信中告訴我：

……我在五八年，因犯政治性錯誤，受到撤職降級處分，從事體力勞動，到六一年十二月才恢復工作，從前工資每月七十餘元，已經比較拮据。現在每月四十餘元，更是難於維持。官價東西買不到，黑市東西買不起，從前溫飽是一般人生活的最低要求，而現在要想真正溫飽，都也大非易事。當然這並非我們一家如此，而是普遍現象。

我過去的身體你是知道的，現在則大不如前。上次你寄給瑋弟的罐頭肉和奶油等，以及你存在香港章漢處的錢，他買了豬油和白糖寄來。這對我們來說，恰是最需要的食品，比吃藥還有療效些，現在我的浮腫病已基本上痊癒，好幾個月未發了。

在這段期間，我陸續從母親和手足處，獲悉他們困苦的遭遇，不過總算在煎熬中挨了過來。然而，在一九六一年一個暮春的早晨，馬德里正是春光明媚的季節，那時寶瑋小弟正在上海同濟大學攻讀建築，他突然給我傳來噩耗，像五雷轟頂，母親與我們永別了！

親愛的小哥哥：

我們的媽媽逝世了！再也見不到她了！這不幸的消息，使我突然落如迷惘之中，我不敢相信，不敢相信，但往往殘酷的事都是真的。我只能含淚將這悲痛的消息傳遞給你。……

只看完這段，我早已淚如雨下，雙眼模糊，傷痛沁入心田，那能再繼續看完下面的敘述，何日何時，得何疾病而亡？母親已撒手而去，天塌下來了，世界末日來臨，再見的希望已煙消雲散，還有什麼值得你留戀！回憶她老人家每封信中都在牽掛著我的冷暖、我的經濟情況，我的學業和前途，希望我早日學成歸去團聚，如今都成泡影！其餘細節知道與不知，有何重要？突然我打了一個寒噤，正如小弟寶瑋所說的一樣，哪裏有我的家！

　　想到母親在國內，生活雖然困苦，但已看到自小撫養的子女，一個個成家，不敢說立業，無論是否理想，至少有個安定的歸宿。唯一所牽掛、放心不下，朝夕惦念的，只有遠在西歐的我。使我最痛心不能饒恕自己的是，不肯做出犧牲，早日回去見母一面，滿足她老人家晝夜等待的企望。母親！你在天之靈應該知道，我是多麼切望看到你，躺在你的懷中，暢敘離別之情！每每與友人談及此事，他們非但不同意這個想法，都還勸我不能冒然歸國，在那時的政局中，一旦回國，再也回不來西班牙了。母親！我竟是那麼自私、懦弱、意志不堅！就不肯冒險回去一趟。總以為，有的是時間，等中國時局穩定些，再回去探望你也不遲。誰知你竟撇下我們姐弟五家匆匆而去，問蒼天，竟這麼忍心，不讓我們母子見面，便將她老人家帶走。當中國一開放，我不是立即攜眷回國了嗎？可是為時已晚，但是我相信，母親！你一直在冥冥中護佑著，這個不回家奉侍您的不肖子。

　　嗚呼！魂兮歸來！母親，再讓我見見你的慈顏，聽聽你的教誨！你是我們一家的支柱，沒有你，房頂塌下來了，天塌

下來了！誰再來庇護我們？雖然我們姐弟還繼續互通音訊，但不似過去那般頻繁了。正如小弟在他信中說過：「媽在哪裏，我的家就在哪裏，如今，媽去了，我也失去了家！」是的，這句話一點也沒錯，試問，現在我的家在哪裏？只有守著自己的小家庭，永遠漂流在外，沒有任何選擇，漂到哪裏，哪裏就是家，我不會顧及人家對我的看法，我從此斷絕了「落葉歸根」的想法，做一個「世界公民」，假如宇宙間，其他的星球上有生物的話，就做一個「宇宙公民」吧！

1　我們姐弟共五人，大姐海玲，大哥寶生，二哥寶和，我寶清，小弟寶瑋。
2　姐夫胡章南。
3　大嫂王鎮。
4　二嫂丁紫芬，號曉薇，我們都叫她小薇。

轉學影校

　　我正在宿舍房間裏準備下星期的地質學季考，突然，橐！橐！橐！有人敲門，原來是同學叫我去走廊聽電話，是一個陌生人的聲音：

　　「對不起！您是中國人嗎？」

　　「是的，什麼事？」我心裏嘀咕著問這幹嘛？

　　「請原諒，打攪您了！我是電影公司的Casting，我們正在拍攝一部影片，需要幾位東方臨時演員，僅僅耽擱您一兩天寶貴時間。願意接受嗎？」

　　「……」我沒有立刻答應，因為下星期有考試，怎能荒廢兩天。

　　「對不起！斷線了嗎？怎麼聽不見聲音。」

　　「哦！……沒斷線，讓我考慮考慮……」想到這是一個難得的機會，我從來沒到過片場看拍片，能去拍電影多麼有趣呀！於是乾脆地答應了他：「沒問題，沒問題！」

　　那是一家西班牙製片公司所拍的片子，內容是一個民間歌舞團到拉丁美洲巡迴演出，當他們抵達巴西古拉松（Curaçao）港，當地有各色人等。那位演員主任到大學去尋找東方人，建築學院於是把我的電話給了他。

到了片場，佈景道具、攝影機、水銀燈、導演、場記、明星、演員……看得你眼花繚亂，好象劉姥姥進了大觀園，一切都是新奇。於是心中好羨慕那些在那個奇幻世界中的工作人員。

　　就這樣，我這麼簡單和電影結了緣。

　　後來，無意中見到報紙上一個國立電影研究學院的招生啟事，我毫不猶豫便去報名投考。但我所投考的是攝影系，因為我認為我修的本科是建築，若學佈景設計似乎有點重複，況且我一向醉心攝影藝術，不如去投考攝影系，結果非常僥倖，讓我一考便考上了，由於我是窮學生，校方還免除了我的學費。該學院的全名是「電影研究實驗學院（Instituto de Investigación Y Experiencias Cinematográficas）」，共設置七系：編劇、導演、製片、攝影、沖印，錄音、演技。每系分一、二、三年級，學科三年，另一年專為攝製一張長達半小時的影片，相當於畢業論文。設備齊全，除教室外尚具備攝影棚、實驗室、沖印間、錄音間……等等，麻雀雖小肝臟俱全，足夠教學應用，但入學限制很嚴，當時每班學生不到三十人，所以學生實習機會非常多。後來，此學院被改為「國立電影學院（Escuela Oficial de Cinematografía）」，更改院址，擴充設備。最後，因西班牙教育制度改編，合併於馬德里大學媒體科學學院（Facultad de Ciencias de Información）電影系，每班學生多達數百名，無論學科理論或攝製實習都遠遠不及從前，非常可惜！

　　在我就讀攝影系二年級時，同時在大學城攻讀建築，電影學院的學科理論讀起來相當輕易，只要在課堂專注聽講，課後稍事複習便可融會貫通，但實習時間非常悠長，況且，實習的

作業均是片段影片，尚須在教授的領導下逐步評論，幾乎占取了每週整個下午。建築學院的課程相反卻非常繁重，上午到大學城上課，下午時間既被電影實習所佔據，只有晚間開夜車溫習，實在使我忙得不可開交。

一方面，由於我對學習電影攝製的興趣極濃，這也是基於我從小就特酷愛話劇和電影的緣故。記得我尚在上高中時，那是解放前幾年，我在安慶讀高中，當初趕時髦，自認為是前進分子，左派，喜愛蘇聯文學，什什麼托爾斯泰的「復活」、「戰爭與和平」，高爾基的「母親」，屠格涅夫的「父與子」，還有，還有契可夫的短篇小說，只要遇到一本就抱住不放，廢寢忘食地啃著。至於中國魯迅的「吶喊」、「仿徨」和「阿Q正傳」，巴金的「家」、「春」、「秋」和激情三部曲「雷」、「電」、「雨」、自不在話下。在學校裏辦壁報時，若有左傾極端的文章，立即被校方查禁。唱的是「四川茶館小調」、「山那邊有好地方」……等等。其實，我向來不愛政治，只傾心於藝術，無論詩歌文學、音樂繪畫、電影話劇，凡是遇有此等活動，都全心全力以赴。

當時，有一批安慶登雲坡小學校友會會員，想藉公演話劇為其母校籌集基金，找了一個名叫「結婚進行曲」陳白塵所著的劇本，他們所以選擇該劇本的原因是，全劇演員只有六個，而且，三幕劇的佈景僅是普通家庭的客廳和臥房，非常簡易，佈景設計出自我手，那是我平生首次擔任「舞臺設計」。

那時，安慶雖是安徽省會，是個居民不到十五萬的小城，城中風頭出盡的青年，大家互有來往，而我，正是其中之一。

於是他們請我擔任劇中的壞蛋王科長，我欣然應承，雖然過去我在學校多次演過話劇，那是鬧著玩，但那是我們首次登臺「公演」，怎能錯過如此大好良機？導演是正好路過安慶復員的方燊。我們初見面時，哇！覺得這個導演好帥，高眺的個子，美式軍裝，不但氣貌軒昂，而且待人和藹。當時，他自稱曾是抗戰期間大後方重慶的話劇從業者。直到四十年後我返國到南京探親時，獲知他正在南京導拍「牡丹亭」，大家重逢時談起舊事，才知道他當初是共產黨地下工作人員，被國民黨政府發覺而避難到了安慶。他知道我已在國際電影界工作多年而感到非常興奮，說將來若有機會，一定要和我合作拍片。

我第二次登臺公演話劇，劇本是曹禺的「北京人」，我在劇中的角色是，破落大家庭的孫兒曾霆，弱冠時便圓了房，媳婦開始頭暈時常想吐，我還記得當時的臺詞是：「吃兩塊八卦丹，不就沒事了嗎？」於是臺下哄場大笑。那時劇團團長兼導演是孫祥凝，他那時也是共產黨地下人員，藉演話劇為名拉攏知識青年。記得一天晚上，我們大夥正在對臺詞時，他從門外跌跌撞撞進來，被國民黨特務打得頭腫眼青。他目前在北京任職高官，上世紀九十年代我們在北京還見過面，談起當年種種趣聞和遭遇，彷彿又回到了數十年前的安慶。

第三次登臺，還是孫祥凝的劇團，劇本是曹禺的著名話劇「雷雨」。我演的是周樸園的小少爺周沖。身穿白馬衫、白短褲、白球鞋，但是一雙大紅襪特別顯眼，那是我平時上學時喜愛的服飾，孫祥凝說不要換，那正是周沖的氣質。周沖第一出臺亮相是，氣急敗壞地從幕後沖到臺口，手中拿著網球拍，口

中念念有詞，好不神氣！臺下捧場的女生們吆喝起來……

唉！那應該是五十多年前的事了，如今回憶起來，還是津津有味！

另一方面，建築學院的課程太繁重，而且課後需要很多時間去勤讀，無論微積分啦、物理啦、還有其他的高等數學，各式各樣的習題，都要你花費很多的精力和時間，才能瞭解和應付得過去諸門考試。記得我在中國讀初中和高中時，雖然我的性格近於文藝，但各門理科，無論物理化學、三角幾何，或是大代數，一向考試儘是滿分，讀起來毫不費力，不知怎麼到了西班牙人變笨了，上述諸門功課，很少能首次就考及格，必須到秋季開學前的九月補考，甚至到下學年方能及格。

我慎重考慮了很長時間，在「魚與熊掌二者不可得兼」的情形下，只有暫且放棄一門，專心攻讀另一門學科，結果電影藝術戰勝了攻讀建築的意識。時隔多年來分析當時的選擇，固然喜愛電影的熱忱較高，下意識由於求成心切，也是放棄建築的另一原因。可是，我是一個對任何事物從不服輸，喜愛挑戰的人，因為我在國內讀高中時選擇未來的途徑，一直是建築，絕不甘心就此徹底放棄了做建築師的志向。結果在若干年後，已成家立業，在電影界服務，參與了很多影片攝製後，終於抽空回到母校，重新補修未讀的科目，以及呈遞在社會和影界已擁有的建築和裝潢設計實例作為同等學歷，而獲得室內建築師（Arquitecto de Interiores）頭銜。這時由於國家教育體制改編，把原有馬德里中央大學中的科技高等專校分出，歸納出一個新型大學，名之為「馬德里多項科技大學（Universidad Politécnica de Madrid）」，換湯不換藥，僅僅易名而已，但我的母校僅在原名「高等建築學院（Escuela Superior de Arquitécnica）」中添加了「技術（Técnica）」一字，而成為「高等建築技術學院（Escuela Superior Técnica de Arquitectura）」了。

我就讀的「電影實驗研究學院」，後亦因教育體制改編，將之擴充，易名為「國立電影學院」，西班牙「國立電影學院」更換新址，在大學城邊緣，規模較前大了不少，除了保持了過去的「電影實驗研究院」的七系：製片、編劇、導演、攝影、美工、沖印、演技外，還增添了動畫片研究室。攝影棚供電也較前增加一倍至100千瓦，器材亦較前完備，自500瓦至10千瓦Fresner鏡片聚光燈和大小不同的Colorcan泛光燈應有盡有。35 mm攝影機起先有一臺法國André Derbie公司出產的Parvo型和一臺德國Arnord & Richter A.G.公司出產的Arriflex型，給高級班學生實習之用，低級班使用的攝影機則為瑞士出產的Bolex Paillard 16mm攝影機。後來又增購一臺Arriflex 35-2C型攝影機和另一臺非常完備法國出產的新型Beaulieu RC 16 mm職業用的攝影機，如此設備為教學所用綽綽有餘。[1]

我進入該學院時，本該選「美工」，以便學習影片製作中的「佈景」、「道具」、「陳設」……等設計理論和用材實施，但是，由於我在大學所學的是「建築」，心想既然讀了「建築」，只需多看些有關電影藝術和製片技術的書籍，將來如果進入影界工作，當可勝任。但是「電影攝影」可不是那麼簡單，這項專門技術，與「普通攝影」不同，控制「活動畫面」，需要「攝影機操作」技術，製造「氣氛」，必須「燈光

調配」。況且，在實驗拍攝時，必須供有大量膠片，其費用不是一般學校所能擔負，只有在公家所辦的學府中，才有如此學習的機會。

當初，考取電影實驗研究院的不盡是青年學生，大多數是由於熱愛電影藝術的人士，例如在研究院攻讀的，除青年學生外，各種專業的成員：律師、醫生、工程師、建築師、銀行職員、軍官、公務員……應有盡有，在我們攝影系班上，就有一名捷克斯拉夫籍五十多歲的化學工程師，那時我才二十三歲。記得有一天我們上膠片沖洗理論課時，教授出了一個簡單的問題，叫他上黑板講解，那是他的本行，便得其所哉地大肆發揮起來……教授為了截止他的囂張，打斷他的「演說」，出了個非常古怪的電影專業小問題，使他啞口無言無從回答，教授於是揶揄他說：「哦！這樣的小問題，你怎會不知？」從此那個捷克老同學再也不敢放肆賣弄學識了。在我們「光學」和有關膠片「沖印」的學科中，時常出現些簡單的微積分方程序，由於我在攻讀建築時，曾學過一些高等數學，教授常喊我上講臺解說，當然，有了捷克老同學的前車之鑒，誰也不敢遠離問題張揚發揮了。

我認為當初西班牙的電影教程和教學方式非常合理，同時也給學生提供了切實的理論和實習機會。尤其在實習時，每系的一、二、三年級學生在共同合作實習的情況中，在各自崗位能各盡其職，而獲得確實效果。例如，在我所攻讀的「攝影系」的實習情況來講，當教授發下一個作業，其內容是：一對情侶在一個房間裏談情說愛，切切低語情意纏綿，學生們必須

根據和藹甜美的氣氛，來攝取若干分鐘的場景（secuencia）。嗣後，同樣的情侶，在同樣的所在，但時間不同，前場是黃昏，後場是夜晚，而且是在爭吵，其氣氛當然應該改為激烈忿慨。三個不同班級的學生必須分工合作，進行這兩場景攝製。高級班的任攝影指導（Director de Fotografía），負責調配燈光、處理氣氛、採取構圖，擇用鏡頭和光圈，電影通常拍攝速度是每秒廿四格畫面，大約是靜止拍照1/50秒的速度，無需煩心；中級班的掌攝影機為攝影師（Cameraman），是前者的助手；[2]低級班的稱為「測距員（Foquista）」，負責量距離、調整焦距、裝卸膠片。這些學生當升級後，便隨之改變職責。

學生們當三年學科完畢後，第四年專事準備畢業作業，此作業通常為半小時長度的「劇情片」，為了攝製這些畢業作業，學院當局把全體學生分為若干組來操作。畢業作業攝製完畢後，每系教授根據參與各片製作的各系學生分別評分。所以，有時一張畢業作業「劇情片」的參與學生都能畢業。有的片子的「編劇」、「攝影」……等系的學生及格能畢業，但同片的「導演」或「美工」和「錄音」成績欠佳，那麼屬於這幾系的學生本屆不能畢業，必須等待明年看其畢業作業的優劣而定。

在校實習時，演技系的女同學時常爭取我做她們的攝影指導，因為我每次為她們配光和採取鏡頭時，非常仔細配合每個不同的臉型和性格去操作，盡可能使她們更美，或是使所扮演的角色更能突出。但是，由於我過於刻意處理燈光和角度，所花費的時間較長，一般導演系的同學不太樂意和我合作，說我過於注重整個畫面中無謂的細節，誠然，這是我的一大缺點，

處理一個場景時，不到十全十美絕不甘休，這在學校多花點時間無關緊要，可在商業影片拍攝中，時間就是金錢，不允許花費不真正需要的時間，因此後來我在影界工作時，擔任美術指導的次數，遠遠超過攝影指導。

回憶我的電影學院畢業作業的名稱是「星期日下午」，內容是西班牙一個上層家庭的小姐，在某個星期日下午，全家人外出，只剩她一人留在寬闊古典式的家中寂寞無聊地徘徊。時爾向窗外看小廣場的人們動態和車輛往來，時爾到起居室彈彈鋼琴，時爾到臥房躺在床上遐想，時爾去廚房找點零食解悶……就這樣無精打采地消磨了整個下午，直到晚間垂黑家人回來為止。我身為攝影指導，必須將室內室外的光線，從下午到夜晚逐步調整；把每個房間的不同氛圍，根據劇中人的心情處理得當，將那位小姐的移動路程恰當地照明……那是考試，是一份非常嚴格的測驗。我為了能獲得最佳的靜謐效果，特地去了兩次馬德里的柏拉多（Prado）博物館，在荷蘭文藝復興大師的油畫展廳靜靜地做了多少時刻，希望自那些題材為室內氣氛裏尋找一些啟發。當畢業作業片攝製完畢「交卷」後，不僅攝影系的主考教授，連其他系的教授，都向我道賀，弄得我非常不安。

根據多年前一份美國好萊塢電影專業報導，西班牙「國立電影學院」是世界著名電影學院之一。其他正規電影學府計有：巴黎的「高級電影學術學院（Institute des Hautes Etudes Cinematografiques）」、羅馬的「電影實驗中心（Centro Sperimentale di Cinematografia）」、莫斯科的「全國聯邦電影學院（All Union Institute of Cinema）」、華沙的「國立高級電

影學院（State Higher Film School）」、東京的「日本大學電影學院（Film School of Nihon University）」以及屬於美國有些大學，例如：紐約、加里福利亞、南加若利那、維斯康辛，以及波斯頓等州立大學中所設的電影學院。至於中國的一些電影學院未被列入，可能應有的電影製作課系還不齊全。

　　早期西班牙尚在佛郎哥元首執政時代，政府曾在馬德里召開國際電影學校座談會，那時我雖已離開學院，但西政府當局除了有關電影教學部門和主辦人員外，還派我代表西班牙電影學院參加，幾乎全球的電影學校都派遣代表與會，首先各代表介紹其學校概觀，其次是教學方案。那次國際座談會給我最深的印象，不是有關電影的教學情況，而是彙集了世界不同政體的代表，濟濟一堂，融洽地討論電影藝術的教學方案，在休息和餐飲時刻，大家談笑風生，毫無因政體不同而感到格格不入，蘇聯和波蘭代表和法、意、西、美教授和悅相處，甚至於相互揶揄開玩笑沒有間隙。那時，蘇聯社會主義集團和西方資本主義國家正處對立狀態，尤其西班牙是極端反共的獨裁政體，大家能拋棄政治觀念，在提高藝術境界的大前提下共同努力，使我非常感動。

　　多年來的學習和實驗，使我在攝影技術領域中，多少獲有一些心得。電影攝影（cinema photography）與靜止攝影（still photography）有基本性的不同，普通一般的攝影在乎已有的現成景物和人像，用適當的構圖、光圈、速度攝下，當然有時亦藉各種濾鏡來加以美化。電影攝影則除此之外，還加上活動的人物和事物處理。此外，必須顧及到場景之間連接關係。

觀眾在欣賞電影藝術時，與他們發生直接關係的是音樂和銀幕上的活動畫面，雖然音樂和音響效果能幫助觀眾更深入劇情，但影片故事的發展，卻經攝影錄成連續的畫面，放映在銀幕上來介紹給觀眾，才能奏效。

　　設若攝影僅限於將劇情的演進過程，一幕幕記錄下來，而不給予戲劇氣氛一個建設性的發展，那麼，僅可說攝影完成了其純技術任務，在藝術方面缺乏貢獻。

　　若欲達致藝術性的發揮，必須借助「燈光（Lighting）」，也就是「照明技術（Lumonotechny）」的運用。相當於一個畫家用筆和色彩繪畫，而「攝影指導」用燈光把既成畫面一一重現出來。在燈光的運用上，不僅應該將被攝目標的外形予以照明，不但利用「光」與「影」，將劇中的佈景和人物藝術化予以雕塑，還要將其內在的情感和周邊氣氛表現出來。

　　燈光在現代電影攝製中的任務，既然不僅限於「照明」，所以在藝術和技術的領域裏，必須加以進一步的探討：如何能將場景中的佈景、陳設、道具、服裝和人物有力地凸顯出來，如何能遵照導演的指示，將演員的表情和動態，配以建設性的燈光，這就是我們今天需要討論的一些原則性的基本問題。

燈光種類

　　在談到燈光的種類之前，首先必須根據影片的類型來選擇燈光的配置，例如喜劇片和悲劇片、文藝片和武打片、古裝片和現代片、科幻片和現實片……等等的燈光風光處理都迥然有

異，如果一部悲劇片以明快和悅的燈光來調配，不大不能對劇情發展有所幫助，會產生適得其反的作用，應該用暗調壓抑的燈光才能獲得預期的效果。

此外，燈光的調配應該屬於「雕塑藝術（Plastic Art）」的一種，因為在沒有任何光線的黑暗中，不能看見任何物體，燈光就如一把雕塑刀或一柄鑽鎚，將黑暗中的物體一件件有層次地「雕塑」出來。既然燈光調配是一種藝術，理所當然也和其他藝術一樣具有自己的風格，是現實派（Realist）、印象派（Impressionist）、表現派（Expressionist）、抑或唯美主義者（Idealist）。例如，二十年代德國羅伯‧維奈（Robert Wiene）所拍的「伽里伽瑞醫生的醫室（Gabinet of Dr. Galigari）」和弗里茲‧朗（Flitz Lang）的「大都會（Metropolis）」……等等影片，就是隨德國當代「藍馬Blue Rider」表現派藝術潮流的典型產品。

當攝影指導已獲導演的指示和要求，確實知道攝影機的位置和行動的路線，明瞭演員所將表演的動作和內心的情感，便可開始指揮電工，設計和調配燈光的分配。攝影指導在處理每一場景時，首先應該決定該場的明暗反差度的比例，如果同場的明暗比例不等，對觀眾心理容易產生恍惚感，在同場戲中，似乎有時間上的差異。

現在，讓我們來將介紹一下不同燈光的運用如下：

一、佈景光（Set lighting）：是均勻的泛光（flood lighting），以基本的光度照明景中的事物，通常用泛光等自高角度組合照射，避免被照物產生數重陰影為佳，以備後來運用效果光時，獲有較大的自由運用。現代化的照明，為了使佈景

陳設擁有立體感，常用口徑較小的聚光燈（projector），也叫（spotlight lamp），自高低不同的角度側面照射，以求預期的效果。這種照明的方式，適於用在場景較小的佈景，尤其在實景中效果特高，因為一般實景，根本不允許使用大口徑的聚光燈。例如，義大利的「新寫實主義（New Realism）」影片，大多依照這種方式打光，其特點是戲劇氣氛濃厚，層次分明。

二、主光（Principal light）：是描繪主題事物及製造陰影，同時也是決定主要光源方向的光線。通常利用強烈的聚光作為主光，若是室內畫景，沒有陽光直接由門窗射入，受光物的明暗反差不應太顯著；夜景則相反，必須強調反差度，所以有時無須用副光（Secondary light）來沖淡陰影的濃度。

演員在畫面中移動時，尤其是近景（Big shoot），除非有特殊效果，其面部所受的光度必須均衡，否則在同一鏡頭裏，演員的面部廣西忽明忽暗，會影響到全場氣氛和觀眾情緒，但設若是恐怖片，或需要表現情緒不穩的鏡頭，就另當別論。

根據佈景的設計，亦可同時有兩個或更多光源的存在，但必須顧及到光源的合理性。應避免演員的面部有兩個以上的光源照射，即使有兩個，也該注意到其強度和角度的差異。總之，女演員面部的光線以較明朗和悅為佳。設若在同一鏡頭裏，出現兩個膚色深淺過於懸殊時，則其中之一的主光必須有所調整。

三、副光（Secondary light）：即補助光，由於佈景和演員照明後，尚不能滿足藝術性的要求，就利用副光來調整其不足。對佈景來講，可使太陰暗的角落稍為明亮，增加主光與陰

影間的中間色調，使畫面更能生動、有深度和立體感。對演員來說，可減輕其面部過深的陰影，呈現一種和悅感。對佈景來說，可使太黑暗的角落稍為明亮，增加主光和陰影間的中間色調，使畫面更能生動、更有深度、更具有立體感。為照明演員的眼睛凹處，沖淡鼻子和下顎的陰暗，副光的角度應該稍底，與攝影機鏡頭愈近愈好，並且光的強度不宜超過主光。

四、效果光（Effect light）：其實，效果光也就是副光的另一種用法，假如將副光用做效果光時，應該將其廣度加強，自背面或側方打射，用以凸出景中的事物，無論對佈景、陳設和演員來講，都能使他們更富有生命。例如：演員在某種環境中，所受的光線僅限於單調的正面主光，這時，不妨在他的後上側方，約一百三十五度角度處打射效果光，這樣，演員的頭部和肩部獲有一屢強光，使之更加美化，並更具立體感。這種純美感的處理，即使沒有合理光源來解釋也無妨。

此外，任何具有特色的光線：白晝從門窗外射進室內的陽光、夜晚從門縫透入昏暗臥室的一屢燈光、從窗外映入室內閃爍的霓虹燈光……等等，都屬於效果光。

記憶中，我認為運用效果光最傑著之一的是，瑞典英格瑪・柏格曼（Ingmar Bergman）所導的「女人的幻夢（Kvinnodrom）」中火車抵站的一景，當蘇珊（Susann）在火車走廊倚窗遐想，內心激奮的情緒隨著列車的速度增長，當火車抵站前，外面燈光自窗射入，自後向前劃過，速度漸漸減慢直到停止，蘇珊的情緒亦隨之漸趨平靜。這景中攝影指導利用「光」和「影」，充分表現出蘇珊的心理和情緒上的過程。

五、背光（Back light）：也稱「輪廓光（Outline light）」，當演員和一些有特殊意義的道具的色調與背景混合不清時，必須用背光把主題物的輪廓劃出，使之與背景脫離。

設若演員和背景的色調和明暗度相殊甚大，理論上無須打射輪廓光，假如能為他加上一道明亮的輪廓線，可使之更為富美、更有立體感。若是背景的色調複雜或有動感，在前方的人物擁有很顯著的明亮輪廓線，那麼這張畫面便會更有空間感。

至於輪廓線的粗細，全在乎光源與主題物間的距離而定，由於光的本質具有輻射作用，光源離主題物愈近，輪廓光的線條愈細，愈遠則愈粗。

拍外景時，導演和攝影師通常喜愛背陽光操作，這樣陽光便被用作背光，主光則用弧光燈或鎢絲聚光燈來作主光，若是彩色片，鎢絲聚光燈前必須加藍色濾光紙，用以調整色溫的平衡。這樣配合運用陽光和燈光，不但能使近景中的人物，即使遠景中的事物，都能更立體化。君不見大多數西部牛仔片中，牛仔騎馬趕牛群過河時，濺起晶瑩的水花，或在曠野奔騰，馬後揚起一襲塵土。這些美麗的畫面，設若不利用背光拍攝，一定不能獲得如此綺麗的效果。

佈景照明

在程序來講，佈景照明是燈光組最先的任務，在調配燈光之前，首先應該研究劇本，並和導演深入交談，決定影片的攝影和照明風格。記得我在電影學院拍攝畢業論文影片「星期日

下午（Tarde de Domingo）」時，導演要求整個片中帶有平和安祥氣氛。為此，我曾去馬德里伯拉多（Prado）博物院，仔細觀摩和研究了荷蘭畫派的名作，因為十八世紀荷蘭畫家的室內畫面，一致被譽為自古到今光線最美的作品。

處理佈景光的程序，首先應該決定的是燈光的格調。通常低格調的照明，會使人產生沉悶和壓抑感，高格調則是和悅和開朗感；激烈緊張影片中的明暗反差高，抒情文藝片的光線則比較柔和。以上所述僅是原則性的建議，究竟應該怎樣去處理和發揮，仍然要看每場戲的內容和其心理狀態。

第一步，可以不顧及光源和格調，用弱度的天光，也就是自上而下的泛光把整個佈景均勻照明。其次，便是周密觀察佈景的結構後，決定光源的方向，假如是室內畫景，光源必然來自窗門；假如是夜景，則來自室內最強的燈光。宜用小口徑的聚光等，將佈景中的陳設一一凸顯出來。為了工作方便起見，光源的位置，沒有完全符合實際情形的必要，即使光源的位置稍有偏差，亦無大妨礙，最重要的是既定光源方向之後，不宜任意變改，以免觀眾對佈景的結構和演員的位置發生錯覺，而影響到劇情的發展。一般不求實際狀況的燈光處理，常將背窗而立演員的面光強度，超過窗外光線，這是主光方向運用上的錯誤；再有，在暗室中劃亮一根火柴，室內立刻通明，這是光度上的錯誤。諸如此類不合實情的例子不勝枚舉，所以我們應該隨時隨地在日常生活中觀察實況。

在房間裏，由於窗門的位置較底，光線自上而下，所以靠近天花板的上部應該較暗。如果，在夜景中，透過窗戶的光線

自下而上，那麼，我們會意識到該房間是處於較高的樓上。因此，燈光的處理，也屬於電影語言的一種，可藉光的來源來解釋場景的位置。

在照明牆角時，切記避免將燈光打射在等分角線處，這樣成直角的兩座牆面所受的光度相等，視覺上是平面。

在拍攝外景時，畫景中的遠景，很少能用得上燈光；燈光和反光板的用途僅限於照明物體的陰暗處，使畫面中的近景的反差不至於太甚；如果是夜間，其照明方式與廠棚內大同小異，無須贅敘。

演員照明

在演員的照明工作中，首先應該具有的基本觀念是：

一、因為畫面中的人物是活動體，所以靜止的攝影和繪畫原則，除非在靜止的特寫或近景鏡頭外，很少能用得上電影畫面。不過，有的攝影指導，尤其是過去四十年代的好萊塢的唯美主義者，不顧光線的方向和強度，其唯一的目的是把明星的臉寵光線，處理得愈美愈佳。

二、電影畫面的構圖，是系列性的連續圖片，所以每場演員的照明工作，必須顧及到前後場的燈光處理。導演部門有場記來記錄戲劇情節的發展、演員和道具的連續性，攝影部門也有每場戲所用的鏡頭、光圈、照明光度比例……等等細節記錄，以備將來處理同一鏡頭

分場戲的連續性。因為電影的錄影，並不根據故事發展順序而拍攝，兩場互相連接的戲，可能分隔十數天以後來拍，任何攝影師和燈光師能記得過去所用的拍攝細節。

三、銀幕上所出現的形象，為時十分短促，不能給觀眾充分時間來品賞每個細節，故此在照明上應簡潔明瞭，不用思索，一眼就能會意到場景所欲表達的用意和心態。

四、演員的膚色不同，尤其在近景和特寫鏡頭，應該表現其特色。例如很多美國影片中常有黑人出現，他們的面光就需要特殊處理。

至於演員的照明工作，在開始調配燈光前，應對演員的臉型、性格、身材以及和戲的關係做一個分析，才不至於盲目打光，影響到演員的外型和心態。其分析大約可歸納下列幾項問題：

一、演員在這場戲中，主要是面部，還是局部或全身需要誇張？

二、在何種格調的燈光下，最適合其角色的表現？

三、鏡頭的角度為何？燈光應該怎樣打照，更能表現其內心和外型的特徵？

四、應該用何角度？來改變其臉型和性格，用以配合劇情的發展。

五、燈光的明暗度和角度，與前後場是否吻合？將來在剪輯中是否會發生問題？

六、假如同場有幾組演員，如何使他們有賓主之分？

就上述的幾個基本問題，舉例予以闡述：

在格調方面，假如一個演員身處險境，用低格調處理，更使危險性加重，反之，則會使觀眾意識到有出險的可能性。一個女子正在哭泣，為強調她的淚珠，最好側面打光，可增加淚珠的晶瑩程度。一個歌唱家在演唱，需要誇張的是他的嘴；一個魔術師在催眠，需要強調的是他的雙眼……諸如此類的細節不勝枚舉，是整個畫面的中心，我們能不加倍處理燈光，使之特別突出嗎？

原則上，演員的面部表情是劇情發展最重要的部分，所以燈光的處理更要特別仔細。在普通情況中，光源自上而下，為一般沒有特色演員的面孔，使它不太平扁，主光角度在四十五到六十度左右，再用副光沖淡其陰暗部分。在女演員的特寫中，為使他更加柔美，利用正面光比較適宜；臉型下部稍窄的演員，不宜高角度打光，避免使其下顎更加瘦削；反之，面龐胖圓的演員，可應用側光，使之較具立體感。假如主光自下向上照明時，使演員面部光線反常，會使觀眾心理上，產生一種神秘和恐怖感；在照明一個心地善良的角色時，通常用正面主光，但要使面部不呈現平扁，可用側面效果光來彌補缺陷。話雖如此，有一點必須注意的是，在任何情形中，不宜只顧美化畫面，而忽略光線的真實性和阻礙劇情的發展。

在攝影棚中工作，演員照明的控制比較容易，無論是黑白片或彩色片。因為燈光的強度和色溫度是不變的常數，只要預先對膠片的性能有所認識，不難拍攝出「正確」技術控制的影片。拍攝外景時各種問題的處理，並不是這樣簡單，外在的條

件，無論是地區、季節、時間，或是天氣的變化，都對光線的
強度和色溫大有影響。在拍攝同一場景的幾個鏡頭，特別應該
對演員的面部加以注意，當然，是黑白片，只需控制其光線的
強度，若是彩色片，除強度外，還要調整光線的色溫度。為了
保持色溫度一致，必須在拍攝過程中外加濾色鏡。但是在拍外
景時，僅僅在一個場景中，氣候瞬息萬變，時陰時晴，很多攝
影指導為了能保持演員面部的光線的強弱和色溫，索性撐陰棚
遮去陽光，全部用燈光來處理。這是一種「純美感」的處理方
式，好萊塢製片廠經常使用。

---

1   按：Arriflex 35 mm各型攝影機非常輕便，配備齊全，為世界各國規模較小的電影
    公司所採用，中國曾採取此型攝影機作藍本，在南京仿製。我私人曾經也擁
    有過一臺Arriflex 2C 35 mm攝影機，供自己業餘拍攝記錄片之用，由於所拍
    記錄片成本太大，而且沒有出路，成品廉售給電影院在正片前放映，所得無
    幾，根本彌補不了投入的製作費，這種所好Hobby過於昂貴玩不起，終於將
    之轉讓。目前，手中還保留一臺換焦距Zoom鏡頭的Bolex Paillard 16 mm攝影
    機，近年來，磁帶攝相機的發明，價格便宜，操作簡易，被普遍採用，這臺
    16 mm攝影機便留在身邊，作為一個電影攝影師的永久紀念。

2   按：西方電影制度，攝影指導不掌機

綺麗戀情

　　每年十二月八日是天主教四個最重要節日之一的「聖母無原罪瞻禮」，西班牙全國放假，普天同慶。那天早晨我突然接到電話，是一個西班牙陌生女孩子的聲音，她說想認識我，能不能約個時間？我欣然應允，就約她在當天下午我所住的聖保羅大學生宿舍見面。

　　我清清楚楚記得初次見面時，她圓圓的臉，頭髮嘛，前面是劉海，後面高高紮個馬尾，把眼　角微微吊起，她說這樣可帶點東方味兒；只見她將淡灰色的大衣脫去，裏面緊身衫細腰寬裙　一身黑，腳上穿著一雙綠色平底鞋；走起來婀娜多姿，站定時外八字腳，一看便知是芭蕾舞姿。

　　「你叫什麼名字？我叫Miguel。」年輕人見面，通常只報名字不報姓，可能因為不知日後是否有更深的交往。

　　「我叫Olga。」

　　「這是什麼名字？怎麼沒聽過。」我孤陋寡聞，可能由於到西方不久的緣故。

　　「俄羅斯名字，自己起的。」

　　「俄羅斯名字？難道西班牙就沒有好聽的名字嗎？」

　　「我從小學芭蕾，全球最著名的舞星，像尼辛斯基和芭芙

羅娃他們都是俄羅斯人……」

我恍然大悟，沒有看錯她是學芭蕾的。

晚會中我們交談得很投契，那時我來西一年多，普通西語會話已運用自如。我好奇地問她，怎麼會想到打電話給一個中國留學生，並且從哪兒獲得我的電話號碼？她說從小就喜歡東方，尤其是中國，也許是好奇。稍長後讀了很多有關中國的書和小說，比如：林語堂的「京華煙雲」、魯迅的「阿Q正傳」，巴金的「家」，維姬・邦（Vicki Buam）的「上海飯店」，賽珍珠（Pearl S. Buck）的「大地」、「龍種」……等等，因而對中國的嚮往更 為加深，一直希望交個中國朋友。直到不久前，認識了一個大學生，無意中談起他宿舍裏有中國學生，她於是急忙把我的名字抄下，便給我打了電話。

後來我們結婚以後，我和她開玩笑：「你嫁的不是我，而是中國人 。」她連忙反駁說，這是「因」而不是「果」，因為除你之外，我曾經也有過越南和中國朋友，彼此間的關係都沒有什麼具體進展，僅是普通友誼而已。你與眾不同，照中國說法，我們之間有「緣」。說實話，你並不帥，更不富有，我們交往時，你僅是一個讀建築的窮學生。當時有個塞戈維亞（Segovia）的建築師在追我，他是當地首富，擁有城堡式的古老住宅和莊園，家財萬貫；還有在馬德里求學的哥倫比亞總統的侄兒，我們在一塊時揮金如土，他也在追我。可是我對他們毫不動心。和你嘛，就是談得來，沒有任何原因。

也許這就是應合中國那句賀詞「天作之合」或「千里姻緣一線牽」了。其實，這段姻緣何止千里？無論以公里或華里計

算，都是數萬里以上了。不過，倒有點為那個西班牙大學生叫屈，把所喜歡的朋友介紹給人，自己卻成了個月下老人。

　　早年，西班牙社會非常傳統，尤其是社會地位高一點、家庭環境寬裕些的女孩子，因為將來不需要外出就業謀生，學歷僅到初中或高中，培養她們的卻是些業餘所好，例如：音樂、舞蹈、繪畫、雕塑……等等，以便陶冶性格培養情操，此外，還教她們學習些烹調和縫紉等必要的家務，好讓她們將來成為賢妻良母。高官貴爵為了他們的女兒將來必須適應高層社會的應酬，把她們送入特殊貴族學校學習騎馬、擊劍、玩高爾夫球、社交舞和禮儀等。

　　奧爾加的家世並非豪門，但也不是普通家庭，父親曾任西班牙財政部首席工業視察官，母親是財政部登記部門主任，她是獨生女。據她自己說，平生只工作過一個月。父親想訓練她，把她介紹到一家企業辦公室工作，由於不習慣早起，為了趕時間，催傭人預備早餐、找計程車，搞得全家天翻地覆，結果母親決定讓她辭了這份差事。

　　她父母對我們的交往，起先不大樂意，倒不是因為我是窮學生，原因是我是外國人。若是將來我們結婚，一旦我帶她回國，他們如何捨得愛女遠離家鄉，不能時常見面。後來，我們相處一段時日後，見我人品還不錯，似乎也還有前途，最主要的是我的性格平和，尤其和她的母親相處得非常融洽，我們似乎是一家人，時常在週末或假日一道外出就餐和旅遊。甚至於有一年暑假，他們一家三口到阿里坎特（Alicante）海濱避暑，我也隨同，上午沉浮碧海之中，午後則遊覽名勝古

蹟，愉快異常。可是他們住的是大旅館，而我住的則是小棧房（pensión）。不過，除了早餐自理，中餐、晚餐都在一塊，當然費用一概由未來的岳丈付賬了。

根據西班牙習俗，父母不輕易讓女兒把異性朋友請回家，始終保持一段距離，原因是男女交友尚未穩定時，不宜過於親近。所以不到正式訂婚，通常不讓男友進入家門走動。因此，在外一道旅遊時，更不會同住一家旅館了。

二十世紀五十年代，我們頭幾批來西的學生，都是西班牙教會資助留學，學費、書籍、膳宿等一切由他們安排，自己不用操心。但是零用無所出處，結果，在多次向梵蒂岡教廷申請後，每個學生每月獲有西幣兩百元津貼。當時美元與西幣的兌換率是一比四十左右。奧爾加性格非常文靜，嗜好音樂和文學，我則喜愛建築和繪畫。我們外出花費很少，散步閒談，話題通常都圍繞著上述各項藝術，即使坐咖啡廳或看電影也沒有多大花費。那時一杯咖啡或茶還不到西幣五元，任你坐上多長時間。首輪電影院門票也不過十五塊錢上下。此外，還有一種連放兩部片子的影院，你可留在影院連看多少遍也沒人干涉，這種三流影院的門票當然更加便宜了。如果有國際著名樂團或芭蕾舞團來西演出，例如：巴黎歌劇院的羅蘭·伯蒂芭蕾舞團（Roland Petit Ballet）和倫敦佳節芭蕾舞團（London Festival Ballet）等演出時，其票價非常昂貴，但我們又不得不去見識一下，就只有把幾個星期的零用錢預先省下，到時買兩張劇院最高層座位的便宜票去欣賞。我們這樣窮湊合，倒蠻有情趣！其實，她只要向父母開口，就有錢買票讓我們去，為了避免傷害

我的尊嚴，不願這樣去做。我於是發覺奧爾加這個生長在中上等家庭的獨生女，父母的掌上明珠，一生嬌生慣養，和我這窮學生在一起，處處都在體惜，問她是否有點委屈，可是她含笑說了一句西班牙諺語：「Contigo, pan y cebolla.」直譯是「和你在一起，麵包和洋蔥」，譯成中文是：「和你生活，不挨餓就行了。」

由此看來，無論中外，只要存有「純情」，物質要求便在其次了。不過，在物欲橫流、金錢至上的時代，尚有此等「只重情，不求利」的可貴的實例出現，實在難得。

我們交往了兩年，雖是兩情十分相愛，卻從未有過越軌行為。

一個暮春傍晚，夕陽早已湮沒在西方遠山後面，但其餘輝尚把碇青的天空染成微紫。大學城已失卻了白晝的動態，沉浸在一片恬靜的暮色朦朧中，各學院間的花園和叢林的曲徑上，徜徉著雙雙情侶。娥笛和我在文哲學院後面的松林裏漫步，微風帶著涼意穿過松針颯颯作響，娥笛依偎在我的肩頭。我挽著她的纖腰細聲低語，間或緘默無言，就像樂章中的休止符，無須聲音表達，在靈犀互通中的怡情感受中，更覺美妙……

遠處間斷傳來聲聲杜宇，娥笛突然被起伏不平的小徑土墩所絆幾乎傾倒，我連忙把她摟住，她順勢轉身正面撲在我的懷中，我還來不及將她扶正，嘴上就感到被貼上兩片柔軟馨香、並且異常炙熱的碩唇……我們不知維持了多久那美妙銷魂的時光，我似乎狂飲了多少醇酒，醉醺醺地搖搖欲墜……當晚回到宿舍，連晚餐都沒用便躺上床，整夜回味著暮色中的豔情難以

入眠，即使後來，每每回憶起來，依然存有當初的馨香韻味。因為，那是我的初吻！

　　自此以後，我們之間的感情直線上升，一發不可節制。可是，那時我在馬德里中央大學攻讀建築，不但功課本來就很多，同時又考進了西班牙國立電影實驗研究院攝影系，雖然學科並不繁重，但攝影棚中的實習，每天都占了我很長時間，經常還要抽空和娥筎約會。在無可奈何的情況中，理智告訴我，這樣下去，我們之間的關係不能獲有理想的後果。於是，我儘量用婉轉的語氣向她提出，我們的交往是否可以中斷一段時間，等我的學業稍為輕鬆些再繼續約會。她聽了並未有任何顯著反應，遲疑了一會兒，非常平和但冷冷地說：「算了吧！以後你也不必再來找我了。」說罷掉頭離去，我楞住，已無法追上去解釋什麼……

　　以後幾個星期我時常打電話給她，不是不在家，即使在家就是不接。回憶不錯的話，至少有三四個月，沒法和她聯絡上。那段期間，是我一生中最苦惱的時日，六神無主，坐也不是，站也不是，翻開書本無心攻讀，即使在夢寐中，她的形影，始終縈繞在我的腦際。我曾找過其他從前交往過的女孩，企圖沖淡對她的眷戀，越是這樣，越是對她投入，最終只有向情感屈服。

　　一天下午，突然間我靈感到來，想出找到她的途徑，立刻趕到主道（Calle Mayor）丹麥老師貝爾風根（Berfunggen）芭蕾舞蹈學校門口，等著，等著，等了一段時間後，看到奧爾加和她的同學談笑著出來。我連忙追上去和她搭訕，她有意無意

地和我打了個招呼：「Hola!」後，還是繼續她們輕鬆如舞的去了。

第二次去，撲了個空。

直到第三次，又看到她時，決定再也不能放她溜去，跟在那一大群姑娘後面，一直等到她單獨一人時，才追上去喋喋不休地向她表白，讓她明白，我不是不愛她，的確是因為我的學習太緊張，幾個月來，吃了不少閉門羹，不願為了專心學習，以致犧牲彼此間的感情……嘮嘮叨叨良久之後，她噗嗤一笑！於是我們便和好如初繼續往來，也顧不得功課不功課了。經過這次插曲，我們之間的感情與日俱增，更加鞏固，已到非她不娶、非我不嫁的程度，我們不需要山誓海盟，只要靈犀互通就夠了。

從此，我在課餘只要有空，必邀她外出；如果學業不允許，就用電話互相道安。若是一天沒有聽到她的聲音，似乎天就要塌下，太陽也要失卻光芒。我們在一起時，除了散步、坐咖啡館和看電影，博物館和畫廊也是我們足跡常到的地方。她總是要我給她講些中國的民情風俗，她開始學習中文，我托朋友從臺灣寄來一套中國幼稚園所學的識圖方塊字，由於興趣所致，沒多時她就學會了不少單詞，再加上我教她的短句，很快便能應付幾句普通會話。我在電影學院畢業前，學科早完，僅在拍攝結業影片，時間比較充裕，所以可尋找臨時工作賺錢。曾到美國新聞處畫插圖和美援總署繪製圖表，並且時常還可售出一些繪畫，或給私人家庭和餐廳酒吧畫壁畫及設計裝潢，雖然不是定期收入，但足夠維持一個簡單家庭，於是便想到該是結婚的時候了。我們終於在一九五七年秋天，一個天高氣爽的

早晨，圓卻了我們夢寐以求的心願。

　　蜜月旅行所選的地點是摩洛哥的自由港坦吉爾（Tanger），行程是當晚從馬德里乘夜車先到西班牙男方海濱城市阿爾赫西拉斯（Algeciras），翌晨再搭輪渡過直布羅陀去目的地。所以，在婚禮和酒會結束後，便去新宅休息等待晚間乘車起程，這時我倆單獨相處，無任何干擾和顧慮，遂迫不及待地盡情享受了鳳凰於飛的樂趣，那時我已二十六歲，她二十三歲，都還是處子。往年，無論在西班牙或中國，由於傳統禮教和道德觀念所致，這種沒有婚前發生性關係的情形不以為怪，但在如今開放的社會中，如雙方能保持童貞走向祭壇結婚，可說是很難遇到的現象。

　　我在準備結婚期間，曾經擔憂過，一個嬌生慣養的西洋小姐，而且還是獨生女，一旦與一個無正常收入的窮小子組織小家庭，怎能忍受得了，雖然不說是清貧吧，充其量也不過是個極其簡樸的生活。不過，愛情至上，哪顧得了許多，當時我下了決心，即使物質上不允許，至少精神上儘量要使她過得舒適愉快些。誰知結婚後，她與過去迥異，不似從前那麼任性，挑肥揀瘦，那股小姐脾氣發作起來，弄得全家不安。在新生活裏過日子，她擔負起主婦的職責，精打細算毫不浪費。原因是那個家雖沒有過去的排場，卻完全屬於自己，身旁還伴有一個所愛的人，無時無刻都在疼她，在為她著想，況且這個人是屬於她的，是她自己的一部分。倘若夫婦間任何一方面不作如是想，那麼這樁婚姻的基礎怎能堅固，再加上彼此性情所好有所不同，不互相容忍和體惜，必趨崩潰之途。

本來婚姻僅是夫婦倆人在法律上的一種依據，不應當兒戲輕易離異，在權益上和對子女也有個保障。有人在結婚前就防備將來離婚，甚至於更有人為了離婚而結婚。至於情感方面，對兩情相愛的伴侶來講，有沒有那張「紙」根本無所謂，兩人「善便聚，惡則散」，為了社會地位和輿論，或是家庭壓力來背上這個沉重包袱，大可不必。

新巢始築

　　由於娥箹的父母愛女至深，生怕我們結婚後，有一天會雙雙離開西班牙同去中國生活，結婚前，他們付出大部分置產費，購買了一套公寓住所作陪嫁，其餘的極小部分，讓我們自己分期付款還清，此外，家中所有設備和傢俱由我購置。我揣測他們並不是吝嗇，不一次付清房款，要我分擔一小部分，是為了尊重我，避免外界視我為靠「泰山」生活。

　　選購房子完全由我們自己作主，於是乎，我們在將近兩個月的時間裏，找到了一套地點優美，格局極佳的公寓小單元。它坐落在馬德里市區，出門便可看到百米外的最大最美的公園：Parque de El Buen Retiro，我把它譯為「善隱園」。

　　這個公寓單元面積雖然不大，有門廳、走廊、兩房一廳、廚房、浴室、廁所，還另帶一個小操作室，那麼多各種用途的房間齊備，能格劃在僅六十平方米的單元裏，房間的狹窄可想而知，最寬敞的廳堂也不會超過二十來平方米，但對我們來說，麻雀雖小肝臟俱全，已綽綽有餘了。娥箹說：在打掃衛生時輕便得多。她所愛上那個「小天地」的原因，基於近在咫尺的大公園，就像自己的私家花園一樣，在城市裏，可享受到柳暗花明又一村的境界！

結婚後整整一年，愛情的結晶是個女嬰，中國名字叫書霓，西名是Sonia。因為是混血兒，非常聰穎可愛，外祖父母更把她視為掌上明珠，尤其是外祖母，每當我們攜女去她家時，她總是把外孫女顯示給近鄰引以為榮。那個年代，在馬德里的中國人寥寥無幾，只有一批留學生、一些神職人員和幾家中餐館老闆廚師外，還有為數不多的「中華民國」駐西大使館官員和家屬。中西聯姻的更是少見，那時，似乎除我之外，只有另一對，他們早已分手。過去西班牙人士對中國人非常友善，見到中國留學生與當地小姐結婚，視為美事。

　　西方孕婦分娩後，在留住醫院兩三天，診斷產後沒有任何異狀，便攜帶嬰兒回家正常生活。我們把小書霓的嬰兒床放在另一小房間裏，說是和成人睡在同一房間裏，呼吸同一空氣不衛生。嬰兒夜間啼哭，娥笛和我即使在另一臥室，也不能成眠，你推我拉，誰也不願起床去換尿片，但總不能讓嬰兒整夜哭到天明，沒奈何，兩人商量的結果是輪流起床，孩子是兩個人的，那麼兩人都該盡到義務。

　　白種人產婦不像中國一般產婦那樣「珍貴」，產後還必須做月子，在家喝雞湯，吃蓮子紅棗粥，什麼事都不能做，養尊處優地叫人服侍，久久不能外出。可是貧窮人家的產婦怎麼辦呢？還不是帶孩子外，必須正常操作家務。

　　娥笛回家不到一週，每天早晨梳洗完畢，整理家務，餵妥嬰兒後，便帶著尿片推著嬰兒車和小書霓去附近公園散步，或坐在露天茶社，叫杯咖啡或冷飲看書。馬德里的九月氣候還相當炎熱，小書霓出世才幾天，穿著單衣睡臥車中，手臂和

腿都露在外邊，如陽光太烈，就把車棚拉起。正好，鄰居中也有新分娩的年輕婦女，他們預先約妥一道推著嬰兒到公園閒聊消遣，嬰兒自幼和大自然接觸，一個夏天結束，被風吹得和陽光照曬得黝黑健壯，整個冬季不會感冒。不似中國嬰兒出生下來，即使是夏天，也久久在繈褓裏被捆得緊緊地動彈不得，日後，只要不經意受風一吹就會得病。

我自小習畫，繪畫對我來講，在生命中佔有最重要的地位，所以，無論何時何地從未間斷過。結婚後，不時有人向我購畫，出國時，我畫的是西洋水彩和國畫。就讀時，曾以水彩畫參加過大學生聯展，並多次獲獎和有人收購。記得在一次聯展中，一個同學的母親以西幣六百元收購了我一張水彩畫，那是一幅以江浙水鄉為主題，四十五比六十公分晨曦朦朧的景色。當時美元和西幣的兌換率是一比四十，我每月的零用錢是教會所補助，只有二百元，竟有人肯收購我的作品，使我快樂得雀躍，興奮得無以復加。因為，那是我平生售出的第一張畫，我於是把所得悉數購買了繪畫用品。

一天午後，我正在宿舍溫習課程時，突然接到一個陶瓷廠的電話，約我去見面。到達陶瓷廠與經理見面後，才知道他們在大學城建築學院獲得我的電話號碼，異想天開找我去為他們在仿製的中國瓷器上繪畫，說是，如果他們所生產的瓷器上，有地道的中國畫和字，沒有人不會認為那不是中國的產品，而可將售價多多升高。他們給我的保酬是每小時一元美金。當時，我默算了一下，即使每週三天下午抽兩小時去畫，每月可獲二十四美元的收入，將近西幣一千元，這對一個窮學生來講，是一

筆可觀的數目，當時我的確心動了，並不占取我很多時間，竟能獲得如此報酬的好機會？可是，一個才出國血氣方剛的青年回頭一想，怎能為利出賣祖國？幫助洋人生產贗品中國瓷器，於是，禮貌地以功課繁忙為藉口，謝絕了那位經理的要求。

留學時代經濟局促，做點零工是常事。我曾去美援總署製圖，並為美國新聞處所出版的雜誌畫點插圖。新聞處當局見我能繪畫，問我是否願意為新聞處的門廳半圓形迴旋樓梯的牆壁，作巨幅壁畫？雖然過去從未畫過壁畫，更沒有作過高八、九米，長達十餘米的巨幅畫，初生牛犢不怕虎，怎能放棄如此大好良機？便欣然承諾這件百年難遇的差事。於是，每個星期天上午去美國新聞處作畫，題材是宣揚美國的科技人文、建設發展等情況，結果，總共花了兩個多月時間，才將那幅巨作完成。美方非常滿意，當然潤金也相當豐厚，雙方皆大歡喜。

結婚前後一段時期，西班牙和撤至臺灣的中華民國建有邦交，民國政府派遣駐西大使館官員都不諳西語，一般事務聘請留學生幫忙，由是，我也被羅致去服務。工作非常輕鬆，僅是翻譯報章、文件，和辦理一些瑣事雜務，報酬雖不算很高，對一般留學生而言，也不無小補。

婚後連續三年，曾在馬德里一個名叫Los Madrazos的畫廊舉辦個人畫展，所展出的均是些寫意國畫，題材不外乎山水人物、花卉翎毛，由於篇幅不大、價格不高，所以每次售出極多，約占展出數量的百分之六、七十，非常成功。後來，畫廊業主欲在西班牙南方黃金海岸開一家星級旅館，將我畫展剩餘作品悉數買去，裝飾其房間牆壁，名副其實地做了「補壁」之

用。我相信屢次畫展能獲有如此成績，其原因不是收購者確實欣賞我的作品，而是當時西班牙人很少見到過中國水墨畫，是好奇心促使而購，其實，他們根本不能分辨國畫的好壞。畫展的確是一個很好的管道，能把你的作品推向大眾，自從舉行畫展以後，售畫的機會日漸增加，甚至於還有人登門學畫。於是乎，畫畫便成了我的副業，零星地售賣，或被私人家庭和餐館酒吧延請繪製壁畫，亦經常有之。

不過，任何真正獻身藝術的人，不會在擁有相對性優越市場環境便感滿足，不能坐享其成保持已被大眾所接受的成果，永遠換湯不換藥地畫下去，他必須去探索和創作，對自己挑戰，尋找新理念去發揮內心的感觸，將之表現於畫面。在國內環境中所接觸的大多是工筆或潑墨，人物山水或花卉翎毛，即使有些已擺脫了墨守成規的傳統技法，仍跳不出國畫範疇。一個遠在西歐學子，耳濡目染均是西洋情調，從何處能獲靈感去作國畫？僅以收入為目的勉強為之，豈不自欺欺人？因此，我一變畫風，杜絕以國畫方式和技法作畫，起先用油彩（oleo），後來丙烯（acrílico）上市，有時便用這種新穎顏料繪畫，因為丙烯是水溶色彩，不但清潔且易乾，用起來非常方便，而且，假如你能控制其運用技術，可獲得水彩或油畫的效果，於是，我遂進入了一個無規範的新天地，盡情享受任意塗鴉的樂趣！

生活沉浸在繪畫之中的確其樂無窮，何況還可因此獲得並不菲薄的報酬。我們婚後所占的便宜是住房是自己的，清茶淡飯的簡單生活所費無幾，我們從不追求榮華，日常消遣僅限於看看電影，逛逛街，或去博物館和畫廊欣賞藝品佳作。馬德里

是西班牙首都，除了各色各樣的博物館外，尚有很多財團和文化基金會的展覽館和音樂廳，他們出鉅資舉辦週期性的世界名畫展和名人音樂演奏會，使一般藝術音樂愛好者不花分文，便可欣賞到國際名作。這也就是西方國家提高民眾知識水準、培植藝術修養的一種方式。銀行和企業每年必須交納鉅款稅收，如果將贏利中的一部分提出用於慈善和文化事業，其費用即可在納稅中扣除，況且，他們所收買的名畫和藝術品，還是可不斷增值的產業，獲有如此一舉兩得的機會，何樂而不為？

此外，我們在燕爾新婚時，每當風和日暖的季節，與其在家中午餐，我倆便攜帶簡單的食品和飲料，娥笛帶的是小說和收音機，我則帶畫具，開車到近郊風景區野餐。我們最鍾情的地方，就在離市區三、四公里的巴爾多（Pardo）小鎮附近，那裏有橡樹林、草坪，以及靜靜的小河；該處是佛朗哥元首府第週邊的風景區，警衛設防的安全地帶，沒有繁雜人群的喧囂，更無車水馬龍的聲響。我們把車停妥，把桌布鋪在草坪上，從藤製箱籠中拿出食品，席地而坐，閒情逸致地享受午餐和大自然風光。午後，她安閒閱讀小說，我捧著畫冊寫生，不時有野兔劃身而過，不遠處有麋鹿低頭吃草……直到夕陽西沉，天邊一抹金黃時，我們才徐徐回家。一路幻想著當年的亞當和夏娃，在伊甸園中的安詳歲月，也不過如是。後來我們有了小書霓，在春秋氣候溫和的季節，仍然帶著她，共同重複著這種無憂無慮的野餐方式。

書霓尚沒到上幼稚園年齡時，早餐後，娥笛把簡單的家務料理停當，一早便帶著小女兒到公園，和一個有同樣年齡小孩

的鄰居會合，那時「善隱園」裏還有一個規模不大的動物園，裏面有大象名叫白里哥（Perico），是馬德里兒童的好友，當孩子們一叫Perico！Perico！，他便搖搖擺擺走到欄邊，小朋友們立即拿出預先準備好的胡蘿蔔、香蕉等食品飼餵，有的膽大一點的小孩，竟敢摸摸那又長又大的鼻子；此外，還有獅子、老虎、北極熊以及很多小動物，門票極便宜，她們帶了小孩在動物園裏消磨早晨。有時，我在工餘也去陪陪她們。

那個年代，佛郎哥政體獨裁，執政嚴厲，絕少不法分子，那是一段夜不閉戶，國泰民安的歲月。不像如今民主了，盜賊倡狂，光天化日下搶劫良民，員警也無可奈何，前門把歹徒送進法院，瞬間後門把他們釋放，原因是法律寬鬆，搶劫財物的價值不達到一定數字，不能判罪，因為那僅是「過失」。不良青年偷車不認為「偷竊」，算是未得車主同意的「非法借用」，不等到這竊賊將車正式出售，不能判為「偷竊」……諸如此類的寬鬆法條每每皆是。

過去在市井街坊，市政府顧有一種「守夜人」，叫做sereno，他負責看管長街一條、或短街兩條的夜間治安，協助夜歸人的需要。他身邊保管街道所有公寓的大門鑰匙，如果有夜歸人忘帶鑰匙，只須拍手高呼：「Sereno！」他立即從遠處回答：「Voy（來了）！」跑來給你開門。有一次，我和娥笳深夜開車回家，路上遇到一群惡青年開車倡狂無忌，我在言語上觸犯了他們，那群像瘋狗一樣，群起要和我算帳，我不予理睬開快車回家，他們就愛無事生非，緊隨著我們到家門口，尋釁不休，結果還是「守夜人」趕來解圍，狠狠把他們趕走。

五十年代中期，電視才在西班牙創始，家庭電視的安裝非常昂貴，況且電視節目也很乏味，一般人的消遣方式仍是電影，我們當然不會例外。雖然電影的發明是歐洲，具體來講，是法國的呂米艾（Lumiére）兄弟，首次放映了所謂今天我們看到的真正「電影」，但很快這種新玩意兒便傳到大西洋彼岸的美國，並迅速發展壟斷了全球市場，由於資金雄厚，所出產的影片場面龐大商業性高；歐洲的電影公司規模較小，除義大利在五、六十年代拍了少許場面較大的歷史片外，大多是含義較深的文藝片，例如二次世界大戰後義大利的「新寫實派（Neo-realista）」；後來一批法國從事電影理論和劇評的，創立「新潮派（Nouvelle Vague）」，這些潮流影片的觀眾，大多是酷愛電影藝術的知識分子，他們不以消遣方式而去，人數當然不會踴躍，票房記錄也因之不高。由於電影在二十後半世紀，已被公認為是一項綜合藝術，能提高大眾知識水準最有效的方式，為了提供此類文藝片的放映，僅在大城市特設小型影院，用原來聲帶加印字幕放映，這些場所名之為「藝術電影院」。娥笛忒愛看這類文藝片，故我們常去光顧，有時院中的觀眾僅小貓三隻四隻，而且都非常面熟，因為大家具有同好，不約而同，常去看此類影片所致。

　　我們看電影的習慣是最後一場，因為吃過晚飯，把家務安頓妥當後再去，無牽無掛，看起來比較過癮。因此看電影或外出晚餐後回家都是深夜，心理上從來沒有過什麼顧慮和不安。

　　時兮逝矣！誠然，民主帶來自由和先進，同時也帶來了弊病。對一般不從政、安分守己的平民來講，民主不民主沒有多

大影響。我畢生崇尚民主自由，奉公守法，但認為任何國度，當其民眾的知識水準還沒到達一定程度、對民主的真正含義尚未瞭解或不願遵守的時候，對他們最好有點約束為妙。

初涉影壇

　　電影學院畢業後不久，巴賽隆納一家名叫依基諾（Iquino）的小製片公司請我去工作，一問之下，是當掌機的攝影師（Cameraman），而不是攝影指導（Director de Fotografía），按西方電影技術人員制度，攝影師位於攝影指導下，一切操作均聽從攝影師指揮。那時年青氣盛趾高氣揚，謝絕了那份聘請。

　　我首次跨入影壇，那是一九六〇春季的事，導演系畢業的卡姆斯（Camus）同學找我到巴雅多里茲（Valladolid），拍攝聖週（Semana Santa）耶穌苦難遊行儀式，然後，把我所攝取的片段插入他的影片之中。導演、製片、我，以及攝製組諸人在該城待了將近一週，使用Arrifles 35mm攝影機，拍下了全城大街小巷的遊行行列。在莊嚴的號聲和鼓聲的節奏中，贖罪的信徒們，穿著深紫、暗紅、棕褐色的長袍，帶著連嘴臉都被遮掩的尖頂高帽，只在眼睛部位挖空兩個小洞，便以看路行走，肅穆得像一排排幽靈，簇擁著耶穌苦難和痛苦中瑪利亞精美的雕像座車遊行，觀眾夾道擠滿，不僅是當地居民，不乏別的城市和外國遊客，都來觀賞這個舉世聞名的宗教儀式。此外，南方塞比雅（Sevilla）的耶穌苦難遊行亦非常著名，前者的特徵是莊嚴穆肅，後者是富麗堂皇。當時我初出茅廬，報酬欠豐，

但能拍那張記錄片，心靈上卻感到無限興奮，終於開張了我的專業。

第二次是馬德里D.C.電影公司聘我去直布羅陀（Gibraltar），拍攝西英兩國由於該島引起的糾紛事件。那次的任務更加有趣，西班牙方面不宜派本國記者去拍攝，那時我還沒有入西班牙籍，拿的是中華民國護照，公司交給我一架Bell & Howell Eyemo 35mm新聞攝影機、一架記者用的袖珍答錄機、一張飛至摩洛哥坦吉爾（Tanger）轉機到直布羅陀的來回機票，和充分的旅途用費，他們還叮嚀我，上飛機離西後就不要說西班牙話，一路用英語與人溝通，這樣，直布羅陀當局不至於疑心我是西班牙派去的攝影記者。當時就如地下工作人員，一切操作和行動都非常詭秘，實在有趣。

飛抵北非坦吉爾在機場過關時，摩洛哥移民局員警在檢查我的中華民國護照後，突然伸出大拇指說道：

「哦！毛澤東，世界上我最敬仰的領袖！」

我對那位員警報以特殊的微笑，世界上很多人對「Republic of China」和「People's Republic of China」兩詞根本搞不清。

在直布羅陀下榻的旅館，似乎叫柏里斯托爾（Bristol），時間太久記不清了。一到櫃檯辦理登記，大堂經理笑容可掬地前來問道：

「先生，歡迎來直布羅陀，在這兒要待幾天？」

「還不一定，我想，至少一週吧！」

「那麼，給你介紹山頂有極豪華的賭場，供您消遣。我這裏贈送一張榮譽會員證，您可免費進出無需門票。」

那是磐石賭場（Casino de La Roca）的門票是半英鎊，相當於賭場最小的籌碼。

於是我白天在市井到處亂竄，只要看到牆上有反西的標語招貼或塗寫的文字，一概拍攝下來，同時還和當地居民交談，偷著錄取他們對西班牙政府向英國施加壓力的言論，和將直布羅陀門戶封鎖，迫其歸還該屬地的看法。其實那裏的群眾中，大多數是加入英國國籍的西班牙人，此外還有很多是半島上西國邊境平民，早出晚歸到直布羅陀工作。直布羅陀像香港一樣是自由港，關稅極低商業發達，因此引來大批遊客市面繁榮，生活水準自然高高超過西國貧窮的南方。因此，促使很多去那裏謀生的西班牙人，不希望直布羅陀能回歸祖國。

晚餐後，有時去看場電影，但大多數到山頂賭場消遣。我是逢場作戲打發時間，每次袋中只帶為數不多的英鎊，況且還把回程的車費放在另一個口袋，避免把錢輸光回不了賓館。

有天，我無意走到英軍駐防基地的海灣附近，見港中艦艇林泊，是幅非常值得獵取的畫面，連忙用長焦距鏡頭大攝而特攝，正在攝得起勁的時候，突然背後有人用手拍我的肩膀，回頭一看，原來是個武裝齊備手托衝鋒槍的英軍守衛，他嚴肅地禁止我在那裏隨意拍攝，我越看他那麼緊張，越是輕鬆地把那架酷像家庭16mm的攝相機給他看，同時微笑著說道：

「瞧！這麼簡陋的攝相機能拍到什麼？假如真能拍到秘密，那你們的防衛設施也太不濟事了！」我向他調侃著。

「無論怎樣，還是請你遠遠走開！」他的語氣和緩下來。

「再見！大兵先生！」我繼續開著玩笑轉身離開⋯⋯

直布羅陀的任務結束後一身輕，回程中在坦吉爾多待了一宿，夜間無事上街溜達，不知怎的闖進了一家有伴酒女郎的酒吧。一進門就有兩個打扮非常妖豔的女郎笑迎上來，用生硬的英語招呼我：

　　「歡迎！我們到那邊角落坐坐。」

　　「謝謝！我們就在櫃檯聊聊好了。」我既來之則安之。

　　「唉！來瓶香檳！」其中之一，沒等我坐定便自作主張叫酒。

　　「哦！香檳不必了，我不能多喝酒，要杯Baileys夠了，多加點冰塊！……你們呢？」

　　他倆各自要了一杯威士卡，我們便無主題上天下地胡扯起來。她們之間用西班牙語講話，從口音辨別出，其中一個是摩洛哥人。況且方才叫酒時雖說的是英語，櫃檯中的胖女人，卻用西語回答，看樣子，她一定是西籍老闆娘。

　　沒多久，叫酒的那個女郎，親昵地挽著我的手說：

　　「怎麼樣？我們到樓上去玩玩，放鬆放鬆！」

　　「哦！今晚我太累了，明天再來找你……」我立即會意她的企圖。

　　這時，櫃檯裏面的胖女人用西語插嘴向她們說：

　　「這個小中國人既然不肯上床，我們就要他多喝幾杯！」

　　我心理暗笑，她們以為我不懂西班牙話，竟當面砍我！接著，我又替她們每人叫了一杯。老闆娘乘機嘻皮笑臉地問道：

　　「您只請她倆，不請我，是不是嫌我老了？」

　　「哪裏哪裏！您要什麼自己倒吧！其實，您比她們兩人

更性感！」我揶揄著，那個胖女人笑得全身抖了起來。在哪種場合，只得那樣應付。稍坐一會兒後，我就辭別回家，出酒吧前，兩個女郎趕上來，每人在我的頰上留下兩片紅印……

美國獨立製片家薩姆艾爾‧伯朗斯頓（Samuel Bronston）影片公司，曾在西班牙已拍了兩部世界票房記錄非常高的巨作：「萬王之王（Rey de Reyes）」和「蓋世英雄（El Cid）」。一九六三年又在籌畫拍製一部有關當年北京義和團圍攻東交民巷的故事影片（歷史上係義和團圍攻天津使館區），名叫「北京五十五天（55 Days at Peking）」。

黃瑪賽夫人時常在西班牙報章雜誌，發表有關中國的文章和詩篇，享有盛譽。她父親是前清帝國駐西班牙公使，青年時代，曾和父母間斷在北京住過，能操國語說普通會話，由於她在西班牙上層社會有「中國通」之稱，廠方故而聘她審核劇本，同時請他找一位中國藝術顧問，於是她想到了我，如果將我介紹去，不但可解決藝術設計上的疑問，在必要時也可助她一臂之力，這樣豈不是一舉兩得，雙全其美？感謝黃瑪賽夫人，是她的介紹，使我首次踏進好萊塢極龐大的影片公司。

工作開始之前，首先與製片主任商談條件簽合同，我的職務是中國藝術顧問兼負責書寫片中所有商店中文招牌和其他中國字，報酬是西幣六千元，當時馬德里一個普通職員的月薪是三千元上下，所以我就幸然承諾。工作第一週星期六早晨（所簽合同每週工作五天半），出納處小姐到我們設計室通知去領薪水，當時我心中詫異，怎麼才工作了一週就發薪？管他去！早拿總比遲拿好。到了第二個星期六，出納處小姐又來通知領

薪水，我真是丈八金剛摸不著頭腦，一問之後，才知道電影界的薪水是週薪！媽呀！我怎會簽合同時那麼大意沒搞清楚？這下子，真是喜出望外，等不及，立將這個好消息打電話回家。

「北京五十五天」影片的內容，是敘述光緒二十六年，即西元一九〇〇年，庚子五月，義和團義民蜂聚北京天津設立神壇他，殺害外國傳教士，並且日本使館秘書杉山彬和德國公使范·克特勒（Van Ketteler）亦先後均被害，各使館衛隊聯合抵抗義和團攻擊，時達五十五天之久，直到英、美、德、法、俄、意、奧、日八國組織聯軍侵華，攻陷北京解圍為止。這張影片由於劇情歪曲事實，在中國和港臺均禁止放映，

該片是五、六十年代美國被譽為知識階層大導演尼可拉斯·瑞以（Nicholas Ray）所導，五十年代曾轟動一時的兩張影片：「魔鬼之齒（The Evil's Teeth）」和「無原由的逆反青年（Rebels Without Cause）」，便是他的傑作。男主角是飾美國使館衛隊上尉隊長是好萊塢影帝查爾頓·赫斯頓Charlton Heston ，女主角是飾妖豔的俄國伯爵夫人豔星艾娃·加納（Ava·Gardner），此外尚有聯軍各國大明星扶佐，其中最傑著者是英國巨星大衛·尼文（David·Niven），飾英國駐華大使，至於飾慈禧太后一角色，由英國老牌性格女演員弗蘿拉·冉伯生（Flora·Rambson），榮祿則是英國舞臺名演員萊奧·艮（Leo Gen）來扮演。此外，演義和團大師兄的是王玨，他曾是臺灣省電影製片廠的基本演員，後赴義大利發展，此時，「北京五十五天」需要一名身材魁梧的中國演員來飾大師兄，近水樓臺他便幸運被選中了，大師兄一角在片中的戲並不多，僅僅兩天，

他卻隨片來馬德里待了兩個多月，但待拍期間必須每天化妝就緒到片場，準備隨時應拍，原來他那場戲是「抵空戲（Cover scene）」，就是說，在策劃中的整場連貫戲中，偶然因某種原因不能繼續拍攝，而就緒的大批人馬不能等待，浪費大好時光，便用此場戲來抵空。

為拍此一北京為背景的巨片，需要大量中國群眾演員做跑龍套，廠方不但羅致了全體在西班牙的華僑，一九六三年的西班牙華僑不多，還到英倫召了一批中國人來西充當。當時，每個地道的中國群眾演員，不論是男女或成人小孩，每天的酬金是美金十元，另外還找些有點與東方人相像的拉美人或吉普賽人，化妝後在後排充當北京群眾，他們的報酬較低，似乎是每人每天美金六元。中國人當中有個以賣豆腐謀生的山東老鄉，人稱「豆腐李」的一家大小七口悉數被召，由於巨片拍攝時間長久，他家乘此發了一筆可觀的小財，遂將「生意」發展成「企業」，除零售豆腐外，創品牌「李記」瓶裝豆芽、醬油等產品，如今子女都成人出道，為醫生、律師等融入西班牙上流社會。

在參加那張影片工作時，還認識了兩位特殊人物，一位是被譽為美國十大水彩畫家之一來自香港的曾景文，他來馬德里的任務是用水彩繪畫片頭，他幾乎每天都到拉斯‧馬達斯外界片場，攜帶了僅DIN A4尺寸的水彩寫生本和水罐、畫筆等工具，到北京城現場取景寫生。用尺寸較小的紙張畫水彩畫，由於紙面的質地比較粗糙，加上水彩的不勻，在紙上存有大小不等斑點，將來放大幾千倍放映在銀幕上的效果，特別具有美感。後來，我在設計室內裝潢時，間或也利用這種方式來做牆

紙，不但非常奏效，而且不是市面所能買到的獨特的裝潢。

　　因為在影片準備工作中，曾景文和我是同胞，所以走得特別近，他一人在馬德里時感寂寞，有時請我夫婦到他所下榻的豪華希爾頓Castellana Hilton連鎖賓館晚餐，藉此擺擺龍門陣，帳單只須簽個字，最後由公司結帳。任務結束前，他夫人也自美來西參觀我們「杜撰」的北京城，她原籍北京，看到那些一九〇〇年現已不復見的老街道、店鋪和牌樓等不勝感慨。

　　另一位是西班牙上世紀五十年代抽象畫派鼻祖馬奴艾爾‧曼巴索（Manuel Mampaso），曾多次獲國家舞臺設計獎，他在片中擔任畫面設計師（Sketch artist），專門根據分鏡頭劇本，將每場景的畫面，包括佈景和演員都以草圖方式，一幕幕設計出來，給導演作為取景參考。這是一個非常艱苦和繁重的任務，不但將劇本中每一鏡頭繪出，而且必須將場景間的銜接，何時應用「切入（cut in）」、「切出（cut out）」、「溶化（dissolve）」、「漸顯（fade in）」、「漸隱（fade out）」、「重迭（over lap）」、「插入（insert）」、「搖攝（pan）」、「快搖（swing over）」、「劃過（wipe）」……等等，都要以圖樣表現出來。擔任這項職務的畫家，必須富有想像力、具備極深厚構圖和素描的底蘊才能勝任。以後，曼巴索和我在好萊塢電影公司外出製片中，以不同的職務合作多次而成為摯友。

　　演員和明星的區別在：演員不在乎英俊或美貌，但演技精湛，扮演劇中任何型角色都惟妙惟肖。明星則相反，雖演技不出群拔萃，然光芒萬丈，豔麗照人，所到之處，即使不在銀幕

上，也能吸引巨大群眾。例如阿娃・加納在片廠或人群中，只要她一出現，周圍的一切都暗然無光，大眾眼前顯有一顆燦爛的「明星」。記得開鏡的首場戲是英國大使館的盛大酒會，全場燈火輝煌、珠光寶氣，全體技術人員和演員齊備，只等女主角帝俄浪漫的伯爵夫人進場，便可開拍。然而，明星總是姍姍來遲，也許，這是好萊塢製片的慣例和噱頭，讓人久等。當阿娃身著潔白、綴有閃閃珠寶的夜禮服，胸前炫耀著綠寶石鑲嵌鑽石的項鏈（那是劇中非常關鍵的道具），緩緩出現在攝影棚時，哇！大家都被她的美豔攝住，目瞪口呆，噤若寒蟬！

男主角查爾頓・赫斯頓身高一米九幾，魁梧英俊，在任何劇中總是萬夫不擋的英雄，或威武不屈的硬漢。但在實際生活中，卻是個很靦腆、不敢高聲說話、走起路來輕手輕腳的大夥子。他似乎很愛畫畫，沒事時常到我們藝術部門討張紙和鉛筆，坐在角落畫些什麼，所畫的都是些小板凳小桌椅類的家常用具，下筆纖秀，毫無螢幕上的那種磅礡豪氣。

一天下午，導演讓我去希爾頓賓館，教他念幾句開場白，那是他帶領衛隊進北京城時的華語臺詞：「這裏是北京，中國是一頭睡獅，當它醒來時，會震驚世界！」我一遍又一遍，整整教了他一小時也沒教會，結果，影片音帶上的那段臺詞，很可能還是後期製作的配音。

美國人拍片，大多數只顧娛樂效果和票房記錄，根本不求劇情是否與歷史吻合，即使佈景與道具也是如此。為拍「北京五十五天」外景，製片公司在離馬德里二十五公里的西北方郊野拉斯・馬達斯（Las Matas），租了一塊面積五十多萬平方米

的地盤，搭建了一九○○年代的老北京，有整套城牆、城門、城樓，夾道的各色鋪面、鄰里胡同、衙門府第，大街中間搭起了數座牌坊，人造河道上架起了圓拱石橋，並且還仿搭了一座非常雄偉逼真的祈年殿，殿前石板廣場豎著華表……以建築單件而論，雖然很多處是張冠李戴，每單體建築卻仿造得惟妙惟肖，以整體組合來說，任意規劃不切實際，然而，在視覺上卻給予觀眾一座「戲劇性」特強的雄偉美麗的古城。

在設計過程中，廠方為我們提供了從未見過的當時資料，可說豐富得無以復加。一九○○年代的老北京書籍和圖片堆積成山，格子窗櫺雕花門樓的傳統鋪面，橫貫街道矗立的雄偉牌樓，各種行業的街頭小販，天橋區域的茶館酒肆，還有早已絕跡的各色雜耍，只要你能想到的當年景象，應有就有。甚至於還從羅馬報章檔案館中，把當年八國聯軍攻陷北京，各國兵士在紫禁城裏各殿前，高舉槍支和旗幟，以戰勝者的姿態所攝的照片都複印寄來，作為炎黃子孫的我，看到那麼多的國恥場面，心中足實不是滋味。

當我在外景佈局和場景用途上過於違背歷史事實時，不得不向導演和藝術部門遞上「備忘錄（Memorandum）」，這是英美大電影公司製片過程中的一種行文，凡有申請或意見者，均用這種書面方式操作，共四份，一份給製片，一份給導演，一份給有關部門，一份由提供人自己保留。該方式非常科學化，若將來有什麼問題或差錯，有底案可查。我所遞的「備忘錄」中，最重要的一份是糾正他在殿中接待外國使節和舉行其他等等活動的錯誤。我告訴他們祈年殿，在明朝時叫大享殿專供祭

祀天地；到了清朝，每年農曆立春，天子帶領百官該殿祀天祈谷，雍正年間改名為祈年殿，不能作其他用途。況且，天壇祈年殿周圍從來沒有出現過華表。回文稱：圓形三層重簷的祈年殿造型非常華麗美觀，正適合於電影畫面，只有你們中國人知道它的用途，國際觀眾不會注意到這點，同樣，像華表這樣美麗的石柱陪襯著雄偉的祈年殿，不是錦上添花嗎？要知道這不是一張記錄片……云云。聽到此等答覆哭笑不得，莫可奈何！

「北京五十五天」的藝術指導有兩位，其一叫Colasantti，義大利人，原本是羅馬大學美學教授，後從業影界，曾拍過很多義大利歷史古裝名片；另一位叫Moore，美國人，其實是他的助手。前者年歲稍長，矮小禿頂；後者年青，高挑英俊。他倆是同性戀，夫唱婦隨，從來沒有見到他們其中一人在片廠單獨出現過。我們依照他們的設想所設計的圖紙，一經認可後，兩人即同時簽上Colasantti-Moore字樣，算是他們兩人的創作，我們則是工具，一張紙，一隻鉛筆而已。

但是，談到片中佈景服裝的色彩處理，我倒獲有一些心得。為了增加情節發展的激烈氣氛，兩位藝術指導把中國宮廷建築雕樑畫棟上的繽紛色彩，均代替以金黑兩色，在華麗的場所，偶爾加以朱紅，這樣能使氣氛分外凝重和莊嚴。在有群眾的大場面中，群體服裝的顏色都極深暗，否則是灰褐色，如此才能凸出各國聯軍色彩鮮明的制服。這就是戲劇理論中的賓主之分，無論是在舞臺或是螢幕上，演員的動作和位置，佈景的設計，燈光的處理，都不宜跳出這個原則，否則便會干擾觀眾注意，發生喧賓奪主之虞。

在此片拍攝將結束時，我的手頭比較寬裕，從馬德里附近多萊洪（Torrejón）美國空軍基地裏的一位軍曹手中買得一輛二手車，那是英國伍斯利（Wolseley）公司所出產的一九五八年1500 cc Saloon轎車，用的是MG TD型引擎，其特點是跑起來速度很快，因此，英國「蘇格蘭場（Scottland Yard）」選之為警車。我所購的那輛是豪華型，墨綠的車身，裏面座位全是綠色真皮，再加上紅木儀器板，顯得特別高貴，此外英國生產的汽車性能，尤其是細節方面，幾乎可以說無疵可求，我不明白為何英國車在國際市場中不能稱雄，可能因為其價格叫高的緣故。我那輛伍斯利小轎車，由於是我生平第一部，所以特別喜愛和珍惜，後來，到臺灣前以半價轉讓給畫家好友曼巴索。

　　自此至今，除上述伍斯利牌外，我曾擁有過另一輛英國出產的莫利斯Morris 1200 cc型、兩輛法國的標緻Peugeot 1500 cc型、一輛同廠所出的拉各斯特Lacost 1450 cc精緻型，以及現用的一輛德國大眾（Volswagen）公司的颶風Scirocco 1800 cc型半跑車和一輛韓國現代（Hyundai）公司的依蘭德Elandra 1600 cc型等車。在所有的車中，我最喜愛的還是第一輛英國的伍斯利和德國的颶風型半跑車，最後這輛車追隨我工作和旅遊，到現在為止已將近二十年，就像親人一樣，我是個很重情感的人，無論對人或對物，絕不捨得不需要時便棄之如秋扇，可憐它已是老牛破車，修了又修，漆了又漆，但當時它的線條設計非常前衛，如今開出上街，不但絲毫不覺過時，而且駕駛著它引以為榮，這輛颶風型半跑車當初出廠是的數量極微，相等價格也很高，在馬德里我曾經僅遇到過另外兩輛，如今可能只剩下我

唯一的這一輛了，即使時常要修護，並且每年必須到車檢處檢查，還要賦稅，我仍然會非常珍惜地留它在身邊。

　　若有人問我，世界上你最渴望擁有的是哪輛車，我會毫不猶豫地回答：英國摩爾甘（Morgan）公司在一九三六年所製造的Four plus four 1122 cc型跑車，那是世界上第一輛四輪動力汽車，即使現今該公司所出廠的車殼外形，雖稍有微小改變，其線條仍舊保持舊日的模樣。可能我是個非常懷舊的人，喜愛一切保有舊形象的事物，但矛盾的是，對前衛藝術特別嚮往，例如我的繪畫就是不屬任何潮流和派別的抽象創作。和我交往多年的契友，常和我開完笑，由於我屬於雙子星座，擁有雙重人格，對於很多事物難以捉摸我的反應，一言以蔽之，是個腦筋不正常的人。我常笑著回答：腦筋正常相當於平凡，平凡的人沒有幻想，做不出什麼與眾不同的大事。

　　好萊塢大公司的製片習慣是，當一張片子的準備工作完畢，開鏡不久後，隨即籌畫下部片的拍攝準備。繼「北京五十五天」所準備的影片是「羅馬帝國覆亡記（The Fall of Roman Empire）」，該片的導演亦是當代美國大導演安東尼・曼（Anthony Mann）。主角一大串，都是國際著名演員和明星，女明星有義大利的索菲亞・羅藍（Sofia Loren），男主角有美國的斯蒂芬・波以德（Stephen Boyd），英國的阿萊克・金尼斯（Alex Guinnes）和傑姆斯・梅孫（Jemes Mason）。場面非常龐大，最重要的外景是古羅馬市政中心（The Forum）廣場和其周邊宏偉建築。場地就在原有「北京五十五天」的舊址，把舊佈景拆除後再搭建新景。那時「北京五十五天」的拍攝已接近尾聲，

於是我被轉到新片中任助理美工師，週薪減低西幣一千元，在同事中仍是最高者，那時藝術部門助理美工師最高薪津是三千。一個製圖員的週薪才七、八百元，但比起寫字間普通職員的月薪，已高出許多。那段時間我們小家庭的境遇突然優越起來。

在「羅馬帝國覆亡記」中，除了零星的佈景設計外，我的具體工作是設計各建築物的浮雕和雕像，其中最重要的是，羅馬神話中的天王朱匹得（Jupiter）神廟中七、八公尺高的巨大雕像，為了石膏工匠能不走樣翻製，必須將雕像的四面詳細繪出。當然，我們在繪製這些浮雕和雕像時，製片會提供完整的圖片資料。

基於我是學建築出身，在設計那些古羅馬建築物時，無論屬於那種多利克（Doric）、突斯坎（Tuscan）、艾奧尼克（Ionic）、科林斯（Corinthian）等格式，在攻讀建築時都詳盡研究過，所以設計起上述各式的神廟和宮殿，可說是駕輕就熟得心應手。

不管東方還是西方，假公濟私面皮忒厚的大有人在。那兩位同性戀的藝術部門主任在義大利拿波里（Napoli）對面，地中海中的卡伯里（Capri）小島上，擁有一座環境幽美的別墅，見到我不僅能勝任技術性的設計，還可作藝術性的繪畫。他們讓我繪製一幅極大的壁畫，而不是用傳統的繪法來畫，給了我很多四十比四十公分正方形的白色厚紙板，先拼湊成寬四米高三米二的大畫板，用以勾畫輪廓，然後分開個別用藍色一塊塊繪畫，上一層清漆後恰似燒瓷畫，最後，再拼湊還原成一幅巨大的風景畫。當時我心中非常明白，那幅巨畫在片中根本用不

著，是他們將來帶回卡伯里別墅所用，不過，倒教我學了一門新型裝潢技術。

我進入薩姆艾爾・伯朗斯頓影片公司後，他們攝製的第三部影片是「馬戲世界（Circus World）」，導演是美國喜劇大導演亨利・哈達威（Henry Hathaway），主演該片的男女主角多人，其中有美國傳統西部牛仔片巨星約翰・威恩，五、六十年代最迷人的豔星麗泰・海華絲（Rita Hayworth），這位女星參加此片時已徐娘半老，非但珠不黃，還光豔照人，傾倒了全廠男士。這張影片我沒參加，由公司另一組技藝人員所準備，但我們工作人員在同一片廠中時常見面。一天，我們兩片的幾個工作人員休息相聚時，年青人的話題總是離不開片中的女明星，不歇地評頭論腳，說什麼「馬戲世界」中另一位義大利青年性感女星葛勞蒂亞・卡爾地娜萊（Claudia Cardinale），演戲時雖然妖豔絕倫，站在麗泰・海華絲旁便黯然失色。這時年青的西班牙第一助理導演何塞（José）談得興奮起來，突然站起一手撫胸，一手向空伸張，像朗誦詩篇般高聲說道：

「哦！麗泰，麗泰！我夢寐中的維納斯，你的美貌使我傾倒，死也瞑目，假如允許和你春宵一度！……」還沒朗誦完，便感肩膀上有只纖手輕輕地拍了兩下，同時聽到：

「來！小夥子，跟我到化粧室來，我馬上教你魂銷魄散！」

何塞回頭一看，媽呀！光豔逼人的麗泰正在背後微笑瞅著，大家聽了轟然大笑，他把臉漲得通紅，不知所措。後來這事在電影圈裏傳為佳話。原來麗泰・海華絲雖然出生美國，祖籍卻是西班牙，她的原名叫瑪嘉利達・卡門・甘西諾（Margarita Carmen

Cansino），懂西班牙話，正巧在我們背後經過時，聽到何塞一番激情的朗誦，便和他開了個不小的玩笑！

我們在電影圈裏工作，成天嘻嘻哈哈，那麼輕鬆自在。

當我們在準備另一張以古代印度為背景的傳奇影片「蒙加拉驛遞員（Night Runner of Bengal）」時，正起勁設計著印度十八世紀的古典建築和街道，神廟與寶塔（Stupa）。公司在馬德里市區中心包下一座最豪華的大飯店，並訂了兩架包機，專為邀請全球發行商來西談判影片發行事宜，藝術部門派人正在佈置和裝飾接待場地時，突然傳來美國總統甘乃迪在達拉斯（Dalas）被刺身亡，美國各界，尤其是娛樂界業務大起波動，公司在西班牙亦受到殃及魚池的影響，立即取消一切業務活動，損失頗大，同時銀行貸款也因之推遲，規模諾大的薩姆艾爾・伯朗斯頓電影製片公司遂陷入周轉不靈境遇，但片廠一切業務仍需維持原狀，所有的工作人員雖繼續上班，都人心恍惚不知何去何從。

正在此時，西班牙準備參加一九六四年紐約萬國博覽會，邀我去擔任西班牙展覽館籌備技術主任，於是我便向公司提上辭呈，並帶走兩名製圖員作為助手，另赴他就。不久後就聽說公司暫停「蒙加拉驛遞員」的籌備工作，解散大部分員工，只保留少數行政職員，操作公司一般業務。

於是，我的初期影壇生涯也隨之告一段落。

寶島行

　　一九六四年臺灣的中華民國在國際地位正處低潮，於是
「國民政府行政院」發動宣傳攻勢，聘請全球有成學人「回
國」服務，當時湊巧我為西班牙參加紐約萬國博覽會展覽館的籌
備工作已有個空檔，想到認識中國是娥笳的畢生願望，而且我
來西已將近十五年，既然回不了祖國大陸，臺灣本是我國的一
個省份，不妨去臺灣過一段時期，也無傷大雅，便把這個想法
告訴娥笳，她一聽之後興奮不已，催促我立即和當初在巴黎的
中華民國駐聯合國文教會取得聯繫，民國政府當局的答覆是：
他們非常歡迎我攜眷去臺灣服務，不過只能擔負我一人赴臺旅
費，抵臺後當為我適當安排專業職務。由於娥笳赴華心切，況
且我在影界工作稍有積蓄，沒談任何條件便欣然達致協議，結
果不到兩月便把一切「歸國」手續辦妥，準備行裝即日起程。

　　那是一九六五年歲末的事，書霓才六歲餘。我們想到何不
乘此大好良機，作一次千年難得的旅遊，與其空航快速赴臺，
不如乘輪船自歐洲遠渡遠東，沿途可遊覽各地風情，況且可在
遠洋豪華輪船上歡度聖誕和新年等佳節，何其樂哉！

　　記得我們是在耶誕節前三天自馬德里乘夜車起程赴法，親
戚友朋多人到北站送行，雖然預計幾年後重返家園，究竟是遠

行，不知以後會發生什麼事情，惜別之情悲歡交加。

　　那個時代，西班牙火車軌道和法國的尺寸不同，子夜抵達邊境Portbou必須換乘法國火車沿藍色海岸（Cote d'Azur）赴馬賽。可惜旅途全部在黑夜中度過，無法欣賞到舉世聞名的藍色海岸綺麗風光。凌晨，火車直接開進馬賽港口，那裏設有搬運公司，只要你付錢，把船票艙位顯示後，他們便將你的行李直接搬運到輪艙裏，無須經過海關檢察，非常簡便。後來我們在起碇前，在甲板上看到那些自己隨身帶行李上船的三等和統艙旅客，他們必須被港口岸上特設的海關檢察，那些旅客大半是阿拉伯人和過去法國的印度屬地民眾，比較貧窮，無力讓搬運公司為他們代勞，那班勢利的海關人員窮凶極惡地叫他們把所有的箱囊打開，有意作難將裏面的衣衫雜物拋甩滿地，使他們狼狽不堪地一件件重新收拾，有的婦女被整得淚流滿面。猜想那些無人性的海關人員一定和搬運公司有勾結，否則如何會擺出那種嘴臉，那般不通人情！誠然，有錢可使鬼推磨，一點不錯。

　　我們買的是法國郵遞Messagerie Maritime遠洋公司的船票。[1]

　　當天下午，「越南號」便解纜徐徐離岸，船上的旅客都湧上甲板擠靠欄杆，俯向岸上的親友揮手辭別，岸上的同樣仰望著遠行的親人友朋，高喊著：「一路平安！多多保重！」有的歡欣有的愁，有的流淚有的樂，但所有人的內心，都充滿了惜別情意！書霓尚幼，對那次的遠行，可能感覺到的只是好奇，娥笳和我，雖然因立即將開始一段新生活而興奮，但離別久居的歐陸遠涉重洋，多少也有些感觸。

冬季的地中海通常是波浪浩瀚，大家都稍感昏暈，餐廳中旅客寥寥無幾。

　　早餐是極豐盛的自助餐，在午餐和晚餐之間，尚備有午點，這相當於英國的下午茶，但較之豐富得多。法國的烹調世界聞名，不但菜肴精美，佐食豐盛，再配以名酒和精緻後餐，錦上添花，實是我們通常生活中難於享受得到的。兩旬有餘以來的豐餐飽食，旅程結束時，每人的體重都增加了好多。

　　午點後，為解除長途聊寂，放映影片。在駛出地中海以前，由於氣候寒冷，不宜上甲板散心，去電影廳消遣的人數比較多，一旦經過紅海，進入印度洋，雖然仍是冬天，氣候迅速轉熱，乘客們都用向甲板做露天活動，曬太陽，或游泳。

　　於是，電影欣賞卻無人問津了。

　　晚餐後，在娛樂廳舉行各色遊戲，通常每逢佳節舉行舞會，例如，聖誕舞會是在橫渡地中海時舉行的，除夕舞會則在印度洋上。此外每抵達港口前夕，必舉行舞會，美其名為「惜別舞會」，因為多多少少總有些乘客離船上岸。遊戲不外乎賽馬（Carrera de caballo）、抽獎（Tómbola）、數字猜獎（Bingo）……等等，為了避免賭博之嫌，獲獎者不得獎金，而是法國名酒和香水化妝品等。

　　諸如此類的豪華遊輪最使人不能接受的是階級分歧，甲板上層的頭等和二等旅客除了艙房位置和設備有別外，大致享有同等待遇，可任意到處行走。甲板下層的三等和統艙乘客則有門封閉，嚴禁步入上層區域，在「鐵坦尼克號」遇險影片中，被描繪得淋漓盡致，最使人惻隱。

船上特別為頭二等旅客設有托兒所，讓大人不為幼兒無人照管而擔心。托兒所中各國兒童均有，但書霓是其中唯一的中國兒童。所奇怪的是，那些孩子們的國籍和種族各異，混在一起遊玩，各人講各人的母語，居然能互相溝通玩得非常融洽。其中有個與書霓年齡相仿的美國小女孩，特別喜歡和書霓在一塊，時常聽見她嗲聲嗲氣地喊著：「Oh! My darling, Sonia, come here!」

　　可能是船上惟一的中國小孩，書霓是人見人愛，有一位奧地利的飛行員特別喜歡她，每天跟在她後面給她買巧克力糖，她根本吃不了那麼多，結果便宜了娥笳和我。

　　我們有時喜歡到下面的三等和統艙走走，因為那裏的乘客種族非常複雜，服飾各異非常奪目。那裏，我們認識了一家歸國的錫蘭家庭，夫婦倆帶著一對子女，幼弟名路易（Louis），八歲，長睫黑眼捲髮棕膚，長得一副調皮模樣，我們常把人家送給書霓的巧克力糖轉送給他，這個小孩倒蠻懂禮貌，不斷說著：「Merci, merci beaucoup!（謝謝，多謝！）」他的姐姐索蘭仕（Solange），才十二歲，已亭亭玉立，穿著整套sari成人打扮，一頭烏髮紮了個長長的辮子拖在背後，劍眉星目，尖鼻紅唇，見人羞答答地有點靦腆，愈加顯得嫵媚，是我畢生所見到的女孩，可以說女性當中，她是最秀麗者。天哪！索蘭仕，索蘭仕！宇宙造化，世上竟然有如此美貌的女性！如今回憶起來，她那迷人的面龐和婀娜的體態還歷歷眼前。

　　我們橫渡地中海，抵達賽港（Port Said）時，必須經過蘇伊士（Suez）運河才能進入紅海，船上有一部分乘客登陸遊覽

開羅，在運河另一端再上船。[2]我們不願錯過這親歷的良機，沒去參觀開羅，因為來日總有機會去埃及，而親身渡過蘇伊士運河，恐怕畢生只有一次。當船至紅海盡頭即將進入印度洋前，氣候轉熱，東布地（Djibouti）沿岸可能是是慶祝節日，遠遠傳來悠揚的阿拉伯音樂，使我們感到的確進入了另一個世界。

當我們的巨輪行駛在印度洋上，過去的澎湃怒濤不復存在，眼前所呈現的是一望無際的鏡面，據說，冬天的印度洋一向如寧靜的處子。我在夕陽西下的黃昏裏倚欄站在甲板上，微帶金黃的緋色天空，與同色的海水連接，幾乎分不出界線，

船，靜靜地在那鏡面上滑行不出聲響；人，處在那種從未經歷過的奇妙境遇中，下意識感覺一種沒名的恐懼，似乎須臾間就要發生什麼災難，如暴風雨之即將到來前，一切都是那麼恬靜！我幻想著，在古希臘荷馬的詩篇中所述的尤利斯（Ulises）和傳奇故事中的辛巴德（Simbad）水手在航海時，一定也會看到這樣的奇景，怎麼我們聽不到美人魚的誘人歌聲？

海輪在風平浪靜地印度洋上駛行，上午，我們通常在一片透明的藍天下，拂著熏風，無愁無慮地把時間消磨在船首游泳池中，甲板上的游泳池面積不可能很大，天氣炎熱，能在水中嬉戲，感覺忒美。記得書霓就在這次旅程中學會浮漂水面。四天四夜後，抵達巴基斯坦首都卡拉基（Karachi），那是船不著岸在汪洋中航行時間最長的一次，乘客紛紛上岸遊覽，我們當然不會例外。港口市區的雜亂喧騷，居民的服飾和建築，都充滿異族情調，當我們一座巍峨的回民清真寺，必須先在一方水池濯足後，跣腳方准進入參觀。

下一港口是印度海上門戶孟賣（Bombay），由於當時中印兩國外交關係惡劣，而我所持的是中華民國護照不准上岸，蛾笳的是西班牙護照可通行無阻，但她不願單獨帶書霓遊覽，於是，我向一位不願上岸的越南乘客借了他的通行證，一家三口下船雇了一輛記程車到孟賣各景點，遊覽了一個痛快。除了神廟文物外，我們還看到一座非常高聳石砌的平頂方臺，上方飛繞成群不知名的黑鳥，一問之後，才知那是印度人將其亡人屍體曝放在高臺上面，供鳥雀啄食殆淨的一種葬禮所在。使人見了發生一種不可言喻的感覺。那次貪玩，竟冒充越南人到印度境內遊覽，設若被發現，其後果簡直不堪設想，何止拘留入獄……如今每每回憶起來，仍舊不寒而慄。

　　繼而赴錫蘭─現今叫斯里蘭卡─首邑哥倫波（Colombo），在那裏待了一天後，便啟程經過麻六甲（Malaca）到新加坡停泊了兩天。同船我們結識了一位非常和藹做藥材生意的的越南華裔翁先生，他正要在新加坡下船，當地的華裔鉅賈前來歡迎，他遂邀請我們同去赴宴，當時，新加坡已與中華人民共和國建交，而我的卻是中華民國護照不能入境，便讓蛾笳帶書霓隨他上岸。那時，正值東南亞華裔準備過農曆新年，新加坡市區張燈結綵喜氣揚揚，晚間，翁先生送他們回船後，蛾笳異常興奮和激動地描敘經過，說是，腳還沒踏進中國，便看到了最地道的中國新年氣氛，嘗到了最味美豐盛的中國宴席，冷盤熱炒、乳豬甲魚、山珍海味，再加上甜菜細點，絕對不下二十幾道！

　　越南因為過去曾是法國屬地，二次世界大戰後雖已獨立，但無論政治經濟、文化倫理方面仍舊與法國保持極密切的關

係，因此我們到達西貢後，在那裏停留三天。幾年前，曾有一批越南華裔富商到西班牙旅遊，在馬德里時，我曾陪他們遊覽各名勝文物，彼此處得十分相投。這次我們赴臺途經西貢，他們不但共同盡情款待，其中一位還請我們下船在他家歇宿，有天請我們去郊外一家享有盛名備有表演節目的豪華夜總會晚餐時，時聞遠處傳來隆隆炮聲和噠噠機槍聲，他們說，無礙，那是胡志明部隊和美軍交鋒，只要有美國佬支持，北越是無法逞強的！當時的西貢群眾還是紙醉金迷，萬萬預料不到不久後，巨無霸的山姆大叔，雖然擁有強大的部隊，先進的武器，竟然栽在他們認為經不起一擊的北越手裏！

船抵香港後，早有姐夫的胞弟胡章漢夫婦在碼頭等候，我們隨即下船並帶隨身行李至九龍一家臺灣人所開的酒店下榻，據說那家酒店的背景是臺灣官方，專為出入臺境旅客所開設。至於其他多數大件箱子則託海運至臺灣基隆港口，待以後抵臺後再取。我們在離開西班牙前，在馬德里已將在香港待留一週的簽證辦妥，因為一九六五年的香港尚為大英帝國屬地，無論西班牙或中華民國護照都需有入境簽證。

在香港期間，多承章漢夫婦殷勤招待，除了陪我們溜達欣賞市區風光外，還遊覽了很多景點，諸如：太平山頂、鴨巴甸灣水上人家、文虎花園……等等。前面兩處，固然夜晚自山頂俯瞰維多利亞港灣和九龍，燈光璀璨美不勝收，被譽為世界三大美麗夜景之一；鴨巴甸港灣中的水上人家船舶雲集，還有畫舫和酒家供遊客消遣別有風味。但使娥笳和書霓特別感到新奇的是「胡文虎花園」，舊名「虎豹別墅」，因為這座包括花園

的別墅，係由緬甸華商號稱「萬金油大王」的胡氏兄弟文虎文豹，在一九三五年耗資港幣一千六百萬元所建。胡氏是佛家虔誠弟子，畢生行善，該私人花園坐落在香港銅鑼灣東首半山，建造得新穎別致，入口處兩壁有色彩鮮豔的華麗浮雕，題材取自宗教人物和神話禽獸；沿狹徑拾級而上，有山洞、假山、石塔，況且塑滿道釋故事和民間歷史人物造像；再上去便是紅柱綠瓦中西合璧的豪華別墅，裏面尚住胡氏後代家屬。除別墅之外，當時花園等一切設施均免費開放，供人自由觀賞。

十五年後舊地重遊，市區和周邊大廈林立，半山也豪宅驟增，較之往昔面貌全非，不勝感慨。繼而憶及當初少年出國時，在港曾經一度傾心過的南國女郎，

如今攜眷同行，不便抽空去尋找你，對不起！阿好，我失信了。

英屬時代的香港是免稅海港，所有舶來品價格較任何地區都便宜，尤以化妝品和電視、收音、攝像、照相機等消閒器材為甚。我乘便買了一架德國出產的Exakta牌Varex IIb型專業照相機，那是世界首創單鏡頭折光取景照相機，全部係金屬製造，很重，使用起來非常穩健；配件齊全，可供科學、醫學研究使用，甚至於可拍攝立體和身體內臟照片。此外，又買了日本出產的Sekonic Stidio測光表和柏林製造的Collux III色溫測量器，後者兩件光學器材是專為電影拍攝所用。

一般人面臨五彩繽紛的顏色，卻對其本質和怎樣形成卻不甚瞭解，姑且拋開高深的光學理論，用淺顯具體的方式，來談談關於色彩方面的常識和如何正確運用在電影藝術上。

人們皆知光帶或光譜（Spectrum）中，人類視覺所能見到的顏色可劃分為紅、橙、黃、綠、青、藍、紫諸色光，其中「紅」、「綠」、「藍」稱為三「原色（Primary colour）」，以同等比例將之混合便成「白光」；假如在三原色中僅取其二混合而成的「黃」、「青」、「紫紅」，稱為三「副色（Secondary colour）」；凡兩種副色混合能產白光的稱之為「互補色（Complementary colour）」；例如：「藍」與「黃」，「綠」與「紫紅」，「紅」與「青」均為「互補色」，因為「紅」加「綠」呈「黃」，「紅」加「藍」呈「紫紅」，「綠」加「藍」呈「青」光。

要知道物體所以會呈現某種顏色，是由於其反射光線所致。例如墨碳所以是黑色，因為吸收光線中所有色彩光波而致，石膏則反射全部色彩光波而呈現白色，樹葉除綠色光波以外，吸收其他色彩光波而成綠色……依此類推。如果一件物體在正常白光下，吸收藍光而反射紅綠兩光，結果這件物體便呈現黃色，是因為被反射出的紅綠兩光混合而致；如果這件物體是紅色，在綠光的照射下，便會呈現黃色。

既然知道光源的色彩也是決定被照物色彩的主要原因，在影片攝製過程中，首先必須對每個光源有清晰的認識，其色溫（Colour temperature）是多少？一個光源的色溫愈低，它所發射的長光波愈多，呈現紅色，反之，光波愈段的光線，呈現藍色，其色溫愈高。

講到「波長」，人類肉眼所能見到光譜中的光波僅在400 mm至700 mm之間，此處Micra m =1/1.000.000 mm，同時也可用

A Angstrom=1/10.000.000 mm來表達光波的單位。在緊接700 mm波長以內的是「紅內線（Infra-red）」[3]，在緊接400 mm波長以外的是「紫外線（Ultra-violet）」。

至於光線的強度則用「燭光（foot-candle）」，西文是bugía，來表達其單位，一燭光相當於距離一支蠟燭光焰在一英尺範圍所發出的光度。亦可用「路門（Lumen）」來表達其單位，一路門相當於一支蠟燭光焰所發出的光度；此外，尚有「路克斯（Lux）」，是表達一路門照明一平方米的光度單位。

在明白上述色彩的簡單原理後，來看看在電影攝影藝術上如何來控制。

回國服務招待處」早已派員將我們接到一家中上級名叫「第一大酒店」安息。結束了長途旅程，身心還沒來得及放鬆，翌晨一大早，「臺灣省電影製片廠」便派人請我去和廠長晤面，原來官方已預先安排好我去電影界工作。[4]

在臺北植物園後面的臺灣省電影製片廠和廠長楊樵晤面時，他告訴我是被行政院海外學人歸國服務機構分配於該廠工作，非常謙和地問我，在報酬上有什麼要求，職務上有什麼條件？我回答說：

「我回國（我始終認為臺灣是中國的一省）服務沒有任何要求和條件，由於我一向從事電影藝術和技術，在無必要的情況下，希望不空閒著坐辦公室，要我到攝影棚或外景工作，當不辭辛勞全力以赴。」

「那就好辦了。」他停頓了一下：「見到您的學歷和經歷，很難在廠中已有的職位裏安插，我們研究的結果是新創一

個職稱——總技師，您看怎麼樣？」

「很好！職稱上下無所謂，我還是那句話，沒習慣坐辦公室。」

「哦！沒關係，名義上您雖屬於技術科，實際上誰也管不了您，這是一個新職位，有什麼事，直接找我好了。」

就如此一錘敲定，我便成了「臺製」的一員。

經過銓敘部的審定，我被派為「薦任」公務員，每月薪金新臺幣兩千多元，還外加一些業務獎金，如果參加劇情影片拍攝，另加一萬元特殊報酬，那時臺灣經濟尚未起飛，但在當時寶島的同行中，也算過得去的了。

不過，廠方替我們代租的住宅，在臺北南京東路四段名叫「聯合新村」的底層，前後都有院子，是相當高級的公寓，每月租金就花掉我兩千元，直接有廠方在我薪金中扣除支付。

上班後，正好李翰祥在臺創辦的國聯電影公司與臺灣省電影製片廠合作的巨片「西施」開鏡不久，我在片中不及安插固定職務，僅側面協助，予以習慣東方的影片攝製方式。[5]

國聯和臺製的合作不僅是「西施」，之前還開拍過「風塵三俠」，但只拍了三分之一就沒有繼續，該片的主要角色為：性格演員洪波演虯髯客、香港小生楊群演李靖、寶島玉女張美瑤演紅拂女，楊樵廠長曾將已有的劇照展示給我，希望我能發表意見，我意識到他是探測我的審美觀念，我新做客不便嘮叨，無關痛癢地說了幾句，我認為一般國產片的攝影和照明，畫面比較保守和平面，情緒激烈的場面亦鮮有突出的反差，無助於劇情進展的氣氛。

我抵達臺灣時，正是李翰祥為香港邵氏電影公司拍了部票房記錄極高，炒得火紅的黃梅調影片「梁山伯與祝英臺」，在臺灣發行上演獲得破天荒成績的尾聲，家家戶戶都在討論該片，聽說看過「梁祝」片數十遍的大有人在，甚至於有位老太太竟看過一百四十次，真唬人聽聞！與其說「梁祝」片的成功，倒不如說是該片的女扮男妝的「男主角」凌波紅得發紫的她，愛上那位不男不女的「她」或「他」的影迷不計其數，尤其是女性，上了年紀的老太太對她特別喜愛，打戒指的打戒指，打手鐲的打手鐲贈送給她，使她山陰道上應接不暇，與當年梅蘭芳赴美演出時所受的愛戴，有過之無不及。

　　我們搬進「聯合新村」不久，一天臺灣三軍外語軍官學校校長鄒上校登門造訪，他原來是中華民國駐西班牙大使館陸軍武官，在馬德里時就彼此相識，那次他來家的目的是聘請我們到該校教西班牙語。娥笳橫豎在家閒著無事，這樣可以打發一些時間，我雖在製片廠工作，如無片可拍也很空閒，便慨然答應了。娥笳教會話，每週一、三、五上課，每課兩小時，我教文法，每週二、四兩課，同樣每課兩小時，往返派軍用吉普車接送，以鐘點計酬，數目記不清了，總之並不菲薄。娥笳上課時把書霓帶在身邊，語言學校其他外國女老師，不是教會修女，就是年邁婦人，每當娥笳和書霓抵校下車時，校中各班軍官都趕出教室圍觀。上課時書霓不可能在課堂靜等，有一位姓顧原籍無錫的海軍中尉，便領著書霓到花園中遊玩，每次兩小時的西語交流，一學期下來，顧海軍中尉的西語在班上首屈一指。後來，臺灣與西班牙軍方互換留學軍官，那時顧海軍中尉

已晉級上尉，被派遣到西留學，週末常來馬德里家中遊玩，成為我家摯友。我在外語軍官學校教學的時間不太長，因為參加拍片而結束。

「天之驕女」是我在臺灣正式參加拍攝的第一部影片，那是一張黃梅調古裝喜劇，導演是李翰祥拜靶六弟宋存壽，男主角由鈕方雨反串，女主角由甄珍擔任演出，而且那張影片是甄珍出道之作，那時她才十七歲，每次派戲都由母親陪著。由於我畢業於西班牙國立電影學院和電影實驗研究院攝影系，故在「天之驕女」和以後諸片中的職務均是攝影指導，英語是Director of Phtography，製造每場景的戲劇氣氛來調配燈光，選擇攝影機地位和取景，決定鏡頭光圈的運用……等等，在過去電影拍攝，即使在多數東方國家中，也沒有這項職責，均由掌機的攝影師（Operator of Camera或稱Cameraman）所來兼任，因此我在拍攝過程中，由於藝術理念和觀點上的差異，有時會發生一些小矛盾，他們即使在某些氣氛壓抑的場景裏，也要將金碧輝煌的佈景照耀得雪亮，說是：「花了那麼多錢，搭製了這麼富麗的廳堂，不予顯示出來，多可惜！」

一天下午，我們幾個與拍片有關的技術人員在看剛從日本寄回的「毛片」，廠長和製片主任通常都來參加。那場戲是反串的鈕方雨和甄珍小倆口子有過口舌，把甄珍給氣跑了，鈕方雨獨自斜臥榻上納悶，房中氣氛非常壓抑，黃昏時分微弱的光線，透過窗櫺照在榻上的憂鬱公子，其餘場景都處在朦朧之中。放映室中的觀眾認為畫面太暗，不能清晰看到整個瑰麗的佈景。我問他們在看這場戲時，是否因為螢幕上的景色不是通常那樣明

快爽朗，心中感到非常壓抑？他們異口同聲說道正是如此。我於是滿意地呼出：「謝謝大家！我獲得了我所期望的效果！」

不過，過了一段時間後，我揣摩當初氣氛的處理，可能不一定正確，因為拍黃梅調影片，就跟記錄歌劇或舞臺劇一樣，一般觀眾所要求的是故事的內容和佈景的瑰麗，至於其他如燈光和音樂等輔助劇情進展的效果就在其次了。總之，見仁見智莫衷一說，藝術理念各異，你所創造的，不一定讓所有的人都能接受。

拍攝「天之驕女」雖然不是直接錄音，演員表演時仍需以黃梅調唱出臺詞，便於將來在後期製作時對嘴配音。提起黃梅調，不能不談到風靡一時的「天仙配」，又不能不連帶想起該片的主角王少舫和嚴鳳英，同時也鉤起了我少年時的回憶。

我的中學時代是在安慶，又名懷寧和宜城的安徽古城度過，那裏有座皖鐘舞臺，通常以京劇為主，只要有須生戲推出，掛頭牌的非王少舫莫屬，無論哪出戲的角色：「甘露寺」中的喬國老，「捉放曹」中的陳宮，「追韓信」中的蕭何，「坐宮」中的楊延輝……尤其是「借東風」、「失街亭」、「空城計」等戲中的諸葛孔明，都被他演得出神入化，只要他羽扇綸巾出場亮相後，吩咐老兵將西城城門大開，繼之坐上城樓，西皮慢板一過，從容唱出「我本是臥龍崗散淡的人，論陰陽如反掌博古通今……」時，臺下就掌聲雷起，他那瀟灑的身段和微帶沙啞的嗓音，被譽為麒派的傳人。皖鐘舞臺有時也破例推出一兩出黃梅戲，王少舫又以同樣的颱風一變唱腔，把觀眾聽得如癡如醉！

有天，我正在片場調配燈光時，攝影助理跑來跟我說：

「總技師，你能不能來一下，我們被攪得不可開交，不能工作。」

我隨他過去一看，原來有個小夥子扒著攝影機不放，搖動玩著取景。

「對不起！請你讓開一下，我們在工作……」我的話還沒講完。

「你知道我是誰？」他便吼了起來。

「我管你是誰，這是工作場地，閒人請別打攪。」

「Shut up ！」他更不禮貌地吼著。

「喲！你小子哪裏喝了洋水，還會說洋話呢！」我揶揄了他一下。這時，大家上來把他勸走……

「什麼東西，連大爺都不認識？」似乎聽到他邊走邊嘀咕著。

後來大家告訴我，那是嚴化和紅薇的兒子，出道不久的「明星」，原名嚴昌進入國聯後，李翰祥替他起了個藝名——秦沛。於是，使我回憶起學生時代螢幕上小生嚴化的形象，有時穿著筆挺的白色上裝黑西裝褲亮相出場，以當時的眼光看來，足實十分「帥」。說實話，年輕時我最喜歡的中國男明星要算劉瓊了，高挑的身材，加上富有輪廓的臉，演出氣宇軒昂而且瀟灑，是四十年代中國影壇四大小生之首，其餘三位是舒適、梅熹、高占非。

第二部影片也是臺制和國聯合拍的「橋」，導演是出道不久的張曾澤，男主角是臺灣紅星柯俊雄，女主角是臺灣製片廠

臺柱女星張美瑤，他們兩人是臺灣老鄉，並多次合作拍片，日久生情，終於締結良緣。

我在拍攝這張影片時，巧遇在大陸讀高中時候，就非常欣賞的性格女演員盧碧雲，上世紀四十年代下旬，曾由李萍倩導演的「母與子」的演出甚受讚揚。她不但是電影明星，而且還是優秀的話劇演員，在上海「浮生六記」中主演芸娘，尤其是臨終對其夫沈三白的深情辭別那幕，特別委婉動人，沁透所有觀眾肺腑，因之風靡滬上。她在「橋」中扮演一位徐娘半老的夫人，有一場景，她憂鬱獨坐廳堂，感傷身世的不幸而黯然淚下。導演需要一個流淚的特寫鏡頭，吩咐化裝師在攝影機轉動前，先給她點些催淚水。

「不！那樣沒有真實感，給我一兩分鐘安靜，讓我進入情況。」她抗議點假淚。於是全場鴉雀無聲，一分多鐘後，她說：

「夠了，開拍吧！」一聲「Camera！」機器轉動，75 mm的長焦距的鏡頭對著她悲愴的雙眼，淚水自無而有，在她眼眶裏徘徊徘徊……終於在面頰上慢慢流下。十幾秒鐘後，導演「Cut！」一聲，繼之全場工作人員的掌聲齊起！

過去，盧碧雲和我的大哥都在安慶的安徽郵政管理局服務，並且我們還是南水關鄰居，彼此都有來往。所以盧碧雲和我在拍戲休息的片刻，時常談起家常舊事和四十年代上海電影和話劇界的盛況，感慨之餘也拉近了彼此間的距離，我稱她大姐，她稱我小弟。

拍戲時，使我最不習慣的是人員職責不分。我是負責攝影部門的主管，下有攝影和照明兩組人員，佈景和劇務組時常抓

差，把照明電工拉去做雜務，等我需要他們時，往往找不到人手，使我非常煩惱而口出怨言，導演卻說：「我們這裏是大哥二哥一家人，有事大家做，不像你們外國分得清清楚楚。」我才來工作，不知國內底細，況且他是導演，不便和他爭辯，心中卻嘀咕著，拍戲哪有這種制度？孰知拍電影是件非常複雜的業務，部門繁多，若不分工合作各盡其職，將來發生什麼差錯，由誰來擔待責任？

誠然，國外我們通常在拍戲現場，每一部門，無論是劇務、導演、演員、錄音、特技等等都派有專人，尤其是藝術部門派人最多，至少有助理美工師一人負責協調和指揮，服裝、陳設、道具、木匠、漆匠、石膏匠、鐵架工等各一兩名，用以應付不時之需，這些專人英文術語稱之為Shooting standby unit。

「橋」片中有很多實景，就在臺北和其附近的村鎮尋找場景，如需特殊的景致，則到外地花蓮、彰化等地拍攝，尤其是主題戲的「橋」，我們跑遍全島，終於在臺南找到愛河上最適合劇情的一座大橋。每當劇組人員住進旅館時，晚間必有「茶房」前來敲門問道：先生是否要小姐陪伴。我不知其他同事中是不是需要此類服務，至少我向來「守身如玉」沒有這種口味。

拍戲時為爭取時間，通常每天凌晨便趕到片場，預先準備一切，等待日出後兩小時開拍，因為旭日東昇時，色溫度太低，拍攝出來的畫面泛紅，除非需要這種效果，否則底片不能使用，因為日出兩小時後的白晝色溫才能到達5500 K度左右，所拍攝出來的畫面呈現正常色調。

星期天是休假日，我正在睡懶覺還沒起床，女服務員敲門說是要整理房間，我於是起身梳洗完畢出房，讓她整理，不多時她就將房間整理乾淨，臨走時她要求我說，夏天很熱，動不動就滿身大汗，她們服務員的起居條件非常欠缺，根本不能隨時沐浴，問我是否能給她行過方便，准許她先在我浴室洗了澡再走，並說我可以待在房間裏，這樣旅館不會發現她犯規使用客房。我見她怪可憐的，給人方便是樂事，能通融就通融一下，予我也沒有任何害處，我於是躺到床上看書，也沒有注意她的動靜，耳聽她進入浴室，放水，洗澡，不經意抬頭一看，浴室門並未關緊，敞開一大截，這時我意識到有點不對勁，連忙起床走出房間。後來與同事談及此事，他們笑我傻瓜一個，什麼事都不懂，女服務員是有意把門敞開，讓你進去就範！你若蹚入圈套，通常你們會享到一場溫馨的鴛鴦浴兼銷魂的魚水之歡後，賞給她一些額外的「服務費」，雙方便皆大歡喜。若是你遇到一個尖刁的女服務員，她會狠狠地敲你一筆，若不能如願以償，便會張揚出來，這些姑娘見得人多了，一看你就是愛體面的「外來客」，叫你下不了臺，吃不了兜著走！媽呀！我自忖著，這是個什麼地方，到處都是陷阱？防不勝防。

　　我所參加攝製的第三部影片是古裝片「王寶釧」上下兩集，導演是臺製的楊甦，男主角薛平貴是楊群，女主角王寶釧是王復蓉。很多導演和明星在成名前幹過各種不同的活，踏進電影圈後，也是從下到上經過不同的部門，倍受坎坷後才成名的。例如李翰祥初到香港時，不但當過特約演員——其實，美其名特約演員，也就是有幾句臺詞的臨時演員——還替電影公

司畫過海報。聽說楊群在香港曾當過員警，不知是否屬實；但早期他剛跨入影圈時，在初出茅廬的李翰祥所導的「海茫茫」——後該片改名為「水仙」——中也當過特約演員。「王寶釧」之後，他在臺灣又主演了「夕陽無限好」等多張影片，最後，還自創鳳鳴電影公司，自導自演拍片，公司名稱的由來，很可能因其妻的名字是俞鳳至所致。至於王復蓉，因為她是出身臺北復興劇校的青衣，而古裝和戲曲電影的女演員，需要有蓮步蘭指等身段訓練，故拍攝古裝片，大多會就近棄遠，擇用傳統戲劇舞臺演員了。

某日，我們正在影棚拍攝內景時，突然來了幾位不速之客，其中一男一女特別面熟，那位中年男士身材高挑，風度瀟灑，進場後見我們在排戲，老實不客氣插入指指點點，還搔首弄姿擺出身段示範。一問之下，原來是上世紀四十年代抗戰勝利前，敵偽時代上海紅透半邊天的「風流小生」白雲，他不僅在滬上把一般紅顏勾引得神魂顛倒，聽說他還和慕容婉兒同到當時的北平演出話劇「潘金蓮」，他在劇中飾演謀害武大郎的西門慶，臺上個儻風流的輕佻形象，風靡了臺下多少浪姐和姨太，甚至於有人褪下鑽戒或手鏈向舞臺上亂拋！另一位風韻猶存的女士，竟是李翰祥的明星太太張翠英。我出國前年輕，所看到她的影片雖然不多，但是張翠英的芳名和臉蛋還是蠻熟稔的。她在抗戰時期淪陷區所拍的「紅樓夢」中飾演金釧，戲不多，不太引人注意。不過，她所參與的那張由華影出品，卜萬蒼導演的「紅樓夢」卻相當出色，尤其是那張老片的演員陣容之雄厚非同小可：袁美雲反串賈寶玉，周璇飾林黛玉，王丹鳳

飾薛寶釵，白虹飾王熙鳳，梅熹飾賈政，如此一流群星會聚，再加上老牌導演卜萬蒼，任他怎的，看起來真過癮！一九四九年新中國成立後，很多電影明星都紛紛赴港，張翠英曾在張善琨的長城電影公司所出品的「秋海棠」中，與嚴俊、韋偉、韓瑛共同演出，該片的導演竟是影壇硬漢巨星王引。

在「王寶釧」片裏，有位飾丫鬟的配角李芷齡，因為她的性格爽朗潑辣，臺灣影圈中人替她起了個綽號——「小辣椒」。我在認識她之前，曾在朋友家電視銀幕上見到過她，賞識她對什麼都毫不在乎的形象，後來竟巧合在同一張影片裏工作，因此我們兩人走得很近，我請她到咖啡廳聊天，去看電影，她請我到她家晚餐，她母親是寧波人，做得一手好菜。有次，我在她家吃到非常可口的酒釀，不禁讚不絕口，那是我自小至今所愛的零食，不兩天她母親特別為我做了一壇，叫女兒親自送到我住的「自由之家」。有時朋友在家請客，我也把她帶著一道去。當時的臺灣，只要見到男女兩人在社交場合同出同進，就會傳遍閒言閒語，她是天馬行空無所顧忌，我更是我行我素不顧流言蜚語。我奇怪，異性之間難道就沒有純真友誼的存在？我不否認我喜歡她，愛和她在一塊，但僅限於「喜歡」而已，別無他圖。我相信她對我的印象也不壞，否則不至於有請必到，尚且大家都知道我是有婦之人。我在感情上可能很保守，堅決不能接受對伴侶的不忠，即使他們沒有結婚證書那張紙。婚姻是男女雙方感情到達沸點，互相在誠信基礎上建立的高尚契約。當然，也有許多婚姻並非藉愛而結合，而是另有企圖，那就另當別論。社會在變，世界在變，人，當然在本

質和意念上也會隨環境而改變。過去，一對戀人各居其所，相愛得非他不嫁非你不娶，結婚後朝夕相處，便會發現對方不是自己從前所想像的那樣理想，那是由於蒙著眼睛的丘彼得胡亂射箭所致。有時夫妻不睦，哪一方面都無責任，因為時間或外來因素改變了他們的習性，能相互包容則聚，如否則散，無可厚非，但最重要的是，不要背叛信義，做一個人格上欠缺的人。

　　若干年後，我參加西班牙的一個技能代表團去臺北開會，到達的第二天夜晚，帶了禮品去臺灣電視臺找她——因為我們之間一直沒有保持聯繫，到了電視臺問起李芷齡的地址，那時我揣測影視圈內，一定知道她的動向。年齡已過半百的傳達見我問她，並未即刻回答，自頭至腳仔細把我端詳了良久，一見我那副洋裏洋氣的打扮，頭髮養得很長，就知道我是剛從遠洋回來，他於是帶著神秘的微笑，眯著一雙老眼吞吞吐吐說道：「李芷齡嘛——她好一陣子沒來了，她——她在做月子。」見到他那種神態，一定以為我是海外回來，還不知道女朋友結婚生子的傻瓜。我獲得她的消息後，遂掏出筆記本，把我住的圓山飯店房間的號碼寫下交給他。

　　「哦！那請您把這電話專告她，說有個從西班牙來的朋友想見她。」

　　次日晚上，就接到「小辣椒」的電話，邀我隔天去她家午餐。見到了她的夫婿——臺灣電視臺的導播，和新出世不久的小寶寶，舊友重逢談得非常愉快。飯後，她又代我約了盧碧雲大姐，去了臺北市中心的一家咖啡館晤談，幾年不見，臺北變得十分豪華，一片欣欣向榮景象，但人事的變遷也相當可觀，

她們告訴我臺灣省電影製片廠已撤銷，舊人也不復相見，時過境遷不勝感慨！

那次去臺北開會，由於西班牙代表團團長是國際技能代表團總秘書長，況且所有團員只會西語，不諳其他外語，離西前曾聘僱職業翻譯員：英／西、法／西、德／西三人，因為去臺灣，我被聘為聯絡官。在臺召開的國籍會議日程是，三天開會，三天週遊寶島。怎奈臺灣出席官員中很少能說外語，即使代表中能說流利英語的也極少，能說法、德語的更談不上。結果，所有會議和遊覽節目，均由我一人權充翻譯，忙得我疲於奔命勞累不堪。[6]

在菲律賓期間，我們下榻於哈亞特（Hayatte）美國豪華連鎖酒店。除了視察幾個主要的西班牙所控制的大企業，如西班牙煙草駐菲分公司、聖米蓋爾（San Miguel）啤酒廠外。[7]大半時間都在赴宴和旅遊菲全國重要名勝和景點。馬利拉的西班牙煙草駐菲分公司總部，簡直就像一座巴羅克式王府，晚宴時，飯廳水晶吊燈璀璨，四壁覆緞，全廳輝煌燦爛，銀質刀叉和細緻杯盤滿桌，除了鮮美的本地水果外，美酒佳餚大多來自西班牙。赴宴士紳衣冠楚楚，貴婦則珠光寶氣，平時沒有機會炫耀，是晚，似乎將所有首飾展示於酥胸玉臂！身穿潔白制服金光閃閃銅鈕的土著侍者，殷勤在旁伺候。席中杯光交錯談笑風生。

突然，有位豐腴的貴婦，伸出戴著晶瑩鑽戒的手指，指著那些紫銅膚色的侍者說：

「哦！這些本地傭工真善良，幹活非常勤懇，從來不多分外要求，有地方住，再有一碗米飯就很滿足了！」

我聽了此話，不由心中一陣辛酸，世間貧富不均，相差竟如此之巨。

　　我們一行人飛抵東京後住進帝國大酒店，該酒店分老店和新店兩部分，老店建築雄偉豪華，據說是美國名建築師弗郎克‧瑞特（Frank Wright）所設計，新店則是摩登建築，我們所住的是新店，房間狹窄得不可思議，況且四壁和櫥櫃都是塑膠預製成品，在裏面起居就如同被關在塑膠盒內那樣壓抑，似乎無法喘氣。

　　東京的耽留是兩夜三天，我們分兩組互不相關自由活動，蜜雪兒和我在東京的傍晚便到「銀座」逛夜市，那裏名不虛傳，豪華商店群集，滿街燈花輝煌，與歐洲國家的大城市比較毫不遜色，若以車輛人流而論，有過之而不及。閒蕩中，不知不覺來到「築地市場」，日本人自己稱它為世界四大購物中心之一，我們進去走馬看花溜了一圈，僅感龐大而已並無甚特色，倒覺得號稱「築地場外市場」更有趣味，沿街滿排小店鋪，並有連接不斷的搭棚攤販。晚餐則在銀座的後街風情十足的當地小吃點解決，我清晰記得那晚我先叫了一份生魚片來開味，然後來了一碗牛肉麵，蜜雪兒隨時保持身段，似乎僅要了一份壽司，不但簡單清爽，而且非常經濟。

　　隨後兩天，由於路線不熟，我們還是首先去銀座，順著隅田川漫步到了「淺草寺」，寺內有美妙的重簷浮屠，那裏遊客蜂擁，香火鼎盛。直通寺廟大門的小街兩旁，擺滿民間藝品和旅遊紀念品的攤販，我見到一個藍色印花土布攤位的紡織品，其花色圖案鄉村氣息頗濃，忍不住買了一件睡袍，兩套斜襟衣褲，以及日本村婦當包袱用的方巾，帶回馬德里後，妻子娥箚

見了愛不釋手，有客來時，將方巾用作咖啡桌臺布，朋友們見了都喜愛不已，均問自何處購得。至於那兩套粗布印花衣褲，娥筒在春秋季風和日暖的時日，穿著日本村婦的工作服外出，引得不少路人凝眸遠望而洋洋得意。

其餘的時間，蜜雪兒和我馬不停蹄地參觀了東京都內首屈一指的「八芳園」和另一座「池上木門寺」，該寺院亦有一座五級重簷浮屠。日本的建築格式自中國傳入加以改革，他們的宮殿和寺廟建築的屋簷出跳甚大，而下面臺基較小，看起來似乎有點頭重腳輕之感，沒有中國的莊嚴，但日本建築未受中國古代禮教的規範所縛束，建築群中的主建築必須建於中軸線，其餘房舍則對稱分建兩旁，如此，中國建築群，無論是宮廷、寺院，或私宅，自古至今墨守成規沒有變化，顯覺呆板。日本建築則不然，他們雖然承襲了中國古代建築，甚至於遠在中國的唐代，還聘雇中國的營造能匠東渡到京都和奈良等地建築宮殿廟宇，但後來他們卻不墨守成規，多有演變，其建築格式明顯較有生氣。例如東京市中心千代區的皇宮設計如城堡，高達一百八十米，居高臨下非常巍峨，自從明治維新，京城自京都遷至東京後，歷代天皇，如明治朝的睦仁、大正朝的嘉仁、昭和朝的裕仁和現今平成朝的德仁諸天皇，都居住在斯。我們自下仰望該皇宮，誠然美侖美奐似若瓊樓玉宇。據說，為了保持天皇住所的尊嚴，禁止附近大手町、丸內町、有東町等的任何建築物的高度，不能超過一百公尺。

到達巴黎後，蜜雪兒離代表團回家，我們僅在那裏待了一天一夜，因為代表團中任何團員曾經都多次到過這個世界花都，

我們既然途經那裏，大家買了些法國著名的乳酪，並且還看了一場風靡一時的香豔影片「艾瑪奴艾爾（Emmanuelle）」，因為像諸如此類的色情濃厚，但並非下流的影片，即使在弗朗哥執政時代的西班牙，也是絕對禁止放映。

由於我在高中畢業後，在國內從未踏入社會一步便出了國，所以在臺兩年期間，自開始進廠起到離臺為止，就不斷出了多次洋相。

我在臺制工作沒幾天就是中國農曆新年，楊樵廠長在新年同樂會上，正式把我介紹給製片廠同仁，根據我的學歷和經歷大加捧吹，除了原有學歷外還說我是電影博士。我在答詞中，當然會謙虛一番，什麼在外只學到點皮毛，還希望祖國影界前輩多加指導和照拂等等客套，然後，並說歐洲各國的電影學院，不像美國是大學中的一系，大多是獨立性的專科學府，英國稱之為college，西班牙稱之為escuela，不授博士學位，僅授專業頭銜，社會人士不因非博士而看低其頭銜，相反，有些技術專校的頭銜，如建築師、各科工程師的頭銜，遠比大學本科博士為高云云。後來在廠中與同事熟稔後，他們善意告訴我，對上司或主管所說的話，不宜當面反駁，尤其在大庭廣眾之中。

我們在廠裏工作，通常每天八小時，每週五天半，週六下午不上班。但是不多久，廠裏各科主任和業務負責人在週六上午下班前，會接到廠長通知，當天下午五點或五點半在附近某某酒店開會，會後便餐招待。難得次把不足為奇，久而久之，使我對此在公餘開會發生置疑。終於一天，我單獨——我學乖了——去廠長辦公室諮詢：

「廠長，我不太明白常常要在公餘開會，還要用餐？這不但占取了員工的休息時間，還花費了公款？為何不改在辦公時間以內，進行此等公務活動？」

廠長聽了我的此番質疑，哭笑不得，最後，終於和藹地向我解釋：

「總技師，我同情您的好心建議，要知道我們同仁的薪金菲薄，公家又無法改善他們的待遇，只有用這種『牙祭』方式彌補彌補！」

「哦！……」我聽了這番解釋，恍然大悟，私忖又出了一次洋相。

臺灣省電影製片廠本身是一個新聞機構，其職責是拍攝新聞和一些有政治、經濟、學術、藝術等價值的記錄片。已故廠長龍方鑒於廠中的設備，有條件攝製劇情片，何不擴充營業？遂興建攝影棚和增加電力，接受外界私營電影企業，租賃影棚和配借用技藝人員製片。廠中員工每次參與外來片攝製，除原有正薪外，均酬以特別獎金。當時拍「西施」，那是國聯和臺制耗資巨大的合作片，拍攝時間當然也較長，香港來的攝影師片酬是每部新臺幣兩萬元，那時，我以攝影指導的職稱參加拍片，每部獎金是新臺幣一萬元，就算不錯的了，本來我回國服務的目的，一來是了卻娥笛嚮往中國的心願，二來是達到我渴望下攝影棚工作的意念，至於報酬多少滿不在乎。

因為職位的關係，我是臺製長的總技師，所有外來私家電影公司託我們技術後期操作的收費，無論是沖洗加印、剪輯、配音、放映……等等，多少都有我一份，每月在薪水單上都增

添了不少專案，雖然數目不多，由於我並未實際參與過那些操作，僅依職稱而拿了那些「額外獎金」，心中實在不是滋味。於是，我又到廠長室交涉，說明我礙難接受那些不勞而獲的獎金。

「哎喲！我的總技師呀！這是我們廠方的規定，也是全國公家機關的沿例，您假如不接受這種獎金，那廠裏多少同仁都不能享有這種福利了，叫我怎麼辦？……您就委屈一點收下吧！」廠長拉著一張莫可奈何的臉，對這個傻小子，簡直沒有辦法。

我聽到他這般解釋，還有什麼話可說，但心裏一直感激著那位耐性的廠長，自我進廠起，他在任何地方，始終都不厭其煩地照顧這個不懂世故的「黃香蕉」。

為了心安起見，每月發薪後，我總把那些所得的「不義之財」拿來請客，這樣皆大歡喜，了結了一樁難於擺平的公案。

因為我是極少數自海外歸國服務的技術人員，況且還具有拍攝好萊塢影片的經歷，很多學府紛紛來請我去做西方電影介紹和有關電影的學術演講。首次被「臺灣電影雜誌」和臺灣大學聯辦的「當代電影藝術講座」邀請演講，主題是「電影燈光的概念」。當我由主辦人領入臺大禮堂時，只見聽眾密密層層擠滿，我那時三十出頭，看起來還要年輕，加上個頭不高，與在座的大學生沒有分別，感覺到眾人私下竊竊議論。我們走上講臺，先由主辦人將我的學歷和經歷簡短介紹，我便坐下慢吞吞將演講稿鋪開，把手錶褪下放在桌上，再要了一瓶水擺在旁邊，才開始話題……那時，在座的聽眾一定會詫異，怎麼絲毫不像一般的演講者，口若懸河地站著講話，居然還要水以防口渴。所幸我演講

時，臺下鴉雀無聲，似乎都在很專注地聆聽……預定兩小時，省略了許多數字和細節，講了兩小時半才結束，臺下掌聲沸起，可惜沒有時間給他們發問。「臺灣電影雜誌」主編遂將我的講稿要去在他們的刊物上發表出來，後來，我們製片廠看到了那篇文章，又把它印成單行本發給廠中同事作為工餘讀物。

過了一段時間，廠方就將該演講主題「電影燈光的概念」給廠中攝影、照明人員和臺灣藝專戲劇電影系來廠實習的大學生，叫我主講了一屆「電影攝影照明培訓班」。於是，我將原稿加以補充，外加實習，完成了一項對從事影片製作技術人員非常有益的教程，內容共分：電影簡史、燈光的種類、佈景的照明、演員的燈光運用、影片色彩的控制、攝影師與其他人員間的協調，以及結論共七課。講解時，在攝影棚用實物示範，使培訓人員能獲有實習效果。

茲將拍攝彩色影片要領陳述於下，這不但為電影從業者，即使為一般喜愛電影的群眾，亦可作為電影欣賞和評論的參考：

在拍攝「內景」時，任何一場戲在開始配光之前，首先應該確知的是底片的感光度和色溫度，光源的強度和色溫度，兩者是否配合，否則必須調整其中之一。

我們既然知道任何物體所以呈現某種顏色，是由於其所反射光線所致，設若一個物體在強烈的日光中是藍色，一旦將之放在一般的燈光下幾乎是黑色，其原因是普通燈光所能發射的藍光極其貧乏，根本沒有充分藍色光波能反射出來，而使該物體呈現暗黑色調。由是，我們更可明瞭光源的本質是影響物體色彩的最大原因。

那麼，在調配燈光的過程中，首先應該知道每個光源的本質，也就是說其色溫光度為多少？一個光源的色溫度愈底，其所發出的光波愈長，呈現紅色，反之，藍色的光波較短，其色溫度較高。

　　假如要拍攝某種特殊效果時，則必須利用光源和膠片色溫之間的差別，來製造一種特殊氣氛和感受。例如：欲在廠棚裏拍攝外景，所用的光源和底片的色溫是3200 K度，此處K度即Kelvin色溫度的省寫，若僅用提高色溫B組藍色濾光紙照在聚光燈上，使全場景物呈現藍調是不夠的，還必須將場中事物的明暗反差增高，才能表現夜景的氣氛。講到反差，如果是演員面部，我豪不猶豫至少會用上1/4的比例，在景物照明時，其反差可更高，甚至於陰影處是漆黑，因為在夜間無天光沖淡其背光處。佈景中建築的門窗如有燈火，當然最能表現夜景的特徵，這時室內是3000 K色溫度上下的普通的燈光；若欲表現火焰的特徵，可將燈光的色溫更加減低，並用拂塵或布條在燈前晃動，造出火焰閃爍的模樣。

　　晨曦和黃昏的色溫較低，一切事物呈現橙黃和緋色，但晨曦的色調應該較淡雅，而黃昏較濃重，若欲使其有朦朧感，可少加煙幕，或在鏡頭上加柔光鏡亦可奏效。

　　在拍攝「外景」的正常情形中，無論是佈景的內部或外部，通常所採用的為依斯曼（Eastman）和富士（Fuji）各型彩色底片，假如所採用的是色溫6000 K度的白晝底片，不需要任何特殊效果，除了用調整色溫的濾光鏡，將自然光線的色溫升高或降低，使之適合所用的底片外，無須特殊措施。若採用色

溫3200 K度的燈光底片，則必須借助柯達Kodak Wratten 85號或其他品牌橙色組濾光鏡，將自然光線的色溫降低到3200 K度使用，方不至發生差錯。

拍攝晨曦和黃昏時，工作時間正在當時，無須調整色溫，所應該注意的是演員的面光，因為該時的光線往往不適合劇情發展，這時可遮去自然光線，用燈光模仿旭日或夕陽來處理。

在正常白晝拍攝外景的夜景時，即使用的白晝底片，欲使之有藍色夜光感，必須外加柯達Kodak Wratten 80號藍色組濾光鏡拍攝。如果備有發電車及燈光設備，在照明上當然不成問題。若物質條件不夠，或地理環境不允許攜帶燈光配備，惟一的辦法只有使用燈光底片，在白晝拍攝夜景，但必須選擇陽光強烈的日子，不見天空、縮小光圈、背光而攝，如必須有天空出現，則加濾光鏡把明亮的天空予以遮掩，方能奏效。美國的牛仔西部片常用這種方式拍攝，故此在電影圈內呼之曰「美國夜景（American night scene）」或「American night shoot」。

儘管我們可用技術來調整光源配合需要，其效果總比不上實際時刻的光源來得逼真。例如「羅馬帝國覆亡記」中的山寨破曉景色，短短的一場戲，卻花費了好幾天的早晨，原因是每天所能應用的時間，僅是破曉的剎那。此外，「太陽帝國（Empire of the Sun）」中，日本即將投降前做出最後的掙扎，派遣「神風」敢死隊襲擊，背景是地平線上巨大的落日，前面是幾名飛行員誓死報國，那美麗但非常悲壯的一景，只有在那種真實的情況中，才能獲得那樣動人的效果。

當在條件不夠的情形中拍攝外景，不能攜帶發電車供點，

利用聚燈和泛光等作光源時，則用反光板（reflector）予以代替，反光板有不同顏色和粗細的板面，銀色者所反射出的光與光源相近，金色者反射光顏色較暖，有的尚帶淡藍色，用以使其反射光更能與天光相似；板面愈細反射光愈明亮，板面愈粗反射光則愈泛。通常反射光用為副光減除陰影，例如演員面部在強烈的陽光下或背光拍攝，其陰影太黑，則利用反光板來均衡照明或減低暗度。尤其是背景中的建築和樹林，即使帶有燈光，也常用反光板來調整其陰暗處。

所謂「實景」，就是已存在、不專為拍攝電影搭建的現成建築物和場景。其優點在以實景所拍攝的影片氛圍比較有真實感，但是，能根據劇本找到完全合適的場所非常困難，為了製片預算所限制，很多影片都尋找實景去拍攝，這些實景往往不合乎劇情的要求，況且，在實景中的技術操作也比較困難，比如燈光的調配、畫面的選擇、演員的活動空間、錄音的效果等等，都沒有在搭景中拍攝方便和完善。但是，為了具備真實感，有些導演特別喜愛選擇實景拍攝影片，五、六十年代的義大利「寫實片」大多喜愛實景，尤其以安東尼奧尼（Antonioni）為甚，他所拍的影片中大多以現實社會為背景，有記錄片意味，難怪實景便派上了用途。

拍攝外景實景與外景佈景的燈光調配沒有多少分別，僅僅前者由於環境關係，往往在陽光的角度上不能如願，必須用燈光和反光板來均衡其明暗反差；如果是搭景，事先已選擇有利的陽光角度，拍攝時便不會發生此等問題，而拍攝出的成果，一定要比實景完美。

話雖如此，若是劇情在有歷史性的龐大建築物前發展過程並不複雜，而且鏡頭角度通常，則沒有必要花費鉅資來搭建佈景了。

　　拍攝實景內景時，必須注意的是採用何型底片，色溫3200 K度，還是白晝底片？若是採用前者，必須把窗門外的真實光源，用85號橙色濾光紙將窗門覆蓋，使外面光線的色溫降低，適合所採用的底片色溫。因為通常白晝晴天的色溫通常在6500 K度上下，如果是開朗無陽光的陰天，色溫竟高至8000 K度以上！

　　若是採用後者，門窗不必覆蓋任何濾光紙，這時所要調整的是燈光色溫，只有碳精弧光燈的色溫和天光相似，一般鎢絲燈的色溫僅在3500 K度上下，這時必須在燈前覆蓋藍色組濾光紙，把光源的色溫提高至5500 K度方可拍攝。

　　自此以後，我被陸續邀到世界新聞學院、臺灣政治學院、臺灣攝影學會（會長是中國著名攝影前輩郎靜山，他還頒送我一個榮譽會員的頭銜），以及國民黨元老李石曾所主持的世界學會等處去介紹有關電影技術和歐洲藝術的動向。尤其在世界學會裏所遇到的與會者，大半是七老八十的國民黨黨國元老、政府的高官，以及藝文界名流。使我最詫異的是，還巧遇當年在大陸叱吒風雲、豔史遍傳的四川大軍閥楊森將軍，那時他已高齡九十，五短身材、皮膚黝黑，體格似乎還很健壯。會中除我演講外，尚有民間舞蹈表演，最終是李石曾書法義賣，為了捧場，我選了一小幅草書橫批，至今還掛在書房牆上。[8]

　　李石曾在法期間始創勤工儉學運動，回國後與蔡元培、吳玉章等人大張旗鼓對中國學生宣傳赴法留學。自此以後，中國

大批有志青年赴法勤工儉學留學，一九二〇年周恩來、鄧小平等赴法，均受勤工儉學運動的號召赴法，為了生存多去工廠辛苦打工。當時的法國工人，由於俄國十月社會主義革命影響，促使他們對馬克斯等新潮主義非常嚮往，這批勤工儉學的中國留學生當然不能例外，年歲較長的周恩來等隨即接受了社會主義思想，於抵達巴黎的次年便加入了共產黨，而較年輕的鄧小平又受到周的影響，參加了當時旅歐中國少年共產黨。

過去我在安慶所讀的崇文中學，是西班牙天主教傳教士所辦，當時安慶天主堂的院長弗然西斯哥・艾拉斯（Francisco Heras），中國名字是何廣揚，就是他將我們一行六個學生保送到他的祖國西班牙來求學的。解放後，他輾轉到了臺北，任耕莘文教院院長，該院為紀念中國天主教樞機主教田耕莘而取名，是天主教主辦的一所普及學術的教育中心，經常舉辦學術活動。我們異鄉重逢，邀我去夏天暑期班講課，義不容辭，商酌後我決定以「電影藝術欣賞」和「西班牙藝術簡史」為題開講為時兩個月的暑期班。「電影藝術欣賞」的內容是如何去欣賞一張影片中的技藝處理，自劇本編寫講起，順序分析導演、演員、攝影、美工、音樂、剪輯等操作。為題「西班牙藝術簡史」則概述歷代西班牙最顯著的藝術風格和潮流、遺留至今的文物以及各時代的代表性藝術家。報名參加者非常踴躍，各色人等都有，但大多數為學生。

有次，號稱「太子」的孫科訪臺，無論官方和民間機構都大肆歡迎，不記得是哪個歡迎大會也邀請了我去參加，在廣闊的室內籃球場中央，安置了圍滿鮮花的主席臺，但臺上僅有

一張不太大的長桌，桌後放了三把椅子，中間一把是為太子孫科，左邊是為黨國元老莫德惠所設，右邊空著。大會開始前，嘉賓即將來臨，不知怎的，主辦人尚未物色到坐上右位的人選，在人群中亂竄，詢問在場的高官貴冑，但無一人敢接受邀請，坐上那張榮譽坐位，急得沒折兒之餘，跑到我面前懇求道：

「那張右椅沒人敢坐怎麼辦？空著實在不成體統，小老弟是外賓來臺，能不能幫我解決難題坐上去？」

我見他急得那般狼狽，惻隱之心人皆有之，便慨然答應懇求坐上主席臺。

翌晨上班時，同事們一見到我，便大嘩起來：

「您真有辦法！總技師，居然敢和太子孫科在主席臺上坐到一起！」

「有什麼敢不敢，我是一介草民，沒有官階，和誰都可平起平坐，況且現今是『民主』時代，『民』就是『主』是不是？」我調侃笑著。

原來那天一早「中央日報」的頭版就發佈了歡迎孫科訪臺的新聞，還大幅刊登了我們三人在主席臺上的照片。

我到臺灣前夕，該省放映了一張西班牙幾年前所拍的舊片「一線曙光（Un Royo de Luz）」，主角童星瑪利莎（Marisol），在片中演出時尚是一個不滿十歲的可愛女孩。由於該片的票房收入空前轟動全島，使影片發行商意外獲得一筆非常可觀的利潤，他們得知臺灣製片廠新聘的總技師來自西班牙，便輾轉托人介紹與我晤面，要求再自西班牙買進另一部瑪利莎主演的影片來臺發行放映。經過我和西電影製片公司的聯繫，終於獲得

一項很好的消息，說是該電影公司正好要派製片人帶瑪利莎到東京參加她主演的另一張新片，結束後，可趁機到臺北與他們商討買片事，同時還可組織一個瑪利莎演唱會，預先替臺方所購的新片大肆宣傳。

　　經過不長的一段時間後，西電影公司一行人：製片人戈央乃斯（Goyanes）夫婦，外銷主任拉貢巴（Lacomba），瑪利莎和其母，另外還帶了一名吉他伴奏赴臺，臺商對他們招待得無微不至，下榻圓山飯店，我當然在被請之列，不但此事由我一手促成，而且在談判交易時，因語言障礙非我不可，而且，來賓中有戈央乃斯夫人、瑪利莎和她的母親，也把我妻子同時請上陪同她們。最使我吃驚的是，臺灣發行商對西班牙一行人的招待過於殷勤，簡直可稱巴結，當來客在飯店一經安頓，臺方即每人奉給紅包，裏面滿裝簇新的新臺幣鈔票，說是給他們在臺期間的零花錢，為了討好外銷主任，還秘密請他到北投去洗「鴛鴦澡」，不可思議的是還請我奉陪，我好尷尬，後來一想去就去，何不乘此良機去見識見識，到時候只要「柳下惠坐懷不亂」好了，將來我要設計此類佈景時，不至於無參考資料而發愁。

　　豪華轎車把我們送到離臺北市不遠的北投，只見山明水秀，好一個風景綺麗的境界，翠綠叢中零落撒著別墅型建築。抵達一座雅致的日式平房，進門前大家脫了鞋，才到一個非常寬闊的套間，外廳中央小矮桌上，早就擺滿了茶點，還好，地上沒有鋪「踏踏米」，並且有舒適的沙發，否則慘了，我從來就不習慣盤腿席地而坐。大家稍談片刻，就有兩位濃妝豔摸的

年輕女郎被召進來，拉貢巴挑了較漂亮的進入後房，臺商們問我：假如我不滿意剩下的那位，可以打發她回去，只須付她車馬費。我沒有接受提議，因為這樣做，對那位女郎來說，怪可憐的，像貨品似的不愛就換，況且，我是醉翁之意不在酒，他們識相不便多留，隨即離去。

「先生，我們到裏面去玩一會兒？」女郎用「臺灣國語」姣滴滴地問我。

「別了！小姐，我們就坐在這裏談談好了。」

「怎麼？先生不喜歡我嗎？」她撒起嬌來。

「不，不是喜歡不喜歡，你長得很美！……」其實，她哪裏稱得上美，我善意說了個謊，並繼續向她解釋：「這幾天把我忙壞了，需要休息休息。」

她聽我這般說，也就沒有拉我到後面去「玩」了。我們並做在長沙發上嗑瓜子聊天，她殷勤地為我倒茶，一會兒又站起來替我拿熱手巾。我隨便和她聊聊她的身世，問問她的生意怎麼樣。他說去北投溫泉旅館的「遊客」很多，尤其是週末，她們姐兒們常是「山陰道上應接不暇」，這語氣是我杜撰的，她們都是一群沒受過教育的山地姑娘。

臺灣發行商與西班牙外銷主任談判的結果，買了一張瑪利莎幾年前所拍的歌唱片「巴西行（Rumbo a Brazil）」外，還搭了幾張不足為道的小片。[9]聽說在臺一度風火過的「一線曙光」，就是臺灣發行商當初在香港買片時被搭進的「小片」，意外發了一筆大財，香港片商知道後則後悔不及。後來，臺灣發行商向我抱怨，說他們如何殷切招待西班牙外銷主任，他竟

在賣片價格上毫不讓步！我說：活該！中國生意人在交易時，總想私下買通對方經手人，每每偷雞不著蝕把米！

　　為「巴西行」宣傳所舉辦的瑪利莎演唱會中，那時的她早已脫離活潑俏皮的童星時代，以青春靚麗的少女姿態在臺上出現時，博得臺下一片熱烈掌聲。演唱會組織當局特為她重資聘請了臺灣最受歡迎倜儻風流的主持人，他首先用相當標準的普通話介紹了瑪利莎演藝生涯的簡史後，即以流利的美國口音英語開始向這位美麗的拉丁少女訪問，起先不外乎問些「這是您首次到東方來嗎？」、「您雖然才到臺灣沒幾天，根據所見所聞，對寶島的印象如何？」……等客套問話，怎奈瑪利莎的英語程度很低，勉強還聽得懂那些簡單的客套詞句，均以「Yes」、「No」和「Very good!」等短促的單詞予以回答，但當主持人再問得稍為深入一點的話題時，便無法回答了，但她是個非常聰明的女孩，能隨機應變解決尷尬場面，機靈一動，遂舉目向四周尋找，同時喊道：「Miguel! dónde estás?（米格爾，你在哪裏？）」，我那時正在臺下前排陪著西班牙來賓，聽到她在喊我，便舉手答應：「Aquí, estoy aquí!（這裏，我在這裏！）」，當她看到了她的救星，連忙叫著：「Ven! Rápido, ven!（來！快來！）」，我立刻從人群中擠上臺，權充瑪利莎和主持人之間的翻譯。結果，主持人無可奈何，只得犧牲了自己的流利「英語」，用國語和瑪利莎交談，我夾在當中，用西語將他的話翻譯給瑪利莎聽，然後再用中國話將瑪利莎的答詞翻譯給群眾，如此地反覆翻譯，不但沒有使人引以為孽，反而增加了演唱會的情趣，並且在次日的新聞報導中，更添增了一項

趣聞。事後，大家都為那位主持人叫屈，原本他的忒健風頭，嗚呼！卻陰錯陽差被半路殺出來的程咬金搶走。

在西班牙傳統吉他伴奏下，瑪利莎唱了幾首西班牙南方民謠，並表演了幾隻弗朗明哥舞，臺下群眾均起立歡呼鼓掌，久久不停……，瑪利莎謝臺後，拗不過觀眾的熱情要求，終於又自後臺出來，引吭高歌了一首古巴的流行歌曲：「Guantalamera, guajira guantalamera……」正巧，這首歌臺下也有很多群眾會唱，結果，大會便在大眾和唱聲中盡興而散。

每當這種不尋常的演出時，主辦當局有習慣向政府人士和社會名流贈送入場券以長聲勢。那次在貴賓席中，有一位是外交部拉丁美洲司司長，他見到我的西語程度，演唱會結束後要求主辦人介紹我們見面，交談時表示非常讚賞我的西語翻譯，希望能羅致我到外交部他所主管的司裏工作，我謙虛答稱：「承獎，承獎！我畢生從事藝術，無緣到貴司服務，尚祈原宥！」

我在臺灣待了將近兩年半，書霓因為上學問題，在臺僅待了九個月，就回到馬德里由她外祖母照管，娥笳住了一年半也回西了。她們歸國後，我辭退了聯合新村公寓，由軍方朋友介紹，進入小南門附近陸軍後勤總部所辦的「自由之家」居住，那是軍方的一座招待所，一般普通人不易住入。

「自由之家」坐落在一條大街上，門前有座不小的花園，設備不甚考究，但背後就是臺灣製片廠，對我來講，上下班非常方便。我進入居住時，把過去的沙發凳几、書桌書籍一概搬進，牆壁掛上字畫，將房間佈置得儼如自己家庭一樣，所以同

事和朋友經常喜愛到我那裏喝茶閒聊和聽音樂，因為我自西帶來很多原版交響樂、歐美和西班牙歌曲唱片，其中不少是我最喜歡的美國「鄉村（Country）」歌曲和傳統爵士（Jazz）樂。

　　某夜，十一點左右，由於西班牙的晚睡習慣，我穿著睡衣躺在床上看書，忽聽得橐橐敲門，起身開門，出現在眼前的竟是一位有點面熟的妙齡女郎，一問之下，原來是我拍「王寶釧」時充當番邦女兵的臨時演員。

　　「哎呀！這麼晚你怎麼……」我想不到適當的用詞來問她。

　　「適才經過『自由之家』，見到總技師房間的燈光還亮著，心想還沒安息，就順便上來看看您。」

　　「哦！謝謝，瞧我這個模樣，如何招待你？」我私忖這個門房怎麼不打個電話先通知一下，就叫人家直接上來敲門。

　　「沒關係，就在這裏隨便聊聊。」

　　「不，不！這怎麼可以？請你到樓下會客室等兩分鐘，我馬上換衣下來一塊兒去宵夜。」

　　第二天在廠裏談起此事，同事們又笑著說：「總技師，您交了桃花運，這麼好機會送上門，都讓它輕易放過！」之後，我琢磨此事，一般人對男女交往，立刻想入非非，很可能那個女孩並沒有那種意圖。

　　一九六五年初，那時我未滿卅四歲。進入臺灣時所持的是中華民國護照，哪想到出臺灣時，必須持有國民出境許可，由於一九四九年初離開大陸時，沒滿十八歲，兵荒馬亂未服兵役。根據法律，任何國民年齡超過三十五歲方可免役，當我申請出境時，未滿卅五歲礙難批准，若要叫我再複兵役後出境，

似乎太不合情理，所以遲遲簽發，但是，卻不明晰告訴我不及時批准的原因，讓我久等困擾異常，即使到處託人到有關機構詢查，也無濟於事。使我胡思亂想，是否平時不慎，對臺灣口出批評言辭，而激怒官方欲將我扣下不予放行？莫內何，只有耐性等待。那段時期，我已向臺製辭職，在「家」無所事事，成天遊手好閒。正置我寂寞無奈之時，有一個影圈裏的「小明星（Starlet）」找上門來伴我消遣，我們看電影，吃館子，同去遊樂場所，又引起了周邊人們的一番蜚語，而且還將我們的交往傳到馬德里，幸虧娥笛與我都互相信任，沒有任何隱瞞，她在馬德里有時也同異性朋友外出，並且還有聲有色地將交往的經過講給我聽我，我從來沒把著些事耿耿於懷。後來回西班牙後，經常外出拍片，一旦離家少則數月多則半年，在半島外省時，偶爾週末還可回家探望，在國外時，僅能用電話聯繫。惟有一次，她告訴我認識了一個支持西班牙北部巴斯克（Vasco）獨立主義者，我慎重地警告她必須小心，不要被官方誤解是同黨坐監獄，把才是冤哉枉也呢！

　　書霓在臺僅九個月，娥笛待了一年半，我則兩年，在那段期間，我們保持了西班牙的生活水準，中午一餐在新村中的餐館包飯，一湯一葷一素為我們三口不覺嫌少，才到一段時期因為是冬天，有時餐館特為我們準備了沙茶火鍋，尤其娥笛書霓她們兩母女特別喜愛。晚間則吃盡臺北有名的餐館和飯莊，大陸各地口味的地道菜肴在臺北應有盡有：北京的烤鴨和涮羊肉、蘇州的嗆蝦和松鼠鮭魚、無錫的水晶蹄膀和八寶飯、四川的擔擔麵和回鍋肉……甚至於陝西的羊肉泡饃、內蒙筱麵也都

能嘗到，而且很多餐館的名字，都把大陸的照抄無訛。中菜中我們最喜愛的要算四川餐館的樟茶鴨和蔥油餅和蘇州的松鼠桂魚，小吃中比較愛吃的是上海的生煎饅頭和北京的涮羊肉和餡餅，此外蒙古烤肉也非常新奇，一大排佐料就有十幾樣，隨你自己調配非常有趣。有時去西餐館換換口味，不過，中國烹調的西餐，往往變了味，西方人喜歡品嘗原味，加了作料是畫蛇添足。

此外，一有空便外出旅遊，經常花費頗巨，即使有時因教西語、為行政院新聞處所辦的西文雜誌校對和翻譯影片的西文字幕……種種意外的零星收入，每月都入不敷出，在結束臺灣之旅時，幾乎將帶去的積蓄全部花光，但毫不後悔，因為我們享受了畢生不再的旅遊！

1　按：法國政府自二次世界大戰結束後，曾將三艘巡洋艦，改裝成附帶郵遞任務的遠洋豪華遊船，取名為其故有遠東屬地「越南（Viet-nan）號」、「老撾（Laos）號」和「金邊（Cambodia）號」。我們所乘的是一萬八千餘噸「越南號」，輪船設備完美裝潢華麗，有游泳池、舞廳兼娛樂廳、電影廳……等等設備。我們的雙鋪上級二等艙票價稍高於頭等機票，自馬賽起碇橫渡地中海、紅海、印度洋、穿過麻六甲海峽、進入中國海抵達香港，海上航程包括泊港時間共二十五天，由於是郵船，所經各港，視其重要性，必須停泊半天到三天，乘客可私自或隨旅遊團上岸遊覽。

2　按：蘇伊士運河是一八六九年法國工程師萊西浦（Lesseps）男爵所設計，全長一百六十八公里，歐洲海運欲進入印度洋，無須繞道非洲好望角，節省了幾千海哩，是十九世紀世界無雙的偉大工程。

3　中國通稱「紅外線」，然國際通稱「紅內線」，因為其前接詞是「Infra」，而不是「Ultra」。

4　按：當時臺灣擁有三座公家製片廠：「中央電影製片廠」屬於中國國民黨管轄，「中國電影製片廠」屬於軍方管轄，「臺灣省電影製片廠」則屬於省政府管轄。請注意臺灣「省」這個「省」字，因為當時臺灣官方，從未認為臺灣是

個與大陸無關的獨立地區，而是他們退據的一省，中國大陸諾大疆域，諾多行省均屬他們，不過，僅在一九四九年失去了管轄權而已，根據蔣氏家族執政時的口號「毋忘在莒」，終有光復大陸的一天（？）。因為，任何一個國家能存在的因素有三：疆土、人民、主權，直到中華人民共和國「解放」臺灣時，中華民國才真正消形滅跡。

5　按：國聯與臺制簽訂合作合同後，臺制的廠長尚是龍方，因龍方與星馬製片鉅子國泰電影公司的老闆陸運濤一行影人在豐原空難逝世，臺制廠長之職遂由楊樵接替。當時國聯旗下有五名女星，號稱「國聯五鳳」：汪玲、李登惠、鈕方雨、甄珍，以及江青（注意！此江青非過去藝名「藍蘋」，後為毛主席夫人之江青），她曾在北京舞蹈學院上過學，有次去過北京做藝術交流性的演出時，組織當局為了避免與主席夫人同姓同名，礙難發佈新聞，結果在她名字「青」上加了個「草」字頭，變成「菁」，用「江菁」藝名出現於海報。「西施」中之女主角西施即是她，吳王夫差一角是李牧，時間久了越王勾踐一角不復憶，但是，倒記得夫差身旁的權臣伯嚭，是影片中的著名反派演員洪波所演，他把那個奸險角色演得入木三分，至於該片之編導，當然落在李翰祥身上。

6　按：西代表團團長原是西班牙國會秘書長兼西班牙煙草公司（Tabecalera Española）主席，會議結束離臺前，他見我那次「勞苦功高」，問我在歸途中，是否願意陪他去菲律賓視察西班牙的企業，因為菲律賓原是西班牙屬地，西國在菲的煙草公司是極其龐大和雄厚的國有企業，下屬大小子公司達兩千個之多，控制大量菲律賓商務和財政，然後再赴東京和巴黎遊覽，一切費用由他擔負。其實我明知，哪裏他會自己掏腰包，還不是出自西班牙政府公帳。如此大好機會我怎會退卻，怎奈，我早已與同行的法語女翻譯蜜雪兒・克拉菲爾（Michelle Clavel）約好，在回程中同去香港、泰國遊覽後再回西。我將此預定計劃告訴西代表團團長，他倒大方，毫不猶豫說：那麼，假如她同意的話，我也請她一道和我們去！這樣，你們可做我的幕僚，加上我的幾位隨員，大隊人馬到菲律賓視察，可以讓他們看看我們的雄厚陣容！

7　按：中國將該啤酒牌翻譯為「生力啤酒」，我幼年時代在上海時，便見到過San Miguel字樣的大招牌。

8　按：李石曾是中國留法學生第一人，祖籍河北省高陽縣，是清末李鴻藻大學士的五公子，二十一歲時，隨前清駐法欽差大臣孫寶琦到巴黎，後李石曾便以法文撰著「大豆研究」一書，後在巴黎西郊創辦「巴黎中國豆腐工廠」，將中國傳統營養食品推廣給法國群眾，是西歐人士認識中國豆腐之始。

9　按：在影片交易中，買方特意要購買某張影片時，賣方必定要搭上幾張廉價小片，否則交易礙難達成。

從商插曲

　　我從未有過經商意圖，同時也無商業頭腦，這是多年前的事了，開洋葷，曾和一個曾經在我拍攝電影時，手下工作的西班牙夥伴合作，我出資兼設計，他負責技術和理財，在馬德里巴業加橋（Puente de Valleca）工業區找到一個帶門面的小作坊，開起木工店來，準備在電影工作的空擋期間，做些裝修和簡易的木工。規模很小，除了我們兩個股東外，只雇傭了五名木工和一名工頭。在財政部辦理納稅手續，市政府取得營業執照後，像煞有介事地掛起「Chang y Antonio Proyecto / Decoratciones（張和安多尼設計／裝潢）」招牌正式營業起來，於是乎，我便印起名片，頭銜是經理兼美術主任，平生首次當起老闆來，並且還掛上經理頭銜，好不神氣！

　　自從拉開店面，小而不言的活兒，例如裝修門窗，做暖氣架和櫥櫃等，倒有不少找上門來；至於裝潢酒吧、咖啡廳或其他商店等較像樣的工作，卻一件都沒接到。記得最大的合同，是為一家辦公室安裝幾十張門，將材料和工本費除外，那次的確賺了不少。

　　店開了一年半有餘，錢嘛，自己一個貝塞達（Peseta）沒賺，倒是養活了七個家庭，我自家的費用，當然不應在店的帳

中開銷。況且合夥人將其老爸也拉入作坊工作，並且和我商量，是否可將其薪金稍微提高，因為一年後他即將退休，如此根據最後一年的薪金指數計算，退休金較可豐厚，為了夥伴的老爸利益，我便慨然答應。為了運輸方便起見，我還購買了一輛二手英國Land-Rover牌越野車，並且將司機後面的坐位全部撤除，所以車廂後邊非常寬敞；除此之外，車身上面一直伸延到引擎前方搭起鋼架，以備載運較大的物件。我所以選擇Land-Rover牌越野車原因是，我們曾經拍外界時，公司租用的工作車都是該型，不但力度大，而且經用，尤其在沙漠地帶排戲時，將排檔降到最低時，可爬上四十五傾斜度的沙丘，可惜後來木工作坊結束後，我受聘到國外工作數月，在此期間，車間裝不下諾大的車輛，只得將車停到屋後的空地，時間久了無人顧問，結果被人偷走。不過，該越野車購買時已相當陳舊，花費不多，不但在開店時曾充分派到用場，而且在休假時，曾供外出旅遊，相信已盡到「物於致用」的目的，既然被偷，也只有學學阿Q自我寬懷一下了。

　　到年終結帳時，所以未獲盈餘的原因是：市政府和財政部的各種稅收，六個木工每年的週薪（西班牙到目前為止，一般工人薪金皆以週薪計算，由於一月不止四週，若照月薪計算，勞方便吃虧了），再加上七月十八日是佛朗哥時代國慶和耶誕節的兩次特薪，如果工人暑期不願休假，還必須付出補償金，一共加起來就相當可觀。此外，根據西班牙法律，每個工人每週工作時間為四十小時，工作超時必須付加班費。過去的規定是：每次加班時間不得超過四小時，星期六加班費為正常報酬的雙倍，

例假工作的報酬則是正常薪水的240%！就是說，如果你在星期天或是例假工作一小時，那麼東家必須將其週薪除四十後，再乘兩百四十外加給他。我在電影界工作時，為了趕片，時常必須加工或在假日工作，一直在此法定環境裏獲有合理的報酬。

那次做「老闆」的經驗，雖然沒有獲得盈利，卻解決了六個工人家庭一年半的生活問題，對我來講，卻買了一次難得的社會經驗，倒也心安理得。

另一次做「老闆」的經驗是：早年前，一個臺灣友人的兒子從拉美來西，與朋友合夥開餐館，後來不知怎地將餐館股份買下，開了張空頭支票，我相信不是有意欺詐，可能是周轉不靈，短期之內無法兌現。結果，被他方提交法庭起訴，此乃違法之舉，朋友兒子急得走投無路，前來找我求援，我於是以現款將支票兌現為他付訖債務，該款便做為餐館一份股東金額，於是我重將餐館裝修一新，將門面設計成遠洋輪船模樣，起了個非常動聽的名字：「南海飯店」，並且還用英文寫上：South Seas Restaurant，這樣，在當時的西班牙可增加些吸引力。餐館一切由他經營，我從不過問，唯有若在違反法律和道德的地方，我是據理力爭，不讓寸步。

既然有了餐館，若必要請客時，肥水不入外人田，總是在自己餐館裏大擺宴席，但是從未「白吃」，每次都自掏腰包照常付帳，因此合夥人也非常樂意我常做東道，特別為我們做幾道在其他餐館沒有的佳餚。

由於我是部分資方不付出勞力，他在餐館經營，不但是部分資方亦出勞力，故亦有薪金。此外，先後還請有兩個廚師，

前者是華裔越南難民，後者是上海人。對這兩位廚師我都給他們法定的雙薪度假待遇。

越南人在餐館工作不到一年，因為有機會到法國另有發展而離去，結帳時，我把他應得的兩次雙薪和應享的度假報酬，根據工作時間的比例補償予他。

上海人來餐館時無居留身分，我以私人名義替他無償辦妥居留卡。當然，他在為我們服務時，同樣享有西班牙勞工法所規定的一切權益。後來，朋友兒子在亞洲南洋地帶另有發展而離西，這個小餐館無人經營欠租數月，而被業主無條件收回。

餐館關閉幾個月後，那位上海人把妻子從國內接來，他們雙雙來家登門造訪，萬里迢迢為我帶來一隻玉鐲和一整隻人參作為禮品，我當時非常感動，感動的並非那些貴重禮品，而是他們夫婦倆的情誼。由此可證明東家和勞工不是不能成為好友，只在乎大家如何相處而已！

我不敢承認自己是個正人君子，但也不至於是卑鄙小人，而是極端的「自私者」，我的人生觀和處世作風，說穿了一錢不值。由於自私，就想過得快慰，逍遙自在，心靈無所羈絆，沒有任何包袱。如果在小處做了對不起人的事，大處有傷天良，即使因此獲得萬貫不義之財，或叱吒風雲的崇高地位和響澈雲霄的聲名，倍受天良之責備，終日心神不寧，夜間在床輾轉難眠，何苦來哉？

雙棲工作

一

　　一九六七年初春，終於結束臺灣之旅走上歸程。

　　不過，自臺北到馬德里沒有任何直達班機，仍須由香港轉機飛回西班牙。歸心似箭，在香港沒待幾天，由過去學生時代在馬德里聖保羅大學生宿舍同伴馬詠生陪伴遊覽和購物。馬君曾畢業於馬德里中央大學醫學院，繼之到倫敦大學深造，我途經香港時，他正在香港依利莎佰王后醫院就職，於是陪我買了兩串珍珠項鏈，一串準備送給岳母作為禮品，另一串給妻子娥箔飾用。此外，我們還溜達了當時新中國在香港所開的「中國藝品商場」，裏面除了服裝、工藝品和字畫外，為了賺取外匯，尚有很多經過批准出口打上火漆印的古董，那些文物雖非「國寶」，但玲朗滿目美不勝收，可惜那時囊中不實，只得望洋興嘆，僅買了一個前清不知哪年代的玉佩，一個號稱明朝的辟邪白玉帶鉤，玲瓏剔透非常精緻，但是以售價推測，是清末的產品，另外還買了兩個道光年間的八角形高腳瓷碟，我不是收藏家，僅視那些文物的造型美觀而購之，更無將來售出盈利

的企圖。我因拍片機會，遊遍歐美亞非很多地區，每處總是買點價格不太昂貴的民間造型優美的文物以做紀念，至於那些氾濫的旅遊紀念品則不在我購買之列。

乘英國航空公司（British Airlines）班機自香港飛至倫敦，只需十二小時左右，由於地球轉動與太陽相同方向，起飛的當天自遠東便抵達西歐，歎科學之進步不可思議！自倫敦到馬德里尚須轉乘西班牙依伯利亞（Iberia）航空公司班機，抵達馬德里出巴拉哈斯（Barajas）機場時，意外見到鮑克俊學長和娥笳為首，領帶一群數十名的中國留學生前來獻花迎接，機場所有旅客均以為什麼大人物蒞臨，弄得我局促不安，話雖如此，能見到愛妻和舊友新朋如此前來歡迎，感激之餘非常欣慰！

久別一處，回來時似乎城市和周邊事物應該大有改變，其實在離開了兩年餘後的馬德里一切如故。回西後我又以「雙棲」身分，開始從事影片製作的準備和拍攝，通常在影片與影片的拍攝空檔間，為餐飲、娛樂業和商家進行設計裝潢。倘若同時有電影和設計工作，通常優先接受電影方面的聘請。

自一九六七年返西至今，所參與準備和攝製的西班牙和國際影片數量，則將近百部，其中好萊塢和美國獨立製片公司的影片約占百分之五十，其次是西班牙片，餘下屬英、法、意等國片。足跡遍及歐、美、亞、非四洲，唯一未到的僅是大利亞洲，原因是該洲影業並不發達，如無特殊題材，無須去那裏拍攝。

西班牙和葡萄牙兩國所在地伊伯利亞半島，其地理形勢儼如一洲，有高山平原，沙漠濕地，建築優美，風景綺麗，況且傳統鄉鎮，各時代教堂和城堡都保持完整，因此國際電影，尤

其是好萊塢製片公司紛紛到西班牙拍片。

回到馬德里後，隨即和舊友一一聯繫，獲悉那時美國的獨立製片公司克拉卡托阿（Krakatoa Pictures Prods.）正在準備一部新片「爪哇之東（East of Java）」。該片的內容是一八八三年，一群尋寶者乘「巴旦維亞王后（Batania Queen）號」豪華遊艇，自新加坡出發至爪哇之東的一個小島克拉卡托阿，在附近海底尋找和打撈可能淹沒的寶藏，適逢名叫派爾布坦（Perbuatan）的火山爆發，遭遇了難以描繪的險境，同時因火山爆發而引發的海嘯將全島摧毀。導演是貝爾納德‧可華爾斯基（Bernard L. Kowaski），女主角是黑髮美豔明星狄安娜‧貝蔻（Diana Baker），男明星則有一大串，其中著名的有若伯特‧荷爾（Robert Hall）、馬克西米里昂‧切兒（Maximilian Schell）……等，此外尚有一位倫敦社會的中國名媛Jacqui Chan。

過去的同行好友曼巴索（Mampaso）和阿拉爾貢（Alarcón）已參加該片藝術部門工作，由他們向藝術部門主任法籍的魯利艾（Luliéc）推薦，我即刻被聘為道具設計師（Props Designer）兼畫師（Scenec Peinter）參與工作。南洋群島上到處都有華人，爪哇之東的小島不能例外，在華人區必須書寫大量各類店鋪所掛的漢字招牌，並且還要設計富有中國傳統特色的商品和道具，例如，影片開場畫面上在碧空飄曳的五彩大蝴蝶風箏，便是我設計並親手所畫。

小島外景在西班牙南方海岸一個名叫黛尼亞（Denia）的度假村搭建，有一個海上鏡頭是，片中女主角自高達上十米的遊艇桅杆上跳入海中，必須由一個女性特技演員（stuntwoman）

代替演出，然而，所聘的特技演員都是男性，要化妝後方能代替，導演拒絕接受男性特技演員穿泳裝表演，在僵持無法解決問題時，正好我的中英混血朋友瑪嘉利達・許（Margarita Hsu）在那張片中充當臨時演員，她即毛遂自薦說她可擔任這替身角色，由於她的臉型與女主角非常相像，導演一看立即認可。一切準備就緒後，第一副導演一聲：「Camera！」攝影助理答到：「Rolling！」瑪嘉利達自高空飛下，撲通一聲，海面水花四濺，她便深入海底，半響後才浮出水面，這時大家掌聲齊鳴。瑪嘉利達不但獲得豐厚酬金，還與女主角成了好友，她說得一口標準英語，是她獲得青睞的原因之一。

之後，從事留學生事業的鮑克俊君，自馬德里大學城申請批准劃地四千餘平方米，並且已自銀行獲得貸款，正在興建一座中國大學生宿舍，遂請我為他們設計一些零星富有中國傳統色彩的天花板和宮燈之類的裝飾，此外，最重要的是為禮堂的兩側牆壁作巨幅壁畫，由於該禮堂備有舞臺兼作劇院，而且是供飄洋過海的中國留學生所用，於是我建議壁畫主題為「八仙過海」，其中主人翁是中國傳統道家神仙，既富戲劇性又寓意遠涉重洋求學意旨，宿舍董事會欣然採納。每個神仙高達七、八米，的確花費了不少精力和功夫才完成那兩幅巨作。洋人見到那群古怪人物：有的拐著腿、有的敲著響板、有的吹著笛子、有的背著寶劍，有的白髮蒼蒼、有的捧著花籃、有的大腹便便搖著蒲扇、還有一個高舉帶有大圓葉荷花的靚麗姑娘，幾乎無一不探其究竟和典故，害得後來住宿的中國留學生，不得不編一套簡單的介紹詞。

上世紀七十年代末，美海軍在歐巡邏的艦隊自地中海撤走，西班牙原有從事「香港裁縫」的上海商人幫所保持的生意，僅限於為數不多的美軍基地士兵顧客，僧多粥少所獲無幾，遂另開生路專業中國餐館，紛紛來請我為他們設計並包括工程實施，那段期間，我在影業方面，僅參與了一些不足為道的西班牙底成本影片的攝製，況且每部影片占取我不長時間，於是我便致力於西班牙商店和大小中國餐館的設計和施工。其中規模較大的是馬德里的「大上海」，因為當時馬德里的中餐館甚少，可能還不到面積不大的四五家，上海人一向是有名的好充面子，況且幾個合股老闆都在裁縫生意上賺了一筆，把一家西餐館頂過來，自裏到外，自上到下，以中國傳統形式重新隔局裝潢一新，甫開張馬德里的外僑和西國本地人趨之若鶩，高朋滿座起來，那是中餐館在馬德里，更可說是在西的開業先聲，國人看好遂繼之投入此業，不到兩年中餐館如雨後春筍，遍及西班牙各地。

　　在上海幫中，好幾位立即轉移陣地，到西班牙極南端卡迪斯（Cádiz）省的美國海軍基地若達（Rota）開酒吧，該型酒吧性質如俱樂部，除了有年輕貌美的酒女陪酒外，尚且備有撲克牌和彈子等遊戲，供駐西寂寞美軍假日消遣之用。由於美海軍基地人數以上萬計，因此酒吧生意均興隆。那時的若達小鎮除了美軍看上了其優良海灣，向西政府租借建立海軍基地外，非常閉塞，過去還有極少數自塞比亞的避暑者到其海灘泳浴，由於一般西班牙人對美國大兵缺乏好感，自從若達建立美軍基地後，只有當地土生土長的村民，獲有新來財源而感幸運外，

外來遊客對該村則鮮有問津，因此地價異常便宜，中國酒吧業主中，有一位姓單的上海人，自稱曾在上海震旦大學法律系就讀，眼光遠大，以廉價購置大片土地，除種植花草外，並將牛棚改為別墅，養馬和孔雀自娛，同時又到大西洋中的西國外島行省大加拿利亞（Gran Canaria）開中餐館「明園」，請我為他設計翻新，並請我去他「牛棚莊園」小住，我一向醉心田園風光，感謝單君，讓我有機會享受到一段世外桃園的悠逸生活。後來聽說他又赴英倫發展，成為當地華人僑領，而且屢在鳳凰衛視國際頻道露面。

若達小鎮另有一位轉移陣地的上海裁縫幫的傑著商人哈利‧孫，他除經營一本萬利的酒吧，蓋樓開客棧外，還繼續為美軍做「郵遞裁縫」和兌換美鈔生意，並且又請我為他設計一座規模不小的酒店，起名為「東京樓」。過去，我曾一度同時為兩家中餐館「文華樓」和「京都」，以及一家「光碟舞廳（Discoteca）」設計和包工，因為中餐館的老闆都是同胞，不但我給他們的造價有優惠，通常比一般西班牙人至少低上百分之二十，並且在付款期限上也不不太計較。結果，替「文華樓」施工到中期時，應收的款項竟是一張為數可觀的未來兌現支票，致使我周轉不靈，在無法付出週末工資時，靈機一動，打電話給若達「東京樓」的孫老闆商酌，他毫不猶豫答應即刻無息將該款兌現。主要原因也是我為他設計時，同樣給過他相當的優惠，通常每次我為人設計後，大家都成為好友，「東京樓」老闆也不例外。生意人對錢財和帳目都非常精明，何處占了多少便宜心中有數，「東京樓」老闆對我給他的種種優惠，

時常掛在心頭。「東京樓」開張時，特請我夫婦赴若達參加典禮，所有賓館等膳宿費用，一概由他擔負，此外，不久後還請我同赴紐約旅遊，這樣的餐飲業老闆，在商界真是鳳毛麟角。

那次我倆是隨旅遊團赴美，當我們飛抵紐約甘乃迪（Kennedy）機場後，旅遊團嚮導藉大巴通過海底隧道，將我們一行西班牙遊客送至曼哈頓（Manhattan）各家賓館途中，慎重給大家闡明了遊紐約的「十誡」：一、黃昏和夜晚切忌單身到僻靜街道行走。二、在任何地方，如見老婦或小孩跌倒在地，切勿好心攙扶他們起來，避免敲詐。三、與團隊共同參觀哈倫（Harlem）黑人區時，切勿離隊單行。如果後來有意再去遊覽時，必須找一位黑人朋友同去，這樣才不至於被搶劫。四、如果單獨外出散步，預先將護照錢財妥存賓館保險櫃，隨身不宜多帶鉅款，但也不能不攜帶微量零錢，萬一不幸遇到搶劫時，不要作無謂抵抗，必須將袋中錢財悉數奉出，用以避免搶劫者得不到分文而憤怒捅您一刀。五、在賓館安息前，仔細檢查門窗是否鎖妥，避免被竊。六、如在酒吧或舞廳有艷遇，不要輕易隨之到陌生處過夜……。講到這裏，嚮導狡點微笑著敘述了一樁傳奇騙局：

若干年前，他帶領的旅行團中一名遊客突然失蹤三、四天后返團，神情恍惚，儼如害了場大病，不問則已，一問之後，大家瞠目結舌不知所云。原來，那位三十來歲倜儻風流的西班牙帥哥，夜間與另一同伴赴舞廳尋歡，與一個美貌女郎搭訕非常投契，遂告別其友雙雙離去，兩三天後毫無消息，友人緊張起來，遂告訴嚮導經過並報警，誰知第四天早晨失蹤的遊客

竟逕自返回。他說：那晚，他自舞廳向同伴搞別後，那美貌女郎便領他到其住所，那是一間燈光昏暗，充滿羅曼蒂克情調的臥室，準備在那裏盡情歡度銷魂的一宵，誰知，當他一杯香檳下肚後即人事不知，當再次醒來時，仍舊和衣躺在床上，不知睡了多久，卻感覺異常頭暈，並且周身疲憊不堪，左腰隱隱作痛，隨即下樓叫車返回賓館。眾人見他那般狼狽模樣，都建議進院檢查一下為妥，當醫生替他解衣檢查時，發現其腹部左側有一手術長痕，立即有不祥預感，再進一步檢驗，果然不出所料，該旅客竟被竊取左腎！我們對此駭人聽聞的離奇故事，當然不敢完全置信，但也不能排除其可能性，只得認為嚮導嚇唬嚇唬，給我們在紐約遊覽時的一個警惕罷了。至於其餘的幾項「誡命」，因事過境遷，已不復記憶。

佛郎哥時代的西班牙，嚴禁色情雜誌和影片在市面出現。記得在大學就讀時，有的同學在暑期到北歐旅遊後，帶回一兩本黃色刊物，課餘大家搶看，有時竟將雜誌扯爛！我們抵達紐約的當晚，兩人匆匆晚餐後，便到「時代廣場（Time Square）」鑽進一家黃色電影院，那是我首次光顧該型場所，銀幕上出現的都是短片，有的還算稍有情節，最終目的還不是導至各色做愛畫面；有的則是開門見山，一開始就是幽會情侶，乾柴烈火一觸即燃，除了各種纏綿姿勢外，常以兩性媾合的畫面誇張擴大充滿銀幕，毫無抒情美感，恰似病床上之外科手術記錄，非但不能引起觀眾的挑逗激情，所產生的效果卻是噁心，不堪一睹！我自那次開葷後，發誓永不再次涉足放映「X」片的影院，見到趨之若鶩的觀眾，我想，其中一定也有多數像

我一樣由於好奇心所致，若非如此，經常光顧此等影院的人，不是私生活中性苦悶無處發洩，就是心理上有問題。

我們在紐約的七天旅遊期間，「東京樓」老闆有自己的事務辦理，我則由一位過去拍片時認識的瑟莉娜（Celina）小姐陪伴到中國城（Chinatown）小吃，到夜總會看脫衣舞——當然不僅是衝脫衣舞而去，尚有其他精彩的節目表演。那時正逢風靡一時的傑克森五兄弟（Jackson Five）在無線電城（Radio City）演唱，當時的邁可·傑克森（Michael Jackson）還是沒將皮膚漂白的十來歲小黑鬼，當我們買票進場後，毫不誇張，高朋滿座的聽眾中，九成以上都是黑人，白人倒有一些，至於像我們這樣的黃面孔聽眾，真是寥寥無幾。

我畢生極其醉心藝術，每到任何一座新城市，博物院是我不可或缺的遊覽行程中的一站。首先到大都會（Metropolitan）和古根漢（Guggenheim）博物館參觀，這兩座聞名世界的博物館不同處是：前者大都會博物館規模非常宏大，所收藏的文物和藝品遍及全球，自古到今包羅萬象，歐美兩洲的收藏豐富理所當然，連非洲的埃及和各地區土著，中亞的蘇美利亞、阿西利亞、巴比侖的古文物，雖不能與大英帝國博物館的媲美，卻也洋洋大觀。遠東的中日韓的藝術品自不在話下，最使我驚訝的是中國的歷代字畫竟如此豐盛，連唐宋元代的壁畫，都有整片展出。此外，還將蘇州網師園的小庭院都依樣畫葫蘆複製了去。還有一展廳，當我跨進時便見到非常面熟鑲有鎦金裝飾的大鐵柵，一看之後，果然不出所料，竟是從西班牙巴雅多里茲某座大教堂搬去的十八世紀文物！後者古根漢博物館中的收

藏，大多為摩登藝術品，所謂「摩登」即非「古典」也，繪畫中，很多屬於十九世紀末到二十世紀上旬的印象派精品，還有多幅坎丁斯基（Kandinsky）和畢卡索（Picasso）的傑作。最後，我們還參觀了一般遊客不常光顧的爵士樂博物館（Jazz Museum），那裏我們欣賞到許多歷史性的古典爵士樂手演出的照片和一些他們曾經藉此獲得輝煌成果的樂器。

　　一夜，孫老闆神秘地對我們說，假如不介意的話，他會帶我們去中國人在紐約所開的「地下賭場」，我向來是希望見識得越多越好，哪有不同意的道理。那家「地下賭場」位於偏僻街道，門口與任何簡陋公寓一樣，敲門時，似乎有特殊暗號，守門人開門後，必須經過一道狹窄悠長的拐彎樓梯，方可到達名副其實的「地下」賭廳，裏面擠滿層次不太高的華人賭客，我們毫不猶豫擠到賭臺邊緣，那正是以撲克牌作為工具與「牌九」相似的賭局，一人做莊，其餘下注，我們隨即參入賭局，「東京樓」老闆的下注數量頗巨，我則捧場作戲，每次注金僅美金五元。孫老闆每次贏了，必抽出少許美元給旁觀的瑟莉娜小姐，說是「喜錢」……我們「玩」了大約一小時便離開，原因是孫老闆已囊空如洗，回程的車錢還是由我來付出。事後孫老闆告訴我，在紐約有的是那種違禁的「地下賭場」，巡警睜一眼閉一眼不太過問，不過，定期必須交差便前往查禁，守門人一見巡警光臨，撳電鈴報警，下面賭客立即自後門通道逃逸，等巡警經過狹窄轉彎抹角的樓梯到達賭場時，賭客都已逃之夭夭，只剩下一兩個逾年的守屋老華人，巡警莫可奈何，只得將老華人帶走交差。

　　一直在身邊陪伴我的塞莉娜小姐也和我有酷愛電影和音樂

的同好，臨行前夕，她建議去齊格飛（Ziegfeld）電影院看部影片，我說：「影片哪裏不能看？這麼萬里而來紐約旅遊，看電影是浪費時間。」她微笑答稱：「醉翁之意不在酒，一個喜愛電影和音樂的遊客到了紐約，不去齊格飛電影院一覽委實可惜」。結果，我們去了座落在曼哈頓54西街的電影院，原來該電影院是當年的老齊格飛劇院，前廳和休閒廳目前已成為展覽廳，裏面掛滿過去齊格飛歌舞團當年演出的盛況圖片和一些服裝，使我大開眼界。[1]

上世紀七十年代初，出現一張轟動一時的影片「巴黎的最後探戈（The Last Tango in París）」，其男主角是曾經演過「欲望街車（A Streetcar named Desire）」和「碼頭風雲（On the Waterfront）」等名片的好萊塢學院派影帝馬龍・伯蘭度（Marlon Brando），女主角卻是初出茅廬的年輕瑪利亞・斯耐德（María Schneider）。那部影片所以震驚全球的原因，乃是兩位主角在片中多次以全裸纏綿鏡頭出現。那時該片在西班牙境內禁演，各地旅行社特組團載西國觀眾，越界到法國邊城比阿瑞茲（Biaritz）欣賞該片。

過去，在我隨「國際手藝競技比賽會」西班牙代表團赴遠東開完理事會的回程中，途經巴黎時，正在放映香豔名片「艾瑪奴艾爾（Emmanuelle）」，當然不會錯過良機不去欣賞一番，女主角是法國娟秀明星茜爾維亞・克莉斯德爾（Silvia Cristel），其實她是一位身材窈窕的淑女型女郎，不知怎的被導演選上了她去演那香豔的色情影片，片中充滿美豔絕倫的做愛片段，由於導演將畫面處理得極其藝術化，映入觀眾眼

簾時，絲毫不致感覺淫穢。從字義來講，西方語言將「色情（erotic）」和「淫穢（porno）」兩詞分別得非常清晰，前者有溫馨的美感，而後者則具備格調低級的污濁意味。

西班牙元首佛郎哥於一九七五年逝世，獨裁政體遂和平變為民主體制，過去所違禁的習俗和書刊等均隨之解禁，一時黃色雜誌充滿報亭，色情影院如雨後春筍在各地開張，可是好景不常，兩年後，讀者和觀眾的好奇心迅即消失，報攤上的黃色雜誌已寥寥無幾，僅供極少數對性好奇的讀者購閱，色情影院也同樣隨之消形隱跡。由此可見，嚴峻的封閉政策，遠遠不如開放順其自然發展為佳，蓋一般人性都趨向好奇和叛逆，越是禁止，越會促使人們不盡餘力去爭取而不輕易甘休。

七十年代中期，大西洋彼岸的的紐約和洛杉磯等大城市，正風行著一種「夏威夷酒吧」，把波利尼西亞（Polinesia）島嶼或神祇名稱取名予酒吧，裏外裝潢為南太平洋式，酒水均取有美豔的名稱，杯盤也仿照海島土著的器皿特別設計燒製，飲料單上的每種雞尾酒都印有浪漫詩體的解釋。在車水馬龍人聲鼎沸的城市居民，能在公餘到那裏放鬆片刻，享受一會兒南太平洋的醉人環境，的確饒有情調！

一個西班牙餐飲業老闆在馬德里最高檔層次——請注意，不是熱鬧——的塞拉諾（Serrano）街上頂了兩千平方米上下面積的店面，找我去和另外五家裝潢公司投標競選設計。我為那家「夏威夷酒吧」的設計構想是，基於我們建築理念的原則，任何單元必須與周邊環境和建築保持保「有機性（organic）」的協調，所以我決定酒吧應以波利尼西亞群島上英國屬地總督

的高雅，但不華麗的官邸形式設計，因為是海洋建築，門面和室內的主要色彩僅限於白藍兩種冷色。全白門面上嵌以花心木門窗，窗戶則用鉛條嵌鑲玻璃製出各色土風圖案。一進門是有噴泉，草坪和石板小徑的花園，高達六米的「天頂」和部分牆壁都粉刷成深藍色，並且用極微的小燈泡分佈成各星座，當你進入這仿製的室內花園，猶如在星羅棋佈夜空下的露天。在花園的盡頭是官邸，拾級而進內廳，下半截是白色護牆板，其餘牆面用深藍錦緞覆蓋，頂燈和壁燈都是仿製煤氣燈形的電燈。連洗手間裏的潔具和水龍頭等，都是特製的過去依利莎伯式樣……這種種宏觀和細節相呼應的佈置，對我來講，與設計一場電影佈景沒有兩樣。

那時我沒聘雇製圖員替我代勞繪製平面、立面、剖面、透視等圖，一切都由我親自動手，我認為圖樣的線條太完美像印的一樣，顯然太呆板和缺乏藝術感，尤其是現今用電腦所「製」──我不願用「畫」這個字──的彩色效果圖，雖然和照片相似，看起來總沒有手繪的充滿「缺陷美」來得順眼，一般人聽到我這種謬論，一定不以為然。

當我拿著裝滿單片圖樣的紙夾去與酒吧老闆會晤時，見到高達五家規模龐大的公司所繪製的設計方案，都裝訂成冊富麗堂皇，似乎有點自感形穢。幾天後，酒吧老闆打電話來告訴我，他在六份設計方案中，選中了我的來進行裝修，即將與一家裝潢公司簽訂包工合同，希望我在施工期間，多費點神監督。

該夏威夷酒吧取名為「哇哇拉格（Wawalag）」。[2]

二

　　上世紀五十年代中期，法國影片「以眼還眼（Oeil pour Oeil）」的終結畫面，需要一場非常荒蕪怪石崢嶸的外景場地，其攝影師馬德拉斯（Matras）足跡踏遍全歐各地，結果在西班牙東南角阿爾美利亞（Almería）省境內，距離省會二十餘公里的達貝爾納斯（Tabernas）郊野，尋得正有合乎他們要求的山區。影片拍成後對外發行放映，國際電影製片人見到該畫面，都驚訝不止，在歐洲竟有如此特殊地理形勢的所在，與美國當初移民墾荒的西部極其相似，於是有需要時，便陸續不斷到西班牙的達貝爾納斯去拍攝外景。直到義大利的著名動作片導演塞爾基奧・萊翁乃（Sergio Leone）一變傳統技法，在一九六四年用新穎動作片方式來寫劇本和拍攝美國西部牛仔片，其名是「僅為一撮臭錢（Per Un Pugno di Dolari）」，一經放映轟動全球，是為所謂「麵條西部片（Spaguetti Westurn）」的創始紀元，塞爾基奧・萊翁乃繼之在同地一連二三地繼續拍了「任何錢都行（Per Qualche Dolaro in Piu）」和「好人，醜人，壞人（Buono, il Bruto, il Cattivo）」。自此以後，無論好萊塢的傳統大製片公司或洛杉磯的獨立製片人隨之赴西拍片。

　　一九七一年，弗朗克・派里（Franc Perry）投資創立公司到西拍片，並且自任導演拍攝美國西部著名的愛情和決鬥故事片「醫生（Doc）」，我的好友曼巴索被聘擔任美工師（Art Director），他找我去任陳設師（Set Dresser），藝術部門主任

則是靖‧卡拉罕（Gene Calagham），此君身材魁梧一頭紅髮，稱之為「赤髮鬼劉唐」毫不誇張，別瞧他如此嚇人模樣，卻一股娘娘腔，動不動發脾氣哭笑無常，不但神經質很強而且非常自負，手下的美工師曼巴索是西班牙著名畫家，向來氣焰不可一世，兩人湊到一塊，怎能不發生矛盾，結果，一山不容二虎，曼巴索礙難忍受他的任性囂張，不辭而別，製片主任一時束手無策，讓我兼任美工任務。說句公道話，卡拉罕雖然脾氣古怪，但甚有才華，對每場景的策劃有獨到之處，否則，怎能數度獲得金像獎？

　　「醫生」的男主角是史黛絲‧基乞（Stacy Keach），女主角則是我最喜歡的美國女明星之一的菲‧丹娜薇（Faye Dunaway），她曾和華仁‧貝逖（Warren Beatty）合作在阿爾蘇‧彭（Arthur Penn）所導演的「波妮和克萊德（Bonnie and Clyde）」中，因演技精湛而一舉成名，她是位好萊塢少有的美豔性格明星。我們不但在片場有很多接觸，由於導演弗朗克是一位和藹從不搭架子的人士，週末休假時，經常邀我們幾個技術部門負責人，和他們一起在賓館游泳池旁露天午餐聊天。

　　那時我們電影界通常的工作時間是，每週五天，每天八小時，每週共計四十八小時；但在拍片期間，合同上預先規定，每週五天半，每天十一小時，包括早餐半小時，向午點心（英美習慣呼之為Break），午餐一小時，每週共計六十小時；超鐘費星期一至星期五，每小時以兩倍計算付加班費；星期六每小時以雙倍計算；星期日或例假則以240%計算。例如，為了「趕片」，員工在星期日或例假工作一天，可在正常週薪外，多加

一天薪金的240%加班費，國家規定如此高昂的加班費的目的是，排除廠方為了縮短拍攝時間獲取利潤，以廉價奴役員工的企圖，為了員工的健康，並且規定，每天加班時間不得超過四小時。

「醫生」此片，是我從事電影數十年以來，幾部最愉快的影片之一，除了報酬豐厚，人際關係也善，此外，製片人對待員工的「闊氣」從未有之。西班牙的習慣午餐通常是下午兩點鐘，晚餐是十點，比歐洲任何國家推遲兩小時。每逢週末星期六，提前一小時結束工作，用以代替午餐，在「膳食供應（catering）」所搭的大帳篷飯廳裏開始豐盛酒會，同時在「飯廳」外，設案當場發薪，大家酒醉飯飽領薪回家，皆大歡喜！

一九七四年，英國名導演瑞查·萊斯特（Richard Lester）執導的「四劍客（The Four Musketeers）」，是法國大仲馬小說「三劍客」改編換湯不換藥的影片。那本法國十九世紀膾炙人口的小說，亦可譯為「三個火槍手」，因為法文原名是「Les Trois Mousquetaires」，作者亞力山大·杜馬斯（Alexander Dumas）和其子「茶花女（La Dame de Camelias）」的作者同名，為區別父子兩人，中國人呼之為大仲馬和小仲馬。這兩部著名小說多次被搬上銀幕，前者是由於其情節曲折傳奇性強，後者則因為內容委婉動人所致。是年，法國製片人皮爾·斯朋格勒（Pierre Spengler）將「三劍客」改名為「四劍客」，因為小說中原有的三劍客阿朵斯（Athos）、阿拉米斯（Aramis）、波爾度斯（Porthos）外，最重要的還是另一位後到的劍客達爾塔釀（D'Artagnan），該角由英國英俊明星邁可·約克

（Michael York）所飾，後來我們又在馬爾替‧費爾德曼（Marty Feldman）所導演的「最後重拍的波‧介斯特（The Last Remake of Beau Geste）」中重逢。此外，演劍客阿朵斯的奧里弗‧瑞德（Oliver Reed），也在多年後華爾‧迪士尼（Walt Disney）電視頻道所攝製的「黑箭（Black Arrow）」影片中和我相遇，可能在國際影壇中國美工師不甚常見，所以舊工作夥伴重逢，可喜那些聞名全球的大明星並不搭架，大家和我都談得非常投契。

我在「四劍客」中的職務是畫師（Artistic Painter），負責片中藝術繪畫，女主角菲‧丹娜薇飾演米萊蒂Milady，那是我們第二次在同片裏工作。十六年後，菲‧丹娜薇又和我在「卡薩諾瓦Casanova」片中重逢，歲月不饒人，雖然她仍保養得很好，在片中卻飾演中年以上的義大利宮廷貴婦杜爾菲夫人（Madame D'urfe），服飾設計需帶一串墜有「微型畫像（miniature）」的項鍊，於是我將她十六年前模樣畫在鏈墜像框裏，菲‧丹娜薇看了特別興奮，跑來向我致謝：「謝謝你！米格爾，這是我們三次合作最美好的紀念品，我將永遠珍藏。」

另一部邁可‧威印納（Michael Winner）為藝聯（United Artists）所拍的美國西部影片「洽脫家園（Chato's Land）」，內容是一群新大陸西部墾荒地主殺害了一個名叫洽脫的印地安人的妻子，洽脫設下陷阱，用不同方式將其仇人一個個用不同方式殺死。在該片中，曼巴索和我又一次搭擋拍片，他任美工師，我任陳設師。片中兩個主角均是好萊塢著名硬漢：查理斯‧伯容松（Charles Bronson）和傑克‧帕朗斯（Jack Palance）。[3]

由於我是陳設師，隨時必須檢點場景各處是否存在不妥之處，於是，我化裝成片中的西部中國洗衣店夥計，背了衣袋，即使正在拍攝中，也毫無顧忌地在攝影機前通行無阻。

　　上世紀五十年代初，西班牙被解放國際外交封鎖起，即迅速發展海濱旅遊事業，由於地中海氣候溫和陽光燦爛，再加上長達上十公里的金色沙灘沿海皆是，除了全年歐洲和橫渡大西洋的美加人士前來休假外，很多北歐和英德的退休老年人均到南方沿海村落置產購房安享晚年。於是，我們在那些地區拍片時，尋找地道的盎格魯撒克遜民族來充當臨時演員不成問題，況且這些演員因為民族性嚴謹，做事認真恪守紀律，遠比過去所找當地放蕩無羈的無業遊民和吉普賽人為佳。

　　我們在拍「洽脫家園」時，另有一部法國影片「紅太陽（Soleil Rouge）」在同地拍攝，內容是早年一位日本大使乘火車在美國西部旅途被劫的故事，大使由日本影帝三船敏郎（Toshiro Mifune）飾演，英雄主角則是法國的倜儻風流巨星阿蘭‧德隆Alan Delon。查理斯‧伯容松在片中也有重要演出。女主角則是第一部「007」片中的豔星烏爾蘇拉‧安德萊斯（Ursula Andres）。一時西班牙的偏僻小鎮境內，有時竟能同時拍攝兩三部國際影片，群星聚集，在加上電影藝技人員，熱鬧異常.因為國際外來製片與日俱增，各電影伺服器材專業公司，如攝影照明、陳設道具、服裝、臨時演員、牲口車輛……等公司，均紛紛到達貝爾納斯設立分公司或供應點，予前來拍片的外景團隊，無須從遠道帶來某些零星支助或配件器材，電影是綜合藝技的合成企業，所具備的實施條件非常複雜，有時在攝

製過程中發生意料不到的需求，當地既有租賃供應點，可省卻很多自外運來的時間，時間即金錢，如此可避免超出製片預算。於是，西班牙阿爾美利亞省境內的達貝爾納斯，遂被譽稱歐洲的「迷你好萊塢（Mini-Hollywood）」！

　　一天在拍攝休息空閒間，我好奇到「紅太陽」片場溜達，正巧他們也在休息時刻，三船敏郎坐在一把巨大的白色陽傘下，見到另一張東方面孔的工作人員，遂微笑頷一頷首，我於是上前和他打招呼，繼而搭訕起來，開始用英語談話，當他獲知我是中國美工師時，即改口用帶有很濃的山東口音，非常生硬的漢語和我交談，我驚訝地問他怎會說中國話，他答稱出生於山東青島，四歲時隨父遷居大連，並在那裏完成中學學業，雖然所讀的是日語中學，但能說得很流利的漢語，時間久了沒有常說，如今講起來已有問題。我首次「見到」三船敏郎，和一般歐洲觀眾一樣，是一九五一年，黑澤明在威尼斯國際電影節中以「羅生門」一片榮獲金獅大獎後，歐洲各國爭映該片時，在螢幕上所見到他那粗獷純熟的演技。提到三船敏郎，不能不聯想想到日本影壇巨擘黑澤明，當黑澤明賞識三船敏郎，聘他為「羅生門」任主角後，兩人同時在威尼斯國際電影節亮相而聞名世界，自此以後便成為不可分離的整體，繼續合作的有「七武士」、「紅鬍子」、「蜘蛛巢城市」等經典名作，後來不知何故，有相當長久一段時間分道揚鑣各奔前程，直到一九八〇年，由法國電影公司製片，黑澤明與三船敏郎再度攜手合作，其產品又為一部傑出的影片「影子武士」，此片在參加戛納電影節中，再次榮獲金棕櫚大獎！若干年後仍舊寶刀未

老，那時黑澤明已年屆古稀，而三船敏郎亦已達花甲之齡，大師就是大師，他倆合作之燦爛共同成品，其光輝不減當年！

某晚，我和場記小姐（Continiuty Girl或Script Girl）在一家酒店晚餐，突然一個制服筆挺的跑堂送來一瓶用冰桶盛著的香檳，我詫異地對他說：「對不起！您錯了，我們沒點香檳。」他微笑指著遠處桌上的一位中年男士：「是那位先生吩咐我送來的。」我回首向他指出的地方看去，原來是早在十多年前拍「北京五十五天」時，我曾幫過他許多忙的宣傳部門主任向我們頷首微笑，我馬上在筆記本上撕下一張紙，給他寫了便條，請他過來同桌用餐。跑堂過去一會兒後卻單身回到桌邊遞給了我一張回條，上面寫著：「謝謝您邀我同桌用餐，請原諒！我不願打擾你們美好的浪漫夜晚。」他臨走時特別過來和我們道別，他說，那時他也正在當地參加一張好萊塢華納兄弟公司的影片裏工作。後來，當我們結束晚餐要結賬時，跑堂卻道他早已付了我們的帳單。

諸如此類，過去同一部影片的同事，在另一處重逢經常有之。您說世界如此之大，您要是在國際電影圈中「混」久的人，大半都互相認識，即使沒會過面，也知道您的名字，有時您所以能參加某影片工作，也因過去同事的推薦。反之，由於國際影片，尤其是美國那些耗資數十億美元的巨片，其結構和規模之龐大，簡直難以想像。多少次，和同事談及我曾在某影片中工作過時，他會很驚訝地說道，我也曾在同一影片中工作過，正因為單位不同和地點各異，同時工作了幾月，就如「幼學瓊林」中〈天文〉篇所提到的「參商二星其出沒不相見」而未謀面。

談到拍外景時的晚餐自理，因為工作人員在外地拍攝，都有「生活補助金（living loance）」的規格。所謂「外地」，別的國家我不知道，至少西班牙影業的規定是，距離電影公司所在地到五十公里以外去拍攝，除非當天可來回原地，片方必須付「生活補助金」，其數目依外景地點而定，過去根據職位的層次分別所付的數目多寡，經過多年的奮鬥，已爭取到所有員工一律平等的待遇，這種規定是基於人權意識，由於職位重要性不同，已有報酬上的區別，無論是導演或是工友，以人性而論是絕對平等不分上下，所以他們所獲的「生活補助金」應一致。在外地拍攝時，歐洲的工作人員待遇是一致平等，美國「有時」片中極少數享有不同的待遇，那僅限於製片人、導演和主角明星所住的賓館而言。公司為員工所訂的都是當地四星或五星賓館，如果有人不願住此等高級賓館，公司可將應付的費用悉數給他，由他自行處理，因此有些工友合租公寓居住，將這筆數目相當的錢節省下，算是另外收入。

　　拍片時破曉前必須到達片廠進行準備工作，片方備有「膳食部門（catering）」供應所搭的帳篷餐廳，供六、七點鐘的「早餐（breakfast）」、十點鐘左右的「點心（morning break）」、一點半或兩點鐘的「午餐（lunch）」。因為工作人員的國籍不同，食物的習慣因之而異，片方通常備有英美和歐陸兩式膳食供應。尤以上午十點鐘左右的英美和歐陸式「點心」食品大有分別，英美式備有牛奶、咖啡、茶和一些糕餅，因為英美員工在拍片時絕對禁止酒精飲料；而歐陸式除咖啡牛奶麵包外，還備有火腿香腸、汽水、啤酒、紅葡萄酒等飲料，

因為西班牙、義大利以及法國等拉丁民族，喜愛吃這類品質很重的「點心」，有些英美工作人員看了我們這邊的豐盛食物而口饞不止，顧不得飲用酒精飲料的禁令，跑到歐陸膳食供應蓬大飲大啖。午餐的食物沒有分別，惟英美式的後餐甜食非常精緻，拉丁員工中常有人放棄自己的後餐，加入英美陣營食用。

「生活補助金」因影片預算而訂，通常相當豐厚，包括晚餐、電話、洗衣、抽煙、喝酒，以及其他零星費用。英美撒克遜民族喜愛飲烈酒，尤其是威士卡是他們最愛的飲料，每晚到吧臺一杯接連一杯往下灌，他們「生活補助金」的大部分都花費在酒吧間。我真佩服他們，差不多每晚都喝得酩酊大醉回房安息，明晨一早照常工作。

三

參加影片和影片拍攝的空擋期間，我常接受一些室內建築和裝潢設計工作。至今曾經完成了大小共五十餘件方案，範圍包括別墅、餐館、酒吧、咖啡廳、商店、舞廳……等，地區則多數在西班牙本土和外島，不過在美國拍片時，亦有國人乘機請我為他們改裝餐館和裝潢商鋪。

那時的舞廳音樂伴奏已不用樂隊，均以音帶和取代，西語稱唱片為disco，故名之為discoteca，「迪斯歌（Disco）」是唱片舞廳的簡稱。況且，由上世紀六十年代末，自利物浦崛起的「披頭四（The Beatles）」歌手洪流，迅速衝擊到歐美各地樂壇，甚至於影響了全球時裝設計和各大城市商店的門面和室內

裝潢，當時所取決的新潮，是「新藝術（Art Nouveau）」、「裝飾藝術（Art Deco）」、以及「視覺藝術（Op Art）」所合成極富浪漫情調的格式。我經手所設計大小和風格不同的舞廳或帶舞池的音樂咖啡廳共十餘個，值得一提的有：

一九七三年，我過去曾設計的哇哇拉格夏威夷酒吧的西班牙老闆與友人合夥，找我為他們在馬德里阿斯喀（ASCA）新區，設計一個風格與眾不同的音樂吧，我於是建議設計一座三種不同風格互通的酒吧：其一是二十世紀初法國南茜（Nancy）首創的「新藝術」式，其二是西班牙巴賽隆納（Barcelona）境內的「摩登主義（Modernismo）」式，其三是奧國維也首都納（Vienna）的「斷層派（Secession）」格式，裏面所放的音樂，必須與裝潢配合方可奏效，他們欣然接受此項設想。自首次將構思繪上紙面起，到全部工程和裝飾細節完善為止，費時幾達半年，耗資千萬餘西幣，取名「夜半幻夢（Sueño de la Medianoche）」，開業後，果然高朋滿座，儘是馬德里上層時尚人士。

「剛果舞廳（Discoteca Congo）」，那是在距離馬德里市區八、九公里近郊非常幽靜的隱蔽場所，目的是為情侶或高等白領階級攜帶秘書小姐或女友幽會所設。無論建築格式和室內佈置，一概是非洲土著情調，予顧客有置身於神秘感的所在。我的設想是，不但舞廳建築為非洲部落格式，門窗廳柱一概以土著圖騰圖案特製，壁燈均是用塑膠仿製成可以亂真的不同面具，為了增加曠野氣氛，昏暗中時聞兩三聲不知名的獸叫和鳥鳴，情侶們一旦進入如是神秘境界，更能促進纏綿情趣。為

此，我特去馬德里各大書局，搜購了一些非洲風情和工藝品的書籍以作設計參考。

「布艾伯拉（Puebla）舞廳」，布艾伯拉是距離墨西哥首都六十公里的美麗小城，濃郁充滿西班牙殖民地氣息，摻有土著意味的巴羅克式教堂，矗立在牆面塗有鮮豔色彩的矮屋和花園之中，經常享有閒暇的印地安人，在牆角在街頭席地而坐打著瞌睡，他們似乎擁有享不盡的祥和歲月……，我把這些情景畫在牆上，也可讓跳累的顧客，享受些異國風光。

「帕沙德納（Pasadena）」舞廳，帕沙德納是美國加利弗尼亞州洛杉磯的著名海濱度假娛樂村，所以其裝潢都用鮮豔明快色調，並以大幅上世紀三十年代裝飾藝術型壁畫作為主體裝飾，婀娜多姿的椰樹，在金黃的夕陽殘照下搖曳，海天一色璀璨的沙灘，造成瑰麗無比的長屏，即使不是紐奧良，不妨配以荻西蘭的傳統爵士樂，也無傷大雅，予婆娑起舞或喁喁交談的伴侶，均可享有無比的浪漫風情。

「羅亨格林（Lohengrin）」舞廳，「羅亨格林」是十久世紀德國大音樂家瑞查·華納（Richard Wagner）根據中古傳情故事所賦的歌劇，其主人翁羅亨格林騎士的僕役咖特弗利德（Gattfried）曾被巫術變成天鵝，故此稱羅亨格林為「天鵝騎士」。於是我將天鵝設計為舞廳標誌。全舞廳建築和裝潢設計為「裝飾藝術」格調，內部裝飾多用彩色玻璃碎片鑲拼之幾何圖案，坐位和牆壁用粉紅、粉藍、粉紫亞光單色絲綢相間覆蓋，整體看來非常雅致和悅。但舞廳老闆認為單色絲綢不夠富麗，硬要我帶他去布料裝選購價格非常昂貴的花色絲絨，我莫

可奈何，值得依他的意見照購無訛。

　　不僅在馬德里，西班牙任何城市的商店都希望持有專業卡的能成他們的永久性主顧，當我們光顧他們的時候，都會照商品的市價打上很高的折扣，為了省事起見，會替我們名下開專折，每半年或一年結賬，將所有折扣共加起來付給我們。即使我們不親自到場購物，只要以名片介紹，也會將應給的折扣打上你的名下。

　　那次，舞廳老闆執意要買價格昂貴的絲絨取代單色絲綢，他認為這樣可增加舞廳品格，雖然我並不同意他的想法，但他是老闆，願多化不必要的冤枉錢，我也不便固執己見，對我來講在收入上反而有利，心中卻非常不自在，因為變更了我原有的設計構想，其結果不見得就如他所想像的那麼奏效。這裏有許多同行，在設計方案中儘量使用昂貴材料，如此可賺取更多的「傭金」。我則相反，為了「傭金」而改變設計初衷，在創作效果上的犧牲，不可以金錢來衡量！

四

　　狄諾・德・勞仁迪斯（Dino de Laurentiis）是舉世聞名的義大利大製片家，早年在義大利電影業各部門工作，甚至於還當過演員。一九四一年開始製片，在「寫實派」時代曾製作過很多經典影片，例如：「苦稻（Risso amaro）」、「道路（La strada）」、「卡比莉的夜晚Notti de （Cabiria）」……等等。一九七〇年赴美，在北卡羅來納（Carolina）州的威爾明頓（Wilmington）

創辦DEG電影製片廠，像「金剛（King Kong）」、「唇膏（Lipstick）」、「龍年（Year of the Dragon）」、「藍絲絨（Blue Velvet）」、「沉默的羔羊（The Silence of the Lambs）」……等，都是該廠出品很傑著的影片。聽說「龍年」是描述美國華人黑幫會的情形，曾在美國華裔社會中一度引起反抗的軒然大波。後來，勞仁迪斯在他製片的同時，又扶持他和亡妻——義大利著名女星——西爾凡娜・曼甘諾（Silvana Mangano）所生的長女拉法艾拉（Raffaella）製片，他則在片中擔任「責任製片人（Executive Producer）」。我所參與那些拉法艾拉所製作的影片計有：「野人柯南（Conan, the Barbarian）」、「沙丘（Dune）」、「大班（Tai-pan）」共三部。

　　一九八〇年的秋天，我接到一個義大利口音極重的陌生人電話，說是勞仁迪斯已在西班牙籌備拍一部名叫「野人柯南」的影片，他是狄諾的胞兄阿爾弗來多（Alfredo），該片的製片主任，問我是否有空去公司談談。見面後方知該片的服裝設計師是一位愛爾蘭著名舞臺服裝師，習慣用「剪貼（collage）」方式設計服裝，每張圖樣都是藝術性極高的變形作品，服裝部門的剪裁師面對那些「前衛藝品」的設計，真是望洋興嘆，無從下手將之畫成大樣去剪裁和縫製，問我是否願意擔任此職，將原圖以明晰線條和正確比例畫出，雖然我從未參與過服裝設計，但此項任務對我們設計人員來講，是輕而易舉之事，當然立即欣然接受，何況狄諾・德・勞仁迪斯是世界極有名的大製片家，既有如此良機，失之交臂豈不可惜！

　　「那麼，讓我們談談您的待遇。」阿爾弗來多微笑著向我

提出薪金問題。

「五萬貝塞達怎麼樣？」我稍微估計了一下行情，和職務的重要性。

「什麼？週薪五萬相當於美金八百多元，您不認為太高了一點？」

「哦！對不起，勞仁迪斯先生，這是我目前檔次的潤格，不會向您抬高身價，報酬較底的美工設計有的是，您可另請高明。」

「能不能客氣一點，我們預計這部片的製作時間很長，對任何技術人員來說，是個很好的工作機會。」再大的製片公司，在預算上能節省多少就節省多少，這才是致富之道。

「好吧！您試用我一週，假如我的工作成績能值這份報酬，我們就簽合同，如否，我奉送一週的勞力，分文不收，您看怎樣？」我非常自信能將任務做得圓滿，所以沒有讓步。

「我也曾聽說過您工作的能力，否則不會來找您，就這樣一言為定，請明天就開始上班，一週後我們再談。」製片主任倒也乾脆，沒再討價還價。

一星期後，我們簽了一份雙方都很滿意的合同。

柯南原是美國非常受歡迎的連環圖畫故事的主人翁，改編成影片後，其主角由魁梧健壯的世界先生阿諾·史瓦辛格（Arnold Schwalcenegger）所擔任。其實，「野人柯南」此片真正製片操作人是狄諾·德·勞仁迪斯的女兒拉法艾拉，她是一位非常和藹貌美的年輕女郎，那時才三十出頭，毫無一般製片人的嚴肅形象，經常和技術員工談笑打成一片。

由於該片的製作規模龐大，各部門需要很多工作人員，那是首次我將女兒書霓介紹到服裝部門工作。通常好萊塢和美國獨立製片人到歐洲拍片所聘用的藝技人員，分三個國籍：英國、義大利、以及西班牙，不過有些極少數的部門首長才用自己國家的著名影業工作者。

　　在服裝部門工作時，根據變形的「剪紙服裝設計」，將之理性化改畫成可剪裁縫製的技術圖，因為我曾經學過人體素描，熟稔身軀各部位比例，倒也駕輕就熟不成問題，惟有所設計的各式鎧甲和戰盔，純屬自出心裁怪誕式樣，有的盔上長有蛇龍怪獸等形象，若要讓雕塑技師塑成毫不走樣的泥模，再用塑膠翻製，必須畫出每件戰盔自不同角度所看到的透視圖，而浪費大量時間，倒不如我親手用塑膠泥直接塑成戰盔願模來得省事。製片主任見我不但能繪圖，況且會塑模，便派我兼任雕塑組主任。

　　根據設計，必須為片中主角史瓦辛格所飾的柯南，特製幾套與其體形和肌肉相符的貼身鎧甲，為製造那些鎧甲，手先必須用整塊木材，雕成史瓦辛格的半身像，這件費時又費工的苦差事，又落到我的頭上。當他們將史瓦辛格的身材尺寸和半裸照片給我時，媽呀！他那胳臂遠比一般人的大腿還要粗！此外，面對幾乎一立方米的巨型木塊，簡直不知從何處下手，結果，我放棄傳統木雕工具，改用電鋸、電鑽、電磨等工業工具來操作，橫豎不是藝品，只求成品功效，你怎樣去操作無人理睬。經過三週餘的辛勤挑戰，終於把一具超於常人肌肉橫生的半身裸像完成。

「米格利多（Miquelito，Miguel的昵稱），你真行！不管能不能勝任，什麼活都敢嘗試。」同事們見了發表他們的意見，我心中很清楚，這句話表面上是稱讚，骨子裏不無嫉妒揶揄意味。女製片人拉法艾拉見了也微笑說：「知道嗎？米格爾，這具木雕半身像要花了我多少錢！」我聽了並不以為忤，因為知道她很滿意，那樣說是和我開玩笑，於是，我也和她調侃著：「假如我是米蓋蘭奇羅的話，您又可以發一筆大財啦！」

　　在道具方面，片中出現一條看守寶石的巨蟒，臥地有一米多高，我們僅製造頭部前段的身長竟達十餘米，為了能操縱巨蟒與真蟒的活動姿態，公司聘請了一位義大利退休的航空工程師，我記得清清楚楚他的名字是季奧色貝（Giossepe），他的任務是用厚鋁片製造巨蟒活動骨骼，我們再覆包塑膠海綿和橡膠蛇皮，最後，由我指揮助手和親自用特殊顏料繪上蟒蛇花紋，動作是通過體內複雜的線路，用電力來操縱，巨蟒完成後做實驗演習，眼睛可自由開閉和轉動，張口可噴火噴水，那活靈活現的神態，使所有旁觀的工作人員咋舌叫絕。結果計算所花的全部時間是兩個月，費用竟高達十餘萬英鎊！可是，後來巨蟒在螢幕上出現兩次的時間，總共還不到五、六秒鐘，冤哉枉也！可歎我們所花出的精力幾乎白費。那是一九八一年間的事，當時電腦尚未發達，若在今天用數碼技術製作，其時間和費用可能不到十分之一。

　　「沙丘」是一九八二年耗資極鉅的科幻影片，內容是描述星球間善惡鬥爭的怪誕故事，全部在墨西哥首都的鳩如布斯哥Churrubusco攝影廠完成，該攝影廠的規模很大，共有大型

攝影棚八座，另外還有器材倉庫、服裝間、陳設道具作坊、錄音間、沖印房、辦公室、餐廳……等等設備。二十世紀四、五十年代，墨西哥的影業非常興盛，故建有規模如是龐大的攝影棚，後來因政治經濟的不穩定，電影事業也隨之衰退，偌大的電影攝製設備遂被美國獨立製片公司所租用，我們工作時，從一部門到另一部門聯繫或辦事，常藉電動車代步，否則必須浪費很多時間。

「沙丘」導演是大衛・林奇（David Lynch），他曾導演過「象人（Elephant-man）」、「藍絲絨（Blue Velvet）」……等片，還是膾炙人口「雙子峰（Twin Peaks）」電視連續劇的導演陳沖在該連續劇中飾演一位非常重要的鋸木廠女主人角色，我認為陳沖真正是在好萊塢站住腳的國際演員，不因為需要中國人時才聘請她。值得一提的是該片的藝術主任（Production Designer）安東尼・馬斯特斯（Anthony Masters），他在一九六八年史坦利・庫伯里克（Stanley Kubrick）所導演的「2001年太空旅行（2001: A Space Odyssey）」片中任藝術主任，設計了一系列難於想像的宇航船和太空設備，而名燥一時。同時，富於幻想的該片也創建了後來拍攝科幻片的里程碑。在這部片中安東尼・馬斯特斯又一次施展了他的幻想才華，我在他麾下擔任道具設計師，的確被啟發了很多思維，除了設計不計其數的特殊兵器外，還根據他的構想設計了兩盞長度竟達五米有翼的飛行燈，可惜該片光線為低調攝影，我們攪盡腦汁所設計的精美陳設和道具，往往在螢幕上不能清晰看見，這就是電影，很多藝技人員默默花了許多徒勞無功的心血。

首次跨越大西洋到墨西哥，這個在十五世紀被西班牙貴胄艾爾南‧戈爾德斯（Hernan Cortes）所征服的國度，對我說來一切都新鮮吸引人。每到週末或假日，邀一道來的西班牙同事遊覽城市中的名勝古蹟或周邊的民俗風光。

　　墨西哥是南美洲文化最古老的國度，據說，那裏的遠古民族阿斯德伽（Azteca）人、瑪雅（Maya）人，以及多爾德伽（Tolteca）人可能在一萬至一萬五千年前，自亞洲經過那時凍結的貝林（Bering）海峽到達加拿大，再南下穿過整個北美洲尋找氣候較暖的地方定居。當西班牙征服者艾爾南‧戈爾德斯征服墨西哥時將之取名為「新西班牙（Nueva España）」，首都墨西哥城（Ciudad de México）中各時代留下很多古蹟，市中心有一處叫「三代文化廣場」，由於那裏並存著古代阿斯德伽、西班牙殖民地、和如今墨西哥獨立後的三種建築。當初，阿斯德伽人在德諾基第特郎（Tenochititlán）看見一隻老鷹噬著一條蛇，君不見，今日的墨西哥國徽上尚有雄鷹喙蛇的圖樣。阿斯德伽人非常崇拜老鷹，常將自己模仿老鷹在節日中翩翩起舞，於是，便將該地定為首都，在那裏大肆興建築神殿和集會所在，那就是今日墨西哥城的最大廣場索伽洛（Zócalo）。

　　某一個例假是星期二，週末後的次日星期一必須上班，由於「沙丘」影片的製片主任是西班牙人，況且該片中有很多西班牙工作人員參與，在西班牙遇到這種情況，是把星期一工作日換到下星期六工作，如此，自週末到星期二連續可享受四天假期，西語習慣稱該星期一為「El puente（橋）」，意即「架橋」度假者也。在那個「架橋」假日，我乘空赴瓦哈加Oaxaca

和米特拉（Mitla）以及阿爾斑山（Monte Albán）兩古蹟旅遊。

瓦哈加幾乎是我所到過最喜愛的小城之一，是過去沙波德貝克（Zapotec）和米克斯德克（Mixtec）兩個古老印第安文化混合之處。那裏的濃厚民風，帶有地方色彩的巴羅克教堂，那深藍、朱紅、土黃、翠綠外牆的民居，街坊間所遇民俗裝束的群眾，還有他們夾雜方言的西班牙語鏗鏘耳旁，所見所聞，無一不使你留連忘返。我在一座西班牙殖民時代留下的小客棧下榻了三個永遠難忘的夜晚，房間樸實無華，卻非常潔淨，民間純木床櫃，粗布印花床單，起居其間別有一番風味。

在狹窄的街巷和喧囂的市場，邊溜達，邊用我哈森柏拉德（Hasselblad）相機，把那些難得的美妙畫面獵取下來。

一天傍晚，我無目的在街坊閒蕩經過一座教堂，夕陽將原本白色的整個西班牙殖民遺跡染得金黃，驀然見到教堂門前石階上，坐著一個民俗打扮的印第安老婆婆，身旁粗布上擺滿木質梳篦，是一幅夕陽映輝中的美妙風情畫面，當我拿起相機調准焦距時，見到老婆婆那雙無光的眼睛，忘卻了按下快門，便前去將她的各色梳子買下一大把，付錢時見到她驚喜的眼神閃了一閃，立即又恢復到以前的狀態。直到目前，每次用到那些木梳，印第安老婆婆憂鬱的雙眼，又複現腦際。

第三天一早便去了米特拉和孟德・阿爾斑兩殘墟考古勝地遊覽。米特拉不但保有西班牙殖民者的遺跡，並且，那裏陵墓牆上用小石條所砌成的個色個樣的幾何圖形，其精美程度可和世界任何馬賽克媲美，即使在墨西哥很多現代建築上，也常用那些富有民族性的圖案。同時亦可證明遠古時代在瓦哈加山谷

定居的先民，已具有高等的工藝智慧和技術。

　　孟德・阿爾斑位於山丘之上，「孟德（Monte）」西語是「山」。「阿爾班（Albán）」是「白色」，因為那裏一到春季滿山遍野白花，西班牙人故名之為「白山」，但早年土著卻叫它為歐塞俄德柏克（Oseotepec），意即「豹山」，源自過去常在該處發現美洲豹的出現。遠在一九三二年，墨西哥考古學家在那裏發現許多陵寢，其中一座規模最大的一般人認為，可能屬於某酋長的葬身之處，最使人難解的是，那裏挖掘出很多雕刻精美的石碑，而碑上的浮雕人形，大多是變形模樣，有的還具有醫學意味，例如女子站立生產等姿勢。我所發現的則是，上面的數字是五進位，上方圓圈代表「五」，下方圓圈代表「一」，其排列方式就和中國的算盤珠一樣！

　　多爾德伽人的首都則建於距離墨西哥城不遠的德歐第瓦干（Teotihuacán），那裏建有墨西哥最古老和最龐大的金字塔，名叫「太陽金字塔（Pirámide del Sol）」，據說，建塔者尚是多爾德伽人的先民。那些先民所供奉的是「披羽神蛇（Quetzalcoatl）」。當我看到這條神蛇的巨型雕像時，使我驚訝得目瞪口呆，蛇頭的形狀簡直與中國的龍頭造型無異，蛇身所披的羽毛，完全和我們的龍鱗一樣，僅是沒有四足而已。

　　我結束「沙丘」影片的工作後，即將數月未曾花完的「生活費」用於為時一週的旅遊，這次的目的地是位於墨西哥海灣的一個半島頂端，富有瑪雅燦爛文化的尤加丹（Yucatán）地區，其首邑梅里達（Mérida），此名原是西班牙艾斯特萊瑪度拉（Extremadura）省的一座城名，由於哥倫布發現新大陸後，

西班牙大批越洋征服者之中，很多是艾斯特萊瑪度拉人，故此將家鄉名稱梅里達授給該城，例如在美國同樣有西班牙的馬德里、多萊朵等城。由於尤加丹遠離墨西哥整體，當地瑪雅族居民常說，他們不是真正的墨西哥人，因為他們仍舊保有過去最純的瑪雅血統。梅里達是一座西班牙殖民地氣氛極濃的明媚城市，那裏我們可看到紅瓦白牆，滿布拱門的殖民地式建築，因為接近北回歸線，又有海洋氣候的調節，所以四季如春，到處是綠蔭濃郁花卉豔麗的花園。我下榻在一座十八世紀建築改裝的賓館，外面保持原有特色，內部卻帶有民俗色彩，到處以亞熱帶奇花異草裝潢，起居其間別有風味。

距離梅里達不到一百公里，便是瑪雅文化遺跡：切臣・依查（Chichen Iyza）、卡巴（Kabah）、烏希瑪爾（Uxmal）、薩以爾（Sayil）等處，那裏有巍峨的今字塔和莊嚴的神廟，特別讓我注意的是，那些典型瑪雅建築外牆上的浮雕裝飾，極與中國商周青銅器上的圖安相似，尤其是卡巴供奉風神殿宇外牆上的一座座風神的面貌，突出的圓眼中間，掛著長長的鷹勾鼻，恰像中國古代青銅祭器上的饕餮。

根據我在墨西哥遊覽所見到的文物古蹟上的造型和圖案，不能不使我懷疑那些土著先民，是遠古時代自亞洲過去的移民，並且還將華夏古文明帶到了他鄉生根發揚。

我參與勞仁迪斯製片公司的第三部影片是「大班（Tai-pan）」，其內容是敘述十九世紀末，西方商家紛紛到已向國際開放的香港經商，均欲占地盤稱霸獲得盟主地位而鬥爭，「大班」此詞係粵語「頭目」之意。陳沖在該片中飾美商大班的情

婦「Mei Mei」，盧燕則飾她的姨媽，均有精湛演出。據說國內影片檢查當局認為，她倆在片中所演的角色有傷中國婦女尊嚴，而禁止該片在華上映，因此，國內就陳沖接受「大班」的Mei Mei角色而有非議。這裏，我要為陳沖說句公道話，中國的「二奶」、「三奶」、「四奶」……遍地皆是，所不同的是那些自古到今「外室」的情夫是國產爺兒們，而「大班」中的情夫則是金髮碧眼兒。陳沖是職業演員，無論飾演什麼角色，對她的人格和尊嚴絕對無損，難道演員的現實人生，定與劇中人物吻合不成？

此外，陳沖所飾的角色和其美國大班有一場比較「親密」的床戲，其實，陳沖穿著睡衣半隱半現，根本無春光可「漏」，毫無色情挑逗意味，結果珠江製片廠經過我和片方交涉──其實，我在片中的職務是中國藝術顧問兼美工設計，與行政事務無關──希望能另找別處拍攝，言稱社會主義國家境內礙難允許拍攝那種「輕浮」場面。沒奈何，公司只得派遣我和另一位義大利名叫別爾路易基（Pierluigi）的美工師到澳門另找場地。那是一九八五年間的事，回憶起來哭笑不得，如今國家開放，國產影片中曝露的鏡頭比比皆是。

「大班」的拍攝地點選在中國廣東，由珠江電影製片廠協助，內景在該廠攝影棚、外景一部分在距離廣州二十餘公里的一個珠江中的江心洲、另一部分在珠海海濱拍攝。為了安置大批人員，公司在廣州沙麵包下半個國營白天鵝賓館。我首次知到沙面這個珠江中的小島，是高中看沈三白所著的「浮生六記」所致，沈三白在他著作第四卷「浪遊記快」中，談到隨表

妹徐秀峰作嶺南遊。後來和友人到沙面狎妓，那時的妓船排排並泊，名「花艇」，老鴇稱「梳頭婆」，嫖客上船，妓女即以檳榔相待。如今沙面已與陸地築路相連，上面可通汽車。

有天，為了要接南京的姐姐去廣州和我同住一段時間，赴賓館旅遊部門，謙和地諮詢訂購飛機票細節，賓館辦事人員在聊天，對我似理不理，給我一些不切實的答案，再加以追問時，索性來個置之不理。莫內何，只得去前廳找廳堂經理詢問究竟。我私下嘀咕著，是否瞧我衣衫不夠華麗，氣貌不揚，而不屑一顧。

請猜，廳堂經理怎樣給我解釋：

「你們國外回來的會說英語嗎？」

「會！」我丈八金剛摸不著頭腦，幹嘛問這？僅乾脆回答了一個字。

「啊呀！假如您用英語諮詢，他們一定會好好接待您的。」

「什麼？」當時我簡直不敢相信我的耳朵，立刻大發雷霆，失去了平時「溫文爾雅」的風度，是可忍孰不可忍，疾聲厲斥：「你們這群亡國奴！竟媚外到這種程度！要求回國華僑不用祖國語言，而用外語和國人說話，豈有此理！」

我氣沖牛斗，無法繼續發言。這時滿堂中外群眾，都瞠目張口大看熱鬧，我無心辨別他們的反應，匆匆回房……。我一向禮貌平和待人，那次，真的惱火了！

珠江雖闊，究竟不是大海，所以較大以海作背景的場面，我們在珠海另設基地，在海濱搭景拍攝，去珠海的主因是，那裏正在開發首期，還未建高樓大廈，正如十九世紀末葉香港的

景象。公司遂派遣我和別爾路易基前往珠海主持籌備工作。由於等待廣州基地的內外景殺清後方去珠海拍攝，屆時將入十月中旬颱風季節，我們參考當年廣州西式洋房所搭的佈景，為了預防颱風可能性襲擊，不可依照傳統技術搭建，聘請了廣東建築設計院防颱專家任顧問，所有樓房結構都改用鋼筋水泥，如此增加了不少時間和預算。

我們一行電影製作人員都下榻在珠海賓館，時間久了和服務小姐熟稔，由於珠海距離澳門只幾公里路，即使去香港乘氣墊飛艇，也只需半個多小時，週末我們常去這兩處休閒，回來時，總是給她們帶點小而不言的香水和口紅之類的小禮品，有時還請她們一道外出晚餐。有次，一位自韶關來珠海服務的故娘，用半生不熟的普通話向我說：

「張生，您不像常年在外國定居回來的人。」

「怎麼？我有什麼特殊？是不是我的穿著不夠豪華，還是說話滿口不帶外文？」我不知她問話的用意。

「不，不是這些！您待我們這麼好，像一般朋友一樣，不像那些臺灣或是東南亞的歸僑，還有國內富商，他們挑剔得厲害，把我們像下人一般對待。」她顯然一肚子委屈。

「不見得吧，也許只有幾個極少數的暴發戶，美其名稱『新貴』……」她沒等我說完，忿忿插嘴：

「還有，還有那些因公出差的幹部，趾高氣揚，動不動就發怒，你要是把菜出遲了一點，那就更……」

「好了，好了！現在不談這些，不要掃了我們的豪興。」這次是我打斷了她的話。

我的工作夥伴別爾路易基，原籍義大利藝都弗羅倫薩，高挑的個頭，一臉兜腮胡，並不英俊，但藝術家氣味很濃。我們起先在廣州工作時，他在白天鵝賓館的迪斯歌結識了一位來自蛇口的王小姐，她自稱是來廣州休假的職業護士，他們倆一見鍾情。當我們一行人轉赴珠海工作時，義大利的多情美工師便把王小姐一道帶到珠海，但珠海賓館當局不允許外賓與中國非婚女性同宿，別爾路易基只得為她另開房間安頓下來。王小姐似乎是東北人，大大的杏眼鑲嵌在具有輪廓和健康膚色的臉上，稱不上國人所說的美，但在西方審美觀念上，可算是相當豔麗的了。她和我們同進同出，同桌吃飯聊天，相處得倒也十分融洽。

　　一晚，王小姐在餐桌上給我們介紹自蛇口來的同事，那兩位的確是非常妖豔的時髦女郎，而且還說得一口相當流利的美腔英語。是夜，我們一桌有英格蘭、義大利、西班牙和我將近一打人，開了好多瓶香檳，杯盤交錯談笑風生，大家鬧得十分盡興。西方人酒量足實驚人，中國女郎居然也毫不遜色，全桌只有我這沒出息的「黃香蕉」，只能用嘴在酒杯邊緣抿一抿來湊興。晚宴結束後，除了別爾路易基和王小姐雙雙例外，大家與華夏佳人吻別，各自帶著醉意打道回房。

　　好景不常，大約兩星期後，別爾路易基滿面委屈告訴我說，王小姐突然哀怨地和他辭別走了，我驚訝地問，是不是他們之間鬧什麼意見，把王小姐給氣走了，好好的怎麼說走就走，也不和我們說一聲？別爾路易基連忙解說，我喜歡她還喜歡不夠，怎會把她氣走？似乎是警方「好言」勸王小姐假期應該儘早結束，回蛇口上班去了。

我在香港有個原籍澳門的好友何永安，祖父是葡萄牙人，所以他的外文姓名是Antonio Ho de Lima，早年我們在馬德里同住在聖保羅大學生宿舍，同時他也在西班牙國立電影學院表演系就讀，因為他有葡萄牙血統，四分之一混血兒，長得很英俊，後來赴羅馬電影城工作了一段時間，返回香港後，隨即被邵氏電影公司羅致為基本演員，曾在「唐明皇」一片中充當主角，和非常美貌的同事女明星高妙思走到一塊。我多次週末去香港和他們相聚。

　　在「大班」殺清前的尾聲中，我打電話回馬德里，叫女兒書霓飛港和我會聚。一來她從未到過亞洲，讓她領略一番遠東風光；二來準備帶她回國見見家人。當我去機場接她時，等她所乘的國泰遠東航空公司的班機抵達，那班機所有乘客都走完後，還沒見到書霓的蹤影，正在焦慮不知所措時，聽到機場擴音器用英語重複廣播著：「米格爾‧張，請到警站來！」「米格爾‧張，請到警站來！」我一聽到如是呼喚，立即意識到書霓出了什麼事，心中忐忑不安之至，因為我深知書霓吸大麻，在歐洲若被警方查出微量自用大麻根本無妨，但在遠東則是罪犯，不要書霓無知被查出身帶大麻，有理說不清，那就麻煩了！一進機場警站，果然書霓安然自在地坐在那兒，問清原委後，方知她在進入海關時，被查出行李中有一條用步槍空彈殼編成的腰帶，但帶扣是用四顆實彈所製成。費了多少唇舌解釋，好容易才說服警方，書霓哪像恐怖分子，結果他們將那四棵彈頭拔下，把書霓和我的西班牙國民身分證做了影本歸檔後才放行。

在港期間，我們和何永安及高妙思四人去邵氏影城參觀、到「宋城」溜達、到「半島酒店」喝咖啡。高妙思是香港靚麗電影明星，書霓一派新潮裝束，況且右臂紋有一條青龍，所到之處，人們無不投以好奇眼光。香港的餐館滿街皆是，而且烹調藝術無瑕可尋，一次在九龍一家飯莊用餐，那裏所端上的烤鴨，比起北京「全聚德」的烤鴨，有過之無不及，很可能「全聚德」太著名，各方食客趨之若鶩，烤鴨不及每隻現烤之故。況且粵菜中的叉燒、烤乳豬，燒雞等燒烤技術本來就名聞全國，難怪他們的烤鴨也是皮脆肉嫩那般鮮美。

我們離港返西時，在機場先將大件行李托運，女兒書霓隨身帶了一個小手提包，我一手提了一個上機合格的小皮箱，肩上挎了一個鋁製相機箱，由於那臺是瑞典出產的名牌哈塞爾伯拉德（Hasselblad）相機，該公司嘗以美國當初上月球所帶之相機即是該機作為宣傳，那時我所擁有的全套相機和零件包括機身、三個不同焦距的鏡頭、兩個6×6和4×6畫面底片背匣（magazine），以及多種功能之濾光鏡和攝取快速度運動畫面的特殊附件等，價值非常昂貴，因此我到任何地方都將之隨身攜帶，但是，香港機場對上機行李規格極其嚴格，旅客登記臺小姐謂，我只能隨身帶一件行李上機，任憑我如何解釋也無法通融，結果，前來送行的香港著名明星高妙思出面講情才得放行，由此可見和名人交往大有裨益，而心中頗有感慨！

馬克・吐溫（Mark Twain）的膾炙人口的名著「王子與窮漢（The Prince and the Pauper）」曾經多次被搬上電影映幕，早在一九三七年所攝製的「王子與窮漢」是張黑白片，主角由二

十世紀三、四十年代的好萊塢影帝艾若·弗林（Errol Flynn）主演；一九六二年又被華特·迪士尼影視頻道攝製成電視劇；十餘年後，「國際電影製片人（International Film Producers）」集團的依利阿·灑爾金（Ilya Salkind）和皮艾爾·斯朋格勒（Pierre Splengler）將此小說「王子與窮漢」易名為「交叉劍（Crossed Swords）」，又一次搬上銀幕，由美國老牌導演瑞查·弗萊丘（Richard Fleischer）執導，換湯不換藥在匈牙利租廠製成影片。

一九七六年三月，一個春寒料峭的中午，依伯利亞（Iberia）航空公司的班機將我載到布達佩斯首都機場，周邊還可以見到尚未融化的早春白雪，護照檢查出口處，早有匈牙利電影製片廠（Mafilm Stidio）的接待員等候，並送我到多惱（Duna）河畔，面對一座名叫自由橋（Szabarszad Hid）的蓋勒爾（Gellert）賓館安頓。稍事休息後，即赴片廠報到。我在「交叉劍」中的職務是陳設設計師。那是我首次進入當時西方世界所稱的「鐵幕國家」工作，一切所見所聞都特別新鮮，尤其是匈牙利語，是世界上獨立無二的語言，此話怎講？就是它不屬於任何語系，同時全球也沒有任何一國的語言源自匈語。當然，匈牙利話中難免有極少數外來單詞，最有趣的是，他們叫父母：「阿爸（apa）」和「阿娘（anya）」，還有，據說匈牙利民族含有蒙古血統，他們剛出世的嬰兒，在臀部常有「青記」，過月後才漸漸消退，很可能是當年成吉思罕的鐵騎經過匈牙利時，給他們留下的「遺產」。

匈牙利首邑布達佩斯，被世界聞名的多惱河，從市區中劃過，將布達（Buda）和佩斯（Pest）兩城分開，但合而為一的雄

偉都市，布達是古城，除了多姿的巴羅克式建築外，尚存有早年征服者羅馬和土爾其人留下的遺跡。在一次世界大戰前，匈牙利是奧匈帝國的一部分，首都設在纖秀典雅的維也納，王室宮廷中人均稱匈牙利人是尚未開化的野蠻民族，但是，就因為匈牙利的建築和人文的豪放，造成他們特有的本色，例如，匈牙利境內的巴羅克式建築帶有濃厚的地方色彩，與歐陸一般巴羅克式稍有差異而特別吸引人。多惱河之聞名世界，雖然基於維也納的「藍色多惱河」華爾滋樂章，然距離維也納城甚遠，城市居民無法立即瞻仰其儀容，況且，即使見到，也沒有布達佩斯的那般富麗。尤其是河上架起的八座橋樑，哪一座沒有它的特色？在布達山阜上居高臨下的王宮，遙對配斯境內的哥德式國會大廈，更增加了河流的壯觀。布達佩斯的多惱河和周邊環境，若與巴黎的塞那河或倫敦的泰晤士河媲美，不但毫不遜色，尚有過之無不及！所以，我對布達佩斯情有獨鍾，認為是世界上最美的城市之一。

這次我參加「交叉劍」工作，十四年後又與美國影帝查爾頓‧赫斯頓會面，他在片中飾英王亨利八世，戲並不多而排名首位，卻在一人同演王子和乞丐的青年真正主角馬克‧萊斯特（Mark Lester）之前。該片背景處於十五世紀末葉的都鐸（Tudor）王朝，該時代無論在建築、裝飾、服裝……等藝術上，都具有特殊風格，我們在讀藝術史時，對英國都鐸式當然具有概觀，但對細節不會有所深入。例如：早年為奪取英格蘭王位，以白玫瑰為家族標徽的蘭卡斯特（Lancaster）族和以紅玫瑰為標徽的約克（York）族戰爭了三十年之久，史稱著名

的「玫瑰戰爭」，結果蘭卡斯特族的亨利七世（Henry VII）戰勝約克族的李查三世（Richard III），與約克族的依利莎伯（Elizabeth）聯姻創建都鐸王朝，他將兩朵玫瑰外白內紅組成所謂「都鐸玫瑰」作為國徽。諸如此類的圖樣和其他不勝枚舉的細節，由於以不同姿態出現在多處，必須親手畫出，因而每參與一個不同時代的影片，都可獲得許多難得的寶貴知識。

我在匈牙利國家製片廠的工作室緊靠該廠的剪接部門，有位匈牙利少婦剪接師上下班時，經常和我們見面。

「Jo reggelt（早上好）！」或是「Jo napot kivanok（祝你早安）！」她每天早晨遇見到我們時，總是微笑著打招呼。

「A vizontlatasra（再見）！」臨走時和我們說再見。

如是久而久之，我們熟稔起來。她叫黛莉・拉松季（Teri Losonci），三十才出頭便孀居，有一個非常可愛的女兒維拉（Vira）。週末假日我們三人儼然一個小家庭外出午餐和遊覽，匈牙利話委實太難了，我們用英語交流，黛莉是極稱職的導遊，她將每一座名勝和古蹟都介紹得無微不至。我們漫步在十九世紀中葉英國工程師克拉爾克・阿丹（Clark Adam）所設計的鏈橋（Lanchid）；我們同去國立博物館參觀，居然還欣賞到一幅西班牙名畫家哥雅Goya早期的油畫；我們在多腦河河心洲（Margit-sziget）上的露天咖啡館閒聊……

她擁有一輛蘇聯和義大利費亞特（Fiat）公司合作出廠的LADA 124型汽車，有時我們外出晚餐，她總是要求不開車來接我，原因是匈牙利交通規則非常嚴謹，絕對禁止飲酒人開車，這樣她可在晚餐時，品嘗Balatonfüred出產的名酒。一個週末，

黛莉駕車，帶我和維拉到匈牙利中部的巴拉同（Balaton）湖遊玩，那是一個風光非常旖旎的景點，白帆點點，遊弋在碧波之上，被燦爛的陽光照耀得愈加顯目。我們將車停妥，在一家湖畔酒家午餐，邊嘗匈牙利地方美味牛肉羹（gulash），邊賞綺麗的湖光水色，把一週的工作疲勞拋到九霄雲外。突然，十歲的小維拉端詳了我一會兒後，向他媽媽嘰裏咕嚕說了許多我根本無法聽懂的話，我似乎見到黛莉叫她不要那樣囉嗦，於是對黛莉說：

「不要緊，小孩子讓她多說幾句沒關係，你翻譯給我聽，她究竟要什麼？」

「沒要什麼……不要理她！」她好像有點靦腆，越是這樣，倒引起我的好奇。

「沒關係，你儘管翻給我聽，我不會見怪的。」我知道與我有關。

「她問……」黛莉吞吞吐吐地說道：「她問……你這麼喜歡我，究竟喜歡我身上的哪一部分？」

往往小孩的發問，使大人難於做出適當的答案，由於無法猜測十歲小女孩心中的奧妙，更不知道她探問的目的，我猶豫了一下，才請黛莉轉告女兒：

「告訴維拉，一個人喜歡另一人，不僅在乎他或她的哪一部分，應該同時喜歡他或她的外形和內在的美，他或她的舉止和言行，思維和操守也應當包括在內……」

這篇牽強附會的大道理，不知黛莉如何給她的女兒翻譯，只見維拉睜著一雙清澈的藍眼瞅著媽媽，繼而望望我，一臉迷茫。

當我快結束「交叉劍」前，妻子娥箔和岳母同來匈牙利旅遊，在布達佩斯待了一週後又乘氣墊飛艇，順多腦河而上去維也納遊覽。由於我和黛莉間的純真友誼，雖互相欽慕，卻毫無曖昧之情。娥箔在布達佩斯期間，我曾介紹她們晤面，一見面兩人都傻了，隨即大笑起來，原來她倆不但髮型，連服飾都一模一樣，那是上世紀七十年代的時尚休閒裝束：紅白橫條相間的T恤衫、喇叭口深藍牛仔褲、木屐式的高跟鞋，頸上還繫著美國西部小紅巾。後來黛莉揶揄我說：「好哇！原來你和我邂逅，是在懷念妻子。」我辯護道：「這完全是巧合，我怎麼知道你們女性都隨時裝穿著？好像制服一樣！」

　　我將離開匈牙利的前夕，當然已不去製片廠上班，那天黛莉正在國家電視臺外借工作。我乘計程車去和她辭行，正好維拉也在那裏。黛莉說當晚要請我在她家晚餐，聊表相聚一場的情誼，那時，她工作尚未結束，讓我們晚間在她家再見。維拉忽然吵著不讓我走，說是我明日將要離開她們，要多陪我一些時間，結果她母親讓她陪我一道先回家等她。維拉的此項要求，使我非常感動，幾乎掉下淚來，孩子一旦和你投緣，他們的情感是那般執著、真誠！

　　匈牙利電視臺離黛莉家不太遠，步行不到半小時便可到達，維拉和我手牽手穿街過巷慢慢走去，我用匈牙利單詞加上手勢，比劃著和她交流，一路頗不寂寞。上世紀七十年代中旬，歐陸尚且保留一些「嘻皮」遺風，很多年輕人和兒童都喜愛在街上赤腳行走。維拉雖然穿著體面，上身荷葉領口的襯衫，下身小花裙，卻光著小腿赤腳走路，市區行人見到這樣一

個可愛的小女孩，卻和一個中年東方男子牽手同行，都感到詫異。結果，一位灰髮老太太忍不住，過來滔滔不絕和維拉嘮叨，看表情似乎在質問：「你這麼一個小女孩，怎麼赤腳上街？」起先，維拉根本不理她，後來被老太太問煩了，便嘟起小嘴，不耐煩地回答：「Ninc cibö! Ninc cibö!（沒穿鞋！沒穿鞋！）」我在旁很尷尬，只得微笑對老太太頷頷首，把維拉牽走。

電影業的常例，離家在外工作的人員可獲相當豐厚的出差費，若非浪費，通常多有剩餘，尤其是我，煙酒不沾，更不拈花尋柳，所以工作幾個月後，積蓄了想當出差費無處派用。當晚，在黛莉家晚餐時，乘她們不注意，把買了一條給妻子的金項鏈後所剩的出差費，相當於美金二百餘元的匈牙利幣，悉數藏到書架上一本書中，把書名記下，回到西班牙寫了封信給黛莉，叫她從書架找出那本書，裏面有一份我特意留給她的禮物。不久後，收到黛莉的回函，說我是她一生中最關注她的朋友，為了這段無絲毫曖昧情感的純友誼，不願將該款胡亂花掉，買了一臺大型彩電孝敬老母。我知道此事後，心中倍感踏實和欣慰。

五

這是一個動人的歷史愛情故事。

遠在上世紀初，原籍北美聯邦俄瑞貢（Oregon）州的約翰・瑞德（John Reed）在紐約哈佛大學就讀時，讀到馬克斯和恩格爾共同發表的共產主義宣言，便深感勞工為資本家賣命

工作所獲的微薄報酬實在欠缺公平，必須以階級鬥爭來改變社會體制。畢業後從事記者生涯，與當時為女權平等奮鬥的露易斯‧伯冉特（Louise Bryant）認識，站在同一戰線為弱者奮鬥，由於兩人具有同一信念和目標，久而久之互生愛戀並締結良緣。

　　一次世界大戰期間，與妻以記者身分雙雙赴歐工作。一九一七年赴俄參與波什維克十月大革命，期間曾訪問列寧，回國後撰書宣揚無產階級鬥爭，為左翼社會黨首領，並為美國共產主義工黨創立人和共產國際成員。之後，又回莫斯科任共產國際委員會委員。一九二〇年患傷寒不治而亡，是唯一葬於莫斯科紅色廣場克萊姆林墓場的美國公民。

　　一九八一年，好萊塢著名明星華仁‧貝蒂（Warren Beatty）將這段史事，編成電影劇本，並自製自導自演般上銀幕，取名為「紅軍（Reds）」，該片獲一九八二年度導演、攝影、最佳配角三項金像獎，此外，在一九八一至二年間獲其他電影社團所頒之大獎十餘項。該片導演和男主角由華仁‧貝蒂自任外，女主角是好萊塢淑女型的性格明星妲恩‧基彤（Diane Keaton）。[4]

　　我在「紅軍」中的職務雖然是佈景畫師（scenic painter），但實際主要任務是繪製片中海報等革命宣傳品。帝俄時代一九一七年十月紅色大革命爆發，波什維克革命軍將國內火車佔用運輸軍隊，並將車廂外方四面畫以革命宣傳畫，所需畫的列車共四節，每節兩米高比二十米長，總共畫面四百餘平方米，內容不外乎紅軍與帝俄軍的交戰、波什維克革命部隊被群眾的擁護、摧毀帝俄的專制和富豪的資本家、驅逐剝削社會的外國奸商、紅軍勝利的歡躍和鼓舞、農村鄉民的歌舞昇平……等等場

面。此外，還畫了許多巨幅馬克斯、恩格爾、列寧等思想革命家的頭像。

　　片中有一場紅軍首領的圓桌會議，我們在馬德里市區找到一座二十年代初所建的藝術協會（Circulo de Bellas Artes）大廈裏美侖美奐的豪華大廳，足可充當當年沙皇內閣的會議廳。不過，廳中正面牆上掛有一幅四米比五米多的巨畫，而油畫的內容卻是具有西班牙中部特色的鄉村，白牆紅瓦的農舍後面遠處背景，是綿延山崗上，小說中唐吉訶德騎士以為是巨人，與之戰鬥的一座座風車，與帝俄統治的任何一處疆域景色迥異。為了遮掩那幅巨畫，好萊塢著名藝術指導錫爾伯特（Sylbert）吩咐在那幅油畫前，搭架張起比油畫每邊寬出半米的帆布，要我畫一幅波什維克革命軍慶祝凱旋的景象。起先我用炭條構圖，中央是一個英勇的青年哈薩克騎兵，一手舉起長槍，另一手揮著軍帽，騎在赤驃戰馬上；畫長槍時，我不得不考慮一下，究竟是畫騎兵較短的馬槍，還是十九世紀末帝俄時代所造的莫西乃（Mossine）式步槍，結果決定畫上莫西乃步槍，因為槍桿較長，威風些！我揣測當時的波什維克革命軍，哪有條件將每兵種的武器配備得那麼一清二楚。此外，畫那匹雄糾糾的戰馬時，參考圖樣太多了，我選擇了馬德里柏拉多（Prado）油畫院展出的，西班牙十七世紀首屈一指的大畫家貝拉茲格茲的名畫「奧里巴萊斯公爵／伯爵（Conde Duque de Olivares）」畫像，他身跨駿馬，手舉權杖，那匹馬的雄姿健美無比，後蹄落地，馬身幾乎直立，一雙前蹄在空中揮舞，昂首瞪目傲視周圍。

　　青年革命戰士的下方，圍繞著工、農、商、學、所組成的

紅軍，有的擲帽歡呼，有的婆娑起舞，濃郁的慶功歡欣氣氛充滿畫面。錫爾伯特見了非常滿意，我於是用丙烯顏料大筆揮毫起來。從上方畫起，當我渲染到全部的四分之三時，他吩咐停止畫完。後來在拍攝時，他徵求導演同意，叫特聘演員站在手腳架上繼續作畫，作為波什維克革命軍首領會議的背景，使該場景愈加生色，他的寓意是，在遠方背景中文工人員還在製作宣傳畫，十月大革命尚在進行中，並非一切已經就緒。

　　誠然，在電影拍攝過程中，隨時隨地都可獲得難能可貴的啟迪，同時也可意識到做一個藝術指導，必須有慧眼獨到之處，雖然無須親自動手，可將一幕布景處理得更為生動！不過，我們從事電影的技藝人員，挖空頭腦企圖將每一場景做得盡善盡美，不知諸如此類的細節，一般觀眾是否能夠體會得到？

　　波‧戴瑞克（Bo Derek）是一位金髮藍眼身材窈窕的美豔美國青年明星，自從一九七九年被著名的抒情戲劇（melodrama）導演伯拉克‧愛德華茲（Blake Edwards）執導的「十（10）」一片所發掘，隨即紅遍好萊塢影圈。所謂「十」者，即片中女主角波‧戴瑞克是一個在任何方面都可獲得「滿分」的女郎。該片內容是敘述一個好萊塢作曲家，在事業和其他方面遇到不稱心的事而感覺困擾，到偏僻的海濱靜一靜心。偶然遇見一位裸體女郎出浴於碧波，其美豔姿態如出水芙蓉，驚若天仙下凡……全片情節無甚特殊，幾乎僅為炫耀波‧戴瑞克的婀娜嫵媚所編劇和拍攝。繼之，其夫約翰‧戴瑞克（John Derek）特為她編寫「人猿泰山（Tarzan, the Ape-man）」劇本拍成影片，目的也是將其妻的魔鬼胴體顯示於眾。

一九八四年夏，約翰・戴瑞克大隊人馬前來西班牙拍攝「波萊若（Bolero）」，而該片的製片人和主角卻是波本人，由其夫約翰執導。影片主題是兩個情竇初開的美國女郎，越洋到西班牙和北非摩洛哥尋找理想情郎，奉獻出她們的第一夜。主要的地區背景是西班牙北部，桑當德爾（Santander）省境風景絕倫的「歐洲顛峰（Picos de Europa）」山區、南部安達露西亞（Andalucía）鬥牛士的莊園，以及摩洛哥境內浩瀚無垠的沙漠地帶和滿充神秘感的土著部落。劇情的發展乏善可言，但娛樂性極強，尤其是波所飾的女主角和摩洛哥酋長在帳篷中「銷魂（ecstacy）」一幕，黑色帳篷裏，沒有任何事物干擾視線，在曖昧的搖曳燭光中，一具線條柔和潔白的胴體和另一具褐色肌肉健壯的大漢，纏綿在一起難分難解，緩緩有節奏地蠕動著……的確被波的丈夫導演處理得香豔到極點，是豔情影片之中的經典之作，大可稱為「淫而不穢」！

　　那幕戲是在南部攝影棚所拍，為了準備那場酋長帳篷佈景，我特地回馬德里一家摩洛哥商品專賣店，租賃了大量地毯、水煙壺（narquile），燭臺薰香器、銅製杯盤碗盞、獸皮獵具……等等土著酋長帳篷中應有的陳設。花費了整整一天，才佈置得美侖美奐充滿浪漫氣息，與地面高出無幾的矮榻上鋪上錦緞和織錦軟墊，矮榻一廂有金屬盤形鏤花低桌，上面擺滿杯盞水果，另一邊有薰香嬝繞燭影搖紅……佈置完畢後，我繞場三周巡視不妥之處，再加以修正，我正躊躇滿志自我陶醉時，所有片中技藝人員見了，均異口同聲大為讚賞。

　　在開拍那場景前半小時，導演約翰照例前來檢查是否妥

當，當他巡視一周後，吩咐將其中一部分道具予以撤除；再度巡視後，又撤除了幾件飾物；三番兩次巡視和搬走陳設和道具，最終，帳篷中僅剩波・戴瑞克和摩洛哥酋長纏綿的矮榻……這時我茅塞頓開恍然大悟，導演所需要的，僅是那張矮榻，避免周圍的富麗裝潢，分散觀眾的注意力，因此將之悉數撤除。我不能怪他不別具匠心，可是，為何不預先通知我他的意圖，叫我在塞比亞和馬德里之間，四百餘公里的長途徒勞往返，白費心機和時間？並且使我在同事前非常窩囊，那是我從影以來，工作上最難堪的一幕。

「一九四八年八月二十八日，一個無風炎熱的中午十二點半鐘，在緊與阿爾巴尼亞接壤的，名叫里阿（Lia）的希臘小村中，一群村婦背著柴火自彎彎曲曲的小路爬上山崗。一座灰色石砌的民居裏……」美國尼可拉斯・蓋琪（Nicholas Gage）在他的著作開端如此寫著。

作者是一位十歲就自希臘到美國的移民，艾萊妮（Eleni）相當於英文Helen、西班牙文Elena、匈牙利文Ilona……是他母親的名字，他在逃亡到美國三十年後，又回到故鄉尋找當年母親被殺害的史跡，將之撰為可歌可泣的小說，成為上世紀八十年代初的全國暢銷小說。書中描繪希臘內戰在一九四九年結束前，革命分子如何殘酷地將兩萬八千餘希臘兒童，從他們母親懷抱中奪走，分別遣送到其他共產主義國家教養；他母親為了保護那些兒童，如何與革命分子奮鬥而被受刑致死。尼可拉斯・蓋琪又獨資將該無人性的經過寫成劇本拍製影片，用動人的畫面公佈於世，作為殺害他母親仇人的強烈報復。

「艾萊妮」由加拿大的著名導演彼特・耶次（Peter Yates）執導，片中的乃克（Nick）也就是尼可拉斯・蓋琪本人，由好萊塢巨星約翰・馬可維奇（John Malkovich）飾演。我們為了使佈景和現實無異，曾到故事發生的原處希臘艾比如司（Epirus）境內的裏阿村，甚至於在艾萊妮故居攝取了很多照片作參考，在拍攝過程中，製片人還特從他的故鄉裏阿村請來西班牙許多男女村民和兒童充當臨時演員。該片的外景在西班牙南方馬拉加（Málaga）省山區搭建，因為希臘的里阿村和馬拉加省山區同是地中海地形，風景極其相似，我們不但運用同樣希臘小石屋的建材，連彎曲小路旁的野草小花，都依樣畫葫蘆泡製，難怪到場拍戲的希臘臨時演員，都以為回到了自己的家鄉。那是我從影一來，畢生搭景最具真實感的一部影片。電影圈中有句諺語：「分辨不出是搭建的佈景，才是最佳佈景。」

　　此外，劇中出現一座東正教（Ortodoxo）教堂，裏面整個正祭臺都是聖像（icon），通常拍片時，只需繪製一些相似的聖像即可，但在此片中，製片人要求根據真正希臘東正教的聖像繪製，其程序非常繁雜：首先必須選擇合適木板將之刨平，塗以石膏，再塗一層赭石粉膩磨平，將這套準備工作完備後，方可在上面繪畫，為了富麗堂皇，有些地方必須貼上金箔。繪製完畢後，還有最後一道做舊程序，必須用刀仔細把若干畫面的金箔和顏料刮除，用以顯出底板的赭石塗面……啊！簡直需要專業的工藝人才來操作，幸虧我在過去影片道具部門獲有經驗，否則就慘了！結果，在我的設計和指揮下，一名自希臘聘來的助手和我當助手的女兒書霓，我們三人在兩個月中，一共

繪製了大小不同的聖像三十餘幅，英籍的美術部門主任若依・華克（Roy Walker）和製片人尼可拉斯・蓋琪見了非常高興並予以嘉獎，連導演彼特・耶次在教堂內景拍攝開始時，首先用橫掃鏡頭將整個祭臺上方的聖像一一拍下。這對從事美工的來講，比任何口頭或物質的獎賞更為榮譽！

任何影片的製片主任，英語是Production Manager，拉丁語系國家則稱之為Director de Producción，在準備和攝製一張影片的行政、預算、以及理財上，負有舉足輕重的職責，通常在經濟方面緊緊把關節省各項開支，避免超出預算。於是，在與工作人員簽訂合同時，儘量把聘用時間縮短到最低限度，以免員工在合同期限未滿前任務已完，而坐閒領享薪金。在上世紀八十年代初，有一部名叫「加利福尼亞牛仔（The Cowboys of California）」的美國影片聘我任陳設師。擔任該片的製片主任與我簽訂合同時，將工作時限竟縮短到三個月，雖然那部片的預算不高，全部內外景均是實景無需搭建，但必須費時間尋找和準備陳設，而且其拍攝時間至少也需三個月。我對他表示三個月的合同時限太短，到時很可能片子還拍攝不到一半。他說無妨，到時可繼續延長合約，我於是說，延長合約需要雙方同意。他卻很自信地認為，只要公司方面提出延長合約，一向員工沒有不同意的。當時我心中感到非常不悅，並不是因為要繼續獲得報酬，希望將合約時間簽長，而是對他那種資方對待勞工的趾高氣揚態度不能接受，當然，我不便與他辯論，同時也明知任憑你怎樣有理，也不能說服那些一向自以為是的「領導階層」。

瞬間，三個月迅速過去，那時影片拍攝的進度才到一半，製片主任召我去辦公室延簽合同，我很禮貌地向他表示無意續簽，他非常詫異問道：

　　「您能否告訴我不願續簽合同的原因，是否另有高就？」

　　「沒有。」我乾脆答覆了他，繼而平靜地說道：「我不是曾經和您說過，續約必須雙方同意……」我還沒將話說完，他就頓時氣沖牛斗地吼道：

　　「您知道電影圈說大不大，說小不小，裏面所發生的任何事情，即刻就會傳遍影圈。您這種不合作態度，下次人家怎敢領教？」

　　「沒關係，人家聘我工作，源自需要我，因為我的工作對他們有利，不至於因為這點小節而拒我於影圈之外，吃虧的還是他們。」

　　「行，行！您走著瞧！」製片主任忿忿不能平靜下來。

　　就這樣我們不歡而散。

　　多年後，我突然接到一個長途電話：

　　「喂，喂！您是米格爾？我是璜，記得我嗎？」我一聽就認出那次我們不歡而散製片主任的聲音。不過，我還是很和藹地和他寒暄：

　　「哦！璜，您好！這麼久沒有您的消息，工作得意嗎？」

　　「託福，託福！此刻我是從墨西哥給您打的長途電話，我們正在準備一部規模非常龐大的影片，需要像您這樣一位美工設計師，有空來和我們一塊工作嗎？」

　　「多謝！您怎麼還會想到我？……」

「唉！過去的事還提它幹嘛？您到底有沒有空來？我們才開始，有無數的事等著處理，尤其是藝術部門需要完成更多的設計方案，假如您同意的話，我們馬上給您寄飛機票，至於報酬您放心，這次的預算很寬裕，不會虧待您的，到了墨西哥當面談。」

　　「好吧，我等您的飛機票即刻起程！」

　　不到一週，我又整理行裝越大西洋飛往墨西哥。當我踏進鳩如布斯哥攝影廠時，舊地重遊，除了幸喜外另有一番感觸

　　誠然，那的確是一部資金雄厚的大片「Total Recall」，西班牙將它翻譯為「Desafío Total（全面挑戰）」，我認為十分適合，內容是地球上的一個強人被騙到火星上助紂為虐，結果反而和火星上的惡勢力挑戰，歷經萬般艱險奮鬥終於獲得最後勝利，將被控制和奴役的群體解放，重新建立祥和世界。拍攝該片的公司是近年來製造很多好萊塢票房記錄很高影片的卡若爾柯（Carolco）電影公司，導演是以動作片聞名世界荷蘭籍的保羅・菲爾胡芬（Paul Verhoeven）；男主角是我再度重逢的大力士阿諾・史瓦辛格，女主角是我最欣賞的美國女明星之一的莎朗・史東（Sharon Stone），雖然「全面挑戰」不能說是她的成名之作，但她自從在這張片中的精湛表現，既嫵媚又狠毒，獲得觀眾一致好評。後來她轉變作風，成為極具挑逗性的性感美豔明星，究其迅速走紅的原因是，她的性感演出中還帶有一種咄咄逼人的野性，如是女性使人見了又愛又畏，這便是她吸引觀眾之處。例如莎朗・史東在「原始本性（Basic Instinct）」中的演出，使人叫絕！當然，這也應該歸功於導演的精心處理。

我結束「全面挑戰」影片的工作後，即將數月未曾花完的生活費用於為時一週的旅遊，這次的目的地是位於墨西哥海灣的一個半島頂端，富有瑪雅燦爛文化的尤加丹（Yacatán），其首邑梅里達（Mérida），此名原是西班牙艾斯特萊瑪度拉（Extremadura）省的一座城名，由於哥倫布發現新大陸後，西班牙大批越洋征服者之中，很多是艾斯特萊瑪度拉人，故此將家鄉名稱梅里達授給該城，例如在美國同樣有西班牙的馬德里、多萊朵等城。由於尤加丹遠離墨西哥整體，當地瑪雅族居民常說，他們不是真正的墨西哥人，因為他們仍舊保有過去最純的瑪雅血統。梅里達是一座西班牙殖民地氣氛極濃的明媚城市，那裏我們可看到紅瓦白牆，滿布拱門的殖民地式建築，因為接近北回歸線，又有海洋氣候的調節，所以四季如春，到處是綠蔭濃郁花卉豔麗的花園。我下榻在一座十八世紀建築改裝的賓館，外面保持原有特色，內部卻帶有民俗色彩，到處以亞熱帶奇花異草裝潢，起居其間別有風味。

　　一九八七年剛過元旦，我便接到好萊塢華納兄弟電影公司駐西業務經理的電話，問我是否有空參加一部中國抗戰期間，日軍對待上海英美僑民故事的影片攝製，片名是「太陽帝國（Empire of the Sun）」，並稱導演是世界聞名美國大導演史蒂芬・史匹柏（Steven Spielberg），我一聽此言興奮還來不及，哪有不接受此項聘請的道理。說句老實話，即使那時我正在工作，也會將工作辭去而不願失去這千載難逢的機會。我問他怎麼會想到我，並且從什麼管道找到我的電話號碼，他說，因為此片的故事發生在上海，由於上海桃園集中營龐大外景必須搭

製，並且有空戰和轟炸等鏡頭，中國政府不允許在中國境內攝製，結果找到西班牙南方濕地環境與上海附近相像，才決定赴西搭景拍攝。既到西班牙，必須有熟稔當地情況的美工師參與，正巧在好萊塢製片技術人員名單上，尋得有一個定居西班牙的中國美工師，況且他還參與了很多國際名片的攝製，這是一椿非常有利於公司的發現，於是就直接和我取得了聯繫。

後來才知道，該片的內容是敘述抗戰期間，一個在上海英國僑民家庭十歲左右的男孩親歷的故事。他看見日本皇軍如何進佔上海，把英美僑民如何關進近郊桃園集中營的艱苦生活，繼之又見到二戰末期日軍的潰敗，日本的「零」式戰鬥機在集中營上空如何被美機擊落，最後，「神風」敢死隊飛行員起飛前的悲壯儀式等。那一幕是史匹柏在意念和畫面上，處理得美無倫比，使我終生難忘的經典片段：朦朧的暮色中，五、六個戎裝的日本「神風」隊飛行員，站在備有祭品清酒的案前，引吭用悲壯的歌喉唱起國歌，頸上的潔白絲巾隨著晚風飄曳，背景是巨大無比的橙色夕陽，正在緩慢降落於一望無垠的灰暗地平線之下，隨著歌聲的湮滅而消失，象徵著曾經狂妄一時的帝國的沒落⋯⋯。

該片前段由上海電影製片廠協助在上海拍攝，但內景則在英國Elstreet Film Studio，以及另一小部分零星外景也在英國Knutbord和Sunnindale拍攝，大部分桃園集中營、日本空軍機場和戰機庫、上海體育場等大量內外景，均在西班牙南方黑瑞茲（Jerez）境內的特萊布黑那（Trebujena）濕地搭建龐大佈景所拍。[5]

由於該城近郊為濕地，周圍無任何建築和高壓電杆，與中國的稻田相似，任憑你搭建何種佈景都不至於穿幫。但那裏的土質稀鬆，而且多水，置景前必須先將地基打穩，並多築輸水道方能工作，故此，所有操作都非常艱巨。

　　史蒂芬・史匹柏號稱好萊塢點石成金的大導演，他所導的影片上演時的票房記錄，非但不會不達預計成果，往往會多多超越。他對製片公司的保證秘訣有二：一、費用不超製片預算；二、拍攝時間不超既定時限；常在拍攝過程中，為了不超時限，刪除大段情節而不感到故事的不連接。例如在「太陽帝國」中，他曾刪除一大段難民逃難情景，那時，我們已將長達一公里的上海虹口被日軍轟炸後的老區廢墟搭建完畢，連商鋪的七歪八倒的招牌和岔路小巷中英漢兩文的路牌都費心安置妥當，僅為了他謹守不超期的原則，把我們花費一月多勞力所建的佈景全部派不上用場。當然，我們都是職業人員，做應當做的工作，至於後來用不用得上，那是另外一個問題，絕不至於怨天尤人而感到失望。這種情況在影片拍攝中往往發生，有時大量費時費力費財所搭的龐大佈景，導演為了適合電影言語發展劇情而攝取的片段，在銀幕上僅僅出現幾秒鐘，甚至於根本就沒用上也不以為奇。

　　在中國抗日和太平洋戰局中，日本空軍所參與的是三棱重工業株式會社名古屋航空機製造廠所出品的A6M「零戰」或簡稱「零」式戰鬥機，這種戰鬥機在侵華和美國參戰初期，曾經發揮巨大威力，美國的CURTISS P-40和BELL P-39各型狙截機根本不是「零」式戰鬥機的對手，況且當時日本的西沃廣義、

岩本鐵藏、杉田昭一、阪井三郎、奧村武夫等空軍英雄技術高超，將缺乏戰鬥經驗的美國駕駛員打得落花流水。可是在二次世界大戰遠東戰場日軍潰敗的前夕，也就是「太陽帝國」在全片結束前，在上海郊區上空發生美軍和日軍的激烈空戰，情況大為扭轉，美國空軍佔有絕對優勢。我們在片中所採用的是P-5I MUSTANG型美國戰鬥機，公司向美國空軍博物館租賃了兩架能飛行的真正P-5ID MUSTANG型機，並聘請了二戰美軍和英國皇家空軍退休駕駛員參與拍片。日本方面則租賃了一架博物館中不能飛行的「零」式戰鬥機，並製造了兩架「零」式戰鬥機的外殼，裝配現代飛機引擎，用作拍攝有飛行員駕駛的真正飛行鏡頭。此外，又製造了多架長度三米的P-5I MUSTANG和「零」式戰鬥機模型，那些可以亂真無人駕駛的三米長的戰鬥機模型，均藉無線電操縱，用以在空戰中翱翔和燃燒墜毀等驚險鏡頭所用。為了維修和遙控這些模型飛機，片方曾經聘雇二十餘名國際航空工程師和技工，組建高科技部門應付拍片需要。

當我在參與「太陽帝國」巨片殺青前不久，突然接到香港和美國獨立公司合資拍攝影片的聘請，邀我去美國德克薩斯州任職藝術部門主任，去拍攝一部名叫「金門大橋故事（Beyond the Golden Gate）」的影片，我當然欣然接受邀請，並在數月後越大西洋飛往新大陸就職。該片的內容是敘述一個香港海員在三藩市金門大橋附近，自船上跳海偷渡，在美坎坷生活拼搏的辛酸史。導演是一位美國維斯康辛大學電影系畢業不久的陳念生，主角是香港性格明星谷峰，全片大部分工作人員都是上述大學電影系畢業生，製片基地設在德州都會奧斯丁（Austin）。

我們正在進行拍片準備工作時，當地一家影院首映我半年前參與拍攝的「太陽帝國」，製片主任於是購票，讓我們一行工作人員去欣賞史皮柏格大導演的巨作。就在影片故事完畢，銀幕上放映演員和工作人員名單，當我們兩大排同事見到我的名字出現時，均不約而同熱烈鼓起掌來，電影院裏那些還未離去的觀眾，都將目光驚訝地聚集到我們身上，不知這群狂人之中，究竟發生了什麼事？

　　德克薩斯是北美聯邦共和國中面積最遼闊的一州，其都會奧斯丁卻是一個非常美麗人口稀疏的城市，寧靜的街道交叉處有寬闊的廣場，而且到處可見未經修剪枝葉茂盛的百齡大樹，其巍峨的國會大廈，外形極似華盛頓聯邦政府的國會，而且與之媲美毫不遜色。我們在那裏安置了製片基地，由於全球性的石油危機，奧斯丁城郊巨型倉庫林立無人問津，我們以低廉的價格租賃，作為內景攝影棚。片中主角——中國偷渡海員欲獲「綠卡」，不得不去尋找底層社會「職業女郎」，利用假婚達到目的。於是，製片主任帶導演和我等數人，跑遍「下城（downtown）」的三流脫衣舞廳物色拍攝實景，我們因此也乘機一飽眼福。

　　過去我設計佈景，只需將圖紙交給置景部門搭建即可，充其量在施工過程中多去幾次檢驗而已，由於此片的製片預算緊湊，一切必須親自出馬購買材料和督促施工，這對我來講非但不會不厭其煩，反而感到非常樂意，因此我獲有自我挑戰機會，並能得到更豐富的佈景實施經驗。當那班剛出校門的美國年輕小夥子助手，帶我踏進龐大的建材超市時，那裏各色建

材的齊全，使我目瞪口呆，無論牆柱門窗、樓梯臺階、樑架屋頂、電路水道……只要不出其尺寸規範，應有盡有，甚至於還替你配全各處應用的膠漆鉚釘等等，於是使我恍然大悟，我們為什麼時常看到美國影片中的家庭「主男」，均在週末或例假休息時，親自動手整修家中的一切設備，甚至於修補房屋的任何損壞。在如此方便的環境中，如果我定居美國，自信親手定能勝任「組裝」一所小別墅。

一旦影片結束後，我習慣到周邊旅遊週餘後再回西班牙，那次我所遊覽的地點是德州最繁華的大城休斯頓（Houston）和路易西安那（Luisiana）州的首邑紐奧良（New Orleans）。

休斯頓和其他美國城市大同小異，高樓大廈和穿流不息其間的車水馬龍，除了繁華喧囂以外乏善可敘，唯有那裏中國城的規模極大，況且中國商品和餐飲亦極其豐富，那次我嚐到了在歐洲任何國家不能享受到的中國小吃。此外，值得一提的是，離城市不太遠的強生（Johnson）總統太空博物館，那裏露天陳列著長達百餘公尺，巨大驚人的 「巨人（Atlas）」號數節火箭，使人不可思議，那麼龐然大物居然能發射到太空運行，然後再回到地球！博物館內廳則展出太空船內的各中設備，我坐上太空人的座椅，照了一張照片作為紀念，就像美猴王一個筋斗翻了十萬八千里，落到如來佛手掌，撒泡尿，寫下：「俺，齊天大聖到此一遊」那般得意。

風情萬般的紐奧爾良，毫無疑問，是我最喜愛的美國城市。它在一九一八年成為法國殖民地時，被起名為新奧爾良，是路易西安那州最大的城市，同時也是密西西比（Mississippi）

河最重要的港口。曾經一度劃歸西班牙版圖，後因拿破崙入侵西班牙本土，又被法國佔有，最終在十九世紀初被美國收購，成為南部聯邦的重鎮，自非洲運至新大陸的黑奴，大多自那裏上岸分配到香蕉園和棉花地和其他南部地區去奴役。因此，紐奧良至今保有多種文化所留下的遺跡。到處可見「大馬路（Calle Mayor）」等西班牙文街名，那裏橫貫法國區域（France quartier）的布林本路（Rue Bourbon）是當地最繁華的鬧區，酒肆飯莊、脫衣舞和爵士樂廳比比皆是。黑奴憂怨的心聲、教堂中的祈禱、以及殯葬時的哀號融為樂曲，使紐奧良成為爵士樂的發源地。

暮色已垂，我漫步在布林本路街頭，夕陽餘輝尚將夾道稍高的建築染得金黃，到處已是華燈初上。人行道上士女成群，街中心看不到車輛駛行，時而有被觀眾圍繞著的黑人少年，大跳其Hip Hop舞。悠揚的爵士樂聲自接連不斷的樂廳傳出，上世紀八十年代末，您以十元美金的消費額買酒一杯，便可在任何一家樂廳欣賞到地道的爵士樂。但最著名而別具風味的，還是一家在一九六一年成立的「珍藏樂廳（Perservation Hall）」，那是一個與車庫相似，毫無裝潢的破舊所在，除了剝蝕的磚牆和設在一端的木製矮臺外，全廳空空如也無一座位，您只須付給守門人兩元美金便可入內，隨便站立或席地而坐聽樂。矮臺上的演奏者，均是年過花甲的老年黑人樂師，自他們喇叭和豎笛等所吹出的，都是屬於迪西蘭（Dixieland）型的古典爵士樂，優美的旋律是那般悠揚和哀怨，回蕩在羅曼蒂克的氣氛裏，置身其間的聽眾，幾乎沒有任何人，不隨著樂聲搖擺著昏

昏欲醉。我在場的那天，突然自水泄不通的人群中，擠出一個中年東方人竄到臺上，向一位老樂師借了一把活瓣喇叭吹奏起來。黑人老樂師們起先寂然無聲，靜靜聽完那位東方人演奏的主題曲，隨即高低起伏、抑揚頓挫「即興」伴奏起來，樂聲之融洽無間，儼然久練的爵士樂隊所奏！當樂聲豁然停止，掌聲與讚美齊鳴久久不停，中年東方人不得不再作馮婦演奏一曲，然後方微笑謝臺離去，全場聽眾似乎尚未盡興，但黑人老樂師們的悠揚樂聲複起，人們再次陶醉於美妙的古典爵士樂之中……

美國的爵士樂和鄉村歌曲是我最喜愛的兩種民間音樂，尤其是早期迪西蘭古典爵士樂更使我心醉。當初的爵士樂曲多由樂隊「即興」演奏，也就是說多種樂器不經組合練習，隨時集體演出。通常由短號領先吹奏樂曲主題，再由單簧管樂穿插其間，重音藉長號標誌，至於樂章的節奏，則以吉他、低音弦樂和鼓等敲擊樂來伴奏。爵士樂師的靈感取自非洲農奴哀怨的藍調（blues），福音歌曲（spirituals），喪樂（funerals）等樂曲組合而成，演奏之特點，習慣多用顫聲（swing）。聞名於世的爵士樂中號稱「喇叭聖手」的路易‧阿姆斯壯（Louis Armstrong）便出生於紐奧良，另一位著名的爵士樂師喬治‧路易士George Lewis帶領樂隊在紐奧良的珍藏樂廳的演出曾經風靡一時，他們兩人在上世紀五十年代為重新發揚迪西蘭爵士樂運動，做出極大的努力。此外，像竇克‧艾林頓（Duke Ellington）的樂隊，被譽稱「靈樂教父」的盲歌王瑞‧查爾士（Ray Charles），女爵士歌手艾拉‧菲乞拉（Ela Fitzgerald）、

比麗・哈利黛（Billie Holiday）等等不勝枚舉的沙啞，但沁人胸襟的歌聲，至今和未來，永遠會扣住多少爵士樂愛好者的心弦。

紐奧爾良的氣候宜人四季如春，我一早步出假日酒店，到法國區一家負有盛名的咖啡館早餐，兩個地道的法式牛角麵包，擦上奶油，再佐以一大杯熱噴噴的蒸汽咖啡，儼然坐在巴黎任何一家咖啡廳。之後，閒蕩至密西西比河畔，那麼早已有老年黑人喇叭手為遊人奏樂，希望能獲得幾枚DIM（十分錢的小硬幣）。浩瀚的密西西比河河面上的船隻也川流不息。那時，不由我不聯想起馬克・吐溫的一部巨作「生活在密西西比河上（Life on the Mississippi）」對此河的種種描繪：

> 它是世界上最長的河流，其流域面積相當於大英帝國、愛爾蘭、法、德、意、奧、依伯利亞半島上的西班牙和葡萄牙、再加上土爾其等國河流流域的總和。在用蒸汽機發動的「輪船」之前，運輸煤碳和木材多用平底駁船和木筏，後來「輪船」漸漸增加取代了人力船筏，那些船夫便充當了水手⋯⋯在夜晚休息時，常灌滿一壺酒，輪流著牛飲起來，間或不成調地引吭高歌：
> 我們城裏有個靚婆娘，
> 她的閨房在城廂，
> 雖然常被人糾纏，
> 但仍熱愛著她的情郎。
> 她極愛歌唱，
> 哩嚕，哩嚕，哩嚕啦！

哩咯，哩咯，哩咯啦！

啊呀呀……

雖然常被人糾纏，

但仍熱愛著她的情郎。

　　在我遊覽紐奧爾良時，還真正看到當年的「輪船」，船身兩旁或尾部裝有像水車般的巨大輪盤，利用內燃蒸汽機發動，使輪盤旋轉而推動船隻，那些古董運輸工具目前已為裝載旅客游河之用。有趣的是，船艙頂端插有四面不同的旗幟：那是十九世紀的西班牙和法蘭西、南北戰爭前的南方聯盟、以及現代北美聯邦共和國的國旗。

　　此外，我還發現紐奧爾良那些南方口音與美國北部不同，就和西班牙南方人講話一樣，時常將一個字的末端「R」字母省略，例如：「名譽（honor）」念成「honah」，「正餐dinner」念成「dinnah」，「州長governer」念成「gove'nuh」，「戰前before the war」念成「befo' the waw」……等等，而且，也和西班牙安達魯西亞人說起話來，像唱歌一樣，不似中部卡斯提亞人的嚴肅標準西語口音。而且喜愛保持古風，對人尊稱「閣下Sir」，通常不似美國北方簡單地回答：「yes（是）」或「no（否）」，他們習慣說：「Yes, Suh（是，閣下）」或「No, Suh（不是，閣下）」，就像西班牙南方人和拉丁美洲人習慣對任何人，即使父親對子女都尊稱「您（Usted）」一樣。

　　不幸的是，二〇〇五年的卡特里娜（Katrina）和瑞達（Rita）兩次颶風和海嘯將這座美國南方美麗城市摧毀，雖然目前正在

積極重建中，不知何年何月再能恢復舊態。奧斯丁的幾位歌手譜了一曲「Sing me back home!（用歌聲通知我回家）」，是多麼感人！我全誠希望他們的願望能儘早實現。

上世紀九十年代開始，書霓，我惟一的掌上明珠，在花樣年華患毒性敗血症去世，我萬事皆灰，幾乎兩年期間不願接片離家外出工作，閉守家中陪伴哀傷的妻子。但在一九九二年秋季，突自倫敦安格利亞電視公司（Anglia TV Films Co.）發來聘請，邀我去西班牙南方參加「天羅地網（Framed）」連續劇的攝製，我原本想和往常一樣予以婉言拒絕，自忖多年來勤奮工作所儲存的積蓄，足夠維持兩人清淡安閒的晚年生活。但拗不過妻子的勸解，說是愛女既亡，這是人生常律，我們不能故步自封永守家中，總該有步出家門的一天，悲哀歸悲哀，必須堅強繼續生活下去。於是我只得整裝赴馬爾貝亞（Marvella）再度出山工作。

那是一部驚心動魄的四集偵探連續鋸，其中一集的劇情發展在西班牙。導演是英國人焦芙瑞‧薩克斯（Geoffrey Sax），男主角是曾經演過兩部007特務詹姆士‧龐德（James Bond）影片的狄木西‧達爾頓（Timothy Dalton），他在一九八七年的「The Living Daylights」，一九八九年的「Licence to Kill」兩片中曾演過超人特務龐德的角色。狄木西‧達爾頓為人和藹可親，能說一口相當不錯的西語，既然在西班牙拍片，在休息時愛用西語與人交談。見到我是中國影人，遂和我搭訕：

「你們的成龍，我在好萊塢見過，他的武功真了不起！」

「你的兩部007特務員影片中的身手也不錯呀！」

「謝謝你的誇獎！成龍和我不同，片中的許多驚險鏡頭，他都親自出手。」

「我也在片中看到你許多驚心動魄的場面。」

「嗨！你是電影圈裏人還不知道，我的身手可稱得上相當矯健，應付一般性的打鬥場面當然不成問題，否則，人家也不回來聘我演詹姆士‧龐德，這個角色真不是一般演員可以勝任的……」

「當然，當然！」

「但是，要是遇到真正有危險的鏡頭時，我才不會那麼傻去賣命，萬一有啥差錯，這一生就完了！好萊塢有的是超人特技演員，他們能把車開得鯉魚大翻身七八次，也不至於受傷，如果每個演員都像成龍那樣逞能，要他們幹嘛？」狄木西‧達爾頓了頓繼續解釋道：「哦，對不起！我沒有批評成龍作風的意思，每人有選擇如何去演戲的自由，可對我來講，才不願做傻瓜去冒那些生命危險。嘿嘿，哈哈！」

此外，西班牙年輕女星貝奈洛蓓‧克魯茲（Penelope Cruz）在該片中亦有出色演出。在我的眼中她並不十分美豔，然而擁有一頭黑髮，一雙覆有長睫的靈活大眼睛，那是一個典型的野性西班牙女郎，她雖然出道不久，但那時已鋒芒畢露，難怪日後好萊塢的大眾情人湯姆‧克魯斯（Tom Cruise）曾經拜倒她的石榴裙下，兩人的熱戀竟達兩年之久，在花絮影圈內傳為佳話。

馬爾貝亞是西班牙南方黃金海岸的旅遊勝地，那裏風光迤儷氣候溫和，有寬闊的遊艇港灣，不但夏季暑期遊客群集，即

使平時亦有很多富豪常年定居於斯。此外，多數阿拉伯王國石油鉅子，都在那裏建造豪宅度假，他們揮金如土。據說，一天有一位沙地阿拉伯富豪所駕的勞斯萊斯（Roll Royce）豪華轎車與一輛西班牙塞阿特（Seat）小車相擦，西班牙車主哭喪著臉要求互抄牌照，填寫保險公司例行車禍單，富豪嫌太麻煩，問他該塞阿特小車能值幾何，小車車主一時不知所問有何意義，隨口說道：「至少值一百二、三十萬元西幣。」沙地阿拉伯富豪遂吩咐隨從，開張一萬元美金支票給他好了。小車車主傻了，依照當時的兌換律一萬美元至少可兌換一百五十多萬貝塞達（pesetas），買輛同樣的嶄新小車還綽綽有餘，何況他那輛被擦傷的小車，僅需稍微修理即可使用！

我最後參與的一部好萊塢影片是二十世紀福克斯製片有限公司（20th Century Fox Prod. Ltd.）出品的「天國（The Kingdom of Heaven）」，導演是名聞全球的瑞德里・斯科特（Ridley Scoot）。該片是敘述首次十字軍東征中，一個基督徒騎士和一個穆斯林公主的戀愛故事，整個影片的準備和拍攝地點在西班牙和摩洛哥，未能去中東實地拍攝的原因是。當時，即使現在還是戰火遍野。

我能在該片中工作，還有一段故事。近年來，我大約每一兩年回國一次，藉以認識祖國的文物古蹟，因為我出國時未滿十八歲，高中畢業後不到一年，幼年在家鄉江蘇省南京上海住過，少年在安徽省安慶就讀中學，所以諾大的祖國綺麗山河，對一個在西歐度過半世紀有餘，游遍歐美非亞四大洲的我來講，卻非常陌生。

二〇〇三年的秋季，我剛從天府之國遊歷歸來，習慣性拿起電話，看看有誰給我留言，其中一個，是我合作過多次的電影公司，在一個月前邀我去的緊急談話，糟了！定是又有影片需要我去工作，連忙掛電話去諮詢，回答是：「非常抱歉，我們需要你時你不在，如今那個職位已另聘人佔有。」既然如此，我並未因此而感到如何失望，在影圈裏生活，時常會遇到這樣的事，僅覺得十分可惜，失卻了和瑞德里‧斯科特，那樣曾經執導過那麼多膾炙人口大片的導演合作的機會。

　　不參與拍片，有空閒在家做些工作時無空欲做的事，例如：看看書、畫畫畫，以及整理整理雜亂的過去設計圖紙，或是，很久沒去的璜‧馬爾切（Juan March）基金協會展覽館，因為那裏週期性會展出不易看到的世界前衛藝術大師的繪畫。結果在家坐閑未到一個月，「天國」製片主任又來了電話，說是那位被聘的道具設計師出道未久，工作了一個多月不能勝任，公司方面實在礙難讓她繼續下去，問我是否不介意公司沒有等我就聘請他人，願意再接受該項工作？我聽到此說喜出望外，連忙說道：「我怎會介意！我們都是『職業』工作者，你不在或沒空，當然另請高明。」於是，次日便去二十世紀福克斯製片公司簽訂合同上班。那次的薪金沒有達到我過去標準，我本可「要脅」多增高些報酬，可是，我沒說一句話便欣然簽了字，因為我認為，幾人能有機會在瑞德里‧斯科特麾下工作。

　　我在片中的職責是道具設計，除了一些中古世紀的用具外，主要任務是設計五十多副戰馬的不同頭飾、護胸、皮韁、鞍座……等等全副裝配，其中半數屬於十字軍主要騎士，另半

數則屬於阿拉伯酋領等，況且，每副裝配的造型和顏色，都要配合劇中角色的身分和性格。公司特為戰馬配備設立二十餘人的作坊，其中包括皮革、五金、縫紉等技工。由於該片在戰爭時所參與的雙方戰馬總共達五百餘匹，這也就是我們選擇到摩洛哥拍攝外景的主要原因之一，因為摩洛哥騎兵在拍片時，可供應大量馬匹和騎士充當臨時演員。

　　我原本對馬的認識非常貧乏，連牠的確實外形和尺寸，只有模糊概念，自從結束「天國」影片之後，閉著眼睛也能畫出一匹像樣而在生理結構上無差錯的駿馬。如今我發現多少徐悲鴻所畫的著名奔馬，在生理結構上多有不合理之處。不過，藝術就是藝術，尤其是中國的水墨畫，在墨色在用筆上不在求真，主要在神韻！即使韓幹所畫的駿馬，與真馬也有出入。國人面臨藝術的態度是意境，在具形藝術中，書法的地位高踞在上，君不見，過去文人畫的落款，常是某某「寫」，而不是某某「畫」，他們是用書法的技巧，將某一件事物的形象「寫」下來，所以，即使郎世寧的馬神情逼真，下筆而無「書法」，故而對此位宮廷畫家的作品「無筆墨」，而有很多非議。

　　「天國」，雖然是瑞德里・斯科特所導，耗資十五億美元，雖然也是我參與的一部巨型影片，不能說我就該誇獎。嚴格說來，我認為和很多中國最近出品的耗資頗巨，僅在炫耀場面偉大，臨時演員眾多的娛樂片一樣，除此之外別無可取。電影藝術固然也是一種企業，製片人或公司投進鉅資，當然希望能還本外，尚獲盈利，其選擇劇本的出發點，也不應該完全視票房記錄，近年來中國電影的製片水準，已毫無疑問地提高，

難道觀眾的欣賞水準就停滯不前？不，絕非如此，不要把觀眾的欣賞力看低，我相信他們一定希望除了一些娛樂片外，還希望能看到具有哲理、掘發人性等的創作片，我相信中國電影電視不應該沉淪在換湯不換藥、抄襲過去的好劇本或是外國名著，以及那些似是而非誤導歷史真相的影片和連續劇之中，難道國內真的是劇本創作貧乏到如此地步，我不相信，我不相信，中國號稱人口十三億半，其中一定人才濟濟，所怕的是，有些人的佳作可能不得其門而入，或不被有品味的製片人所賞識。

六

自從一九六〇年，我正式跨入影界拍片以來，至今已經歷了四十餘年，所參與準備和拍攝工作的大小影片不下百部，其中百分之十以上是國際影片，而好萊塢大製片公司和美國獨立製片公司所出品的卻占絕對大多數，至於西班牙國產片還不到十分之一。

我首次以攝影指導身分所拍攝的西班牙影片，是一部馬德里艾基露茲（Eguiluz）電影公司所出品的劇情中型片，片名是「流沙上的碉堡（Un castillo sobre arena）」，內容是描述一個與海有密切關係的傳奇性抒情故事：

> 依凡，一個八、九歲的小孩，結束了期終考試，愉快地隨父母來到地中海一個小村度假，和一群年齡相仿的兒童，時爾泳浴在被豔陽照耀得晶瑩的碧波裏，時

爾在淡黃色沙粒極細如粉的海灘上嬉戲，累了，大家開始沙雕競賽。依凡最愛和艾萊娜在一起，──他喜歡她那一頭灰金色鬈髮、綠色的大眼睛、小小的翹鼻，還有，還有那殷紅的小嘴。他不知為何和她在一起就感到特別愉快，每天起床第一個意念，就是到海灘去找艾萊娜──當然，在沙雕競賽中他倆被分配在一組，無論依凡提議什麼，艾萊娜總是微笑附和，他們用細沙攪和海水，搭起了一座小小的中古城堡，被評為第二名，第一名是另一組小朋友雕塑的非常動人的美人魚。沒有任何人對名次排列在意，帶著滿手滿身細沙，立即又鑽進藍天白雲下的海中……不知怎地，天氣突然轉壞，原本平靜的海面也漸漸掀起了白色的浪花，浪花也漸漸變大增高，人們匆匆開始棄海上岸，一群小朋友當然不能例外。「艾萊娜！艾萊娜！」依凡拼命地喊著，跑遍了海灘，找不到她喜歡的夥伴身影。浪花變成了波濤，把海灘上的一座座沙雕沖毀，小中古碉堡頃刻隨波而去，海灘呈現一片濕沱沱的平地……

十多年後，一對年輕新婚伉儷來到那小村度蜜月，那是一個秋涼季節，海灘已失去了一個多月前的喧騷，為一對沉浸在熱愛中的青年安排好靜靜地羅曼蒂克氛圍。她，偎依在他的肩上，他，挽著她的纖腰，雙雙沿著海潮輕拍的海岸線漫步，夕陽一抹餘輝，把映入眼簾的一切染成金黃。挺胸翱翔的海鷗，給他帶來了童年的回憶……

蓦然間，他發現遠處的漁港擠滿了人，好奇心的驅使，他倆走近人群探望，竟是一隻漁船打撈起一具女孩屍體，他不看則已，一看卻汗毛直豎起來，那女孩面貌如生，那一頭金灰色鬈髮、綠色的大眼睛、小小的翹鼻，還有，還有那殷紅的小嘴，她不是我童年傾心過的艾萊娜！十多年了，他竟然如生地沒有任何改變！

這時落日已沉入海底，沙灘漸呈灰暗，遠處似乎還矗立著一座小小的中古城堡沙雕……

我們全部人馬只有十餘人，麻雀雖小肝臟俱全，包括兩位演員、製片、導演、副導、場記、攝影師和助理、燈光師和助理，以及其他道具、服裝、劇務……等工作人員，像一家人一般，在西班牙東部地中海海濱，愉快度過十來天的拍攝工作，由於是我首次參加正規拍片，所以對這部影片情感很深，久久難忘。

所謂「中片（medio metraje）」即其放映時間在半小時到五十分鐘左右。「長片（largo metraje）」不下於九十五分鐘，通常在影院放映的劇情「長片」時間都在一小時三刻上下，當然，有時也有長達兩小時以上的「超長片（super-largo metraje）」，例如「亂世佳人（Gone with the Wind）」，其放映時間竟達三小時之久，拍攝那種「超長片」是非常危險的，設若情節的發展未能控制緊湊，座位上的觀眾會看得極不耐煩。至於劇情或記錄「短片（corto metraje）」，則大約在十二、三分到一刻鐘上下，通常在某些電影院在「主片」前所放映，像這樣放映短片的慣例越來越少，因為很少影院接受放

映，即使接受，所付的租金也極其菲薄。我曾經就擁有過一架阿里弗萊克斯Arriflex型35 mm職業攝影機，閒暇時攝製一些記錄短片，有時替人攝製商業廣告片時，使用自己攝影機，也可獲些租金用以彌補自娛拍片的費用。後來，一方面由於無空使用攝影機，將之常年藏在櫃中，另一方面因為攝製短片的費用太高，很難售給影院放映，終於轉讓予一位同行。現今磁帶和數碼攝像技術發達，成本低廉，除非正式攝製商業長片繼續使用膠片攝像外，一般短片和記錄片使用膠片的習慣已被淘汰。

我以攝影指導身分為西班牙影片攝政的機會不多，值得一提的有艾斯格爾比奧（Escorpio）製片公司所出品的「分居（Separación）」和馬德里比巴VIVA影視公司出品的系列影片「美夢（Buenos Sueños）」，其餘影片中的職務均在美工部門。

一九八六，曾在依伯若—阿美利加納國際製片公司（Ibero-americama Internacional Prods.）出品的「花樣年華（El Año de las Luces）」中任陳設師，接著又為同公司在「艾爾‧朵拉度（El Dorado）」中任古典雙桅帆船設計師，該型雙桅帆船西文名是貝爾干丁（Bergfantín），是當年西班牙去新大陸征服者所用的戰船，由於過去我在「辛巴德水手（Sinbad the Sailor）」片中曾經設計過古典帆船，因此他們找到我去擔任該項艱巨任務，不但船的整個外型，包括其內部結構，以及各種零件，都必須根據比例一一繪出，一艘為拍攝影片無須航行的古典帆船實施圖樣，毫不誇張，絕對不下百張。[6]

兩年後，一九九八年秋季，正當我在墨西哥參加「全面挑戰（Total Recall）」工作時，接到西班牙國家電視公司的電

話，聘我回西在「艾爾・吉訶德（El Quijote）」連續劇中任美工師，說是西班牙國立電視臺有史以來極其隆重推出的一部巨作，準備以兩年時間製作，在上世紀九十年代初殺青，投資預算達西幣十五億，根據當時兌換率約合一千五百萬美元，接到如此誘人的聘請，使我興奮不已，隨即欣然承諾，但那時我在墨西哥「全面挑戰」那部影片中的準備工作尚未結束，只好硬著頭皮向製片公司經理情商辭職，回西參加另一部影片工作，如是情形在影圈中時常發生，公司經理並未刁難，依照慣例，讓我在辭職一星期後整裝返西。

因為「唐吉訶德（Don Quijote）」此書，是堪與英國莎翁媲美的西班牙十六世紀大文豪米格爾・賽凡提斯・薩阿貝德拉（Miguel Cervantes Saavedra）所著，被譽為世界上除聖經之外，譯文最多的小說，為西國文學著作之最。就因為如此，一個西籍華人被聘擔任該片的美術設計師而引起不少同行的非議，同行人士均稱，這麼多本國電影美術設計師中，竟然無處找到一位稱職者，非要聘請外籍美工師來擔任這項重要設計工作？為了設計該影片的佈景、陳設、道具無瑕疵可挑，我特赴西班牙頂尖建築師米格爾・費薩克（Miguel Fisac）家造訪，因為費薩克建築師不但是我的摯友，並且他的原籍就是著名小說「唐吉訶德」主人翁的家鄉，我們對當年的拉・曼加（La Mancha）地區，整整花費一下午的時間研討後，才決定以何種形態來設計。因為當今的拉・曼加，時隔四世紀之久，面貌全非，最主要的特色是，目前的民間建築外表是一片潔白，因為歐陸在中古世紀，多數地區遍遭瘟疫侵害，民眾普遍將其住宅

用石灰漿刷白免疫，但在「唐吉訶德」故事發展的十六世紀，西班牙中部的鄉村民居土牆，當仍然保持土黃顏色，全部刷白是瘟疫後之事。此外，我們更遍談當時的民情風俗，以便正確設計一切陳設和用具。影片結束約半年後，一次我逛書局，偶然購得一本有關西班牙民間泥土建築一書，其內容和細節照片和我為影片佈景的設計幾乎相同，那時我感到的欣喜和得意，絕非筆墨可形容。

此外，聘我為「艾爾·吉訶德」任職美工師，對我來說，是莫大的榮譽，因為一般在國外從事藝術的國人，尤其在西方世界，除了藝術界的貝聿銘或科學界的楊政寧等奇才之外，通常均以西方不諳的華夏文藝作品來標榜而勝過他人，美其名是宣揚國粹，試問以他鄉藝技，能勝過他人者能有幾人？[7]

在有時代背景的影片中，設計佈景、陳設、道具或服裝時，設若不能確定所設計的是否符合時代，有個訣竅，就是永遠不能設計比該故事時代較晚的事物。我們曾經發現，在某些美國大公司所攝製哥侖布發現新大陸後不久的影片中，竟有巴羅克式教堂的出現，其時間上的差錯達三個世紀之久！雖然製片商往往推說，電影是企業並非歷史記錄，只要擁有娛樂價值即可，即使稍有差錯無傷大雅，可對有敬業求證精神的工作人員來說，誤導觀眾的事絕不屑為之。例如，有一部在中國電視連續劇中，我變欣賞的「五月槐花香」裏，王剛所演的一個琉璃廠古董商角色，一次，在極其憤怒的情況中，從夥計手中拿起一個青花大瓷盤，欲將之砸碎，剎那間，突然察覺那是一件極尊貴的古物，遂吼道：「這是康熙年間官窯的瓷盤，你怎麼

就這樣輕易遞給我砸碎……」其實，影片中那個瓷盤的青花圖紋，給行家一看，便知是典型雍正年代的花紋，雖然王剛本人在舞臺下也是古董行家，當時已辨別出手中名貴瓷盤的年代，不及糾正，還是根據劇本臺詞上所寫「康熙年間官窯的瓷盤」念了出來，日後談及此事，一直耿耿於懷感到不安。其實，此項失誤不在演員，而是管道具的不該將雍正年代典型花紋的瓷盤，張冠李戴作為康熙年間官窯的物件應用。當然，諸如此類一般觀眾不能察覺的專題細節，尚情有可原，但「穿幫」就是「穿幫」，嚴格說來，便無托詞可借。

近年來我國的電視連續劇，頻頻製作古代宮闈歷史片，對公服的色彩和補服，或補服上的補子，不能不加以考證。

根據「周禮」所載：天子衣「黃裳」戴「玄冠」，喻「天地玄黃」之意，「玄」者，乃黑色之中微帶紅色之深藍代表「天」，「黃」者，乃大地之土色代表「地」。

至於諸不同之官階服色式樣，自唐代開始已有明文規定：所有官服均為圓領寬袖，服色則是，三品以上者為紫色，佩金魚袋；五品以上者為緋色即大紅色，佩銀魚袋；六品以下者為綠色，無魚袋佩飾；州牧刺使，不拘其品級均服緋袍。何謂「魚袋」？由於五品以上的官職均頒有「魚符」以「名貴，以召命」，用「魚袋」來盛裝「魚符」。當武則天登基之後，將「魚符」改為「龜符」，「魚袋」由是被改為「龜袋」。日後才有「金龜婿」之稱，乃讚譽某人之乘龍佳婿官高三品以上者也。

起先，宋代大致承襲唐代服制，「東京夢華錄注」中有關公服務的記載：「宋史一百五十三輿服五，公服，凡朝服謂

之具服，公服從省，今謂之常服。宋因唐制：三品以上服紫，五品以上服朱，七品以上服綠，九品以上服青。其制曲領大袖，下施橫襴，束以革帶，襆頭，烏皮靴。自王公至一命之士通服。」直到北宋元豐年間，改為四品以上紫色，六品以上緋色，九品以上綠色。官服紫緋兩色的高官方有權佩帶「魚袋」。

明代官服顏色又稍有改變：一至五品為紫色，六、七品為緋色，八、九品為綠、青色。黑色官衣為最低官衣，多為驛承、門官等所穿用，禁止使用補子。

至於清代官服的顏色，不論官階品級一律使用紫青色，僅以補子花紋來識別其品位。

遠自舜帝起即開始用十二「章紋」作為補子，按官職的高低。順序為：日、月、星辰、山、龍、華蟲、宗彝、藻、火、粉米、黼、黻。商周代補子沿用古律。

通常圓形的補子為皇親國戚，或是有爵位的貴冑所用，方形的則是文武百官的補子。明代的補子尺寸較大，圓形的直徑是四十公分上下，方形的則為四十公分正方。清代的比明代的每邊較小十公分。文官繡以「吉鳥」，武臣鏽以「祥獸」，茲根據品級順序分別敘述於下：

文官：一品仙鶴，二品錦雞，三品孔雀，四品雲雁，五品白鷴，六品鷺鷥或鴛鴦，七品鸂鶒，八品黃鸝，九品鵪鶉或練雀。

武臣：一品麒麟（也有將雄獅排於第一位者），二品雄獅，三品虎，四品豹，五品熊，六品彪，七品八品犀牛，九品海馬。

至於官帽亦因時令與場合之不同而異，通常在秋冬氣候涼爽時戴「絨帽」，或稱「秋帽」，到天氣較熱時改戴「涼帽」或稱「葦帽」，「葦帽」者係夏季所戴之官帽，用葦草編織而成，係圓錐形，上面覆蓋紅色帽穗。「燕京歲時記」中稱：「每年時至三月，即用涼帽，至八月而有改用暖帽。每至此一時期，由禮部奏請朝廷，而得其許可，其時多在月之二十日前後。」

　　當逢正式禮儀大典，官帽上必須加以合乎品級的頂戴，亦名之為「朝冠」。所謂「頂戴花翎」者，就是「朝冠」上端有「頂丁」，共三層：上為尖形寶石，中為圓珠，下為金屬座；「吉冠」上只用兩層：上為寶石圓珠，下為金屬座。「朝冠」和「吉冠」頂上的圓珠，依照官位的品級高低而異：一品紅寶石，二品珊瑚，三品藍寶石，四品青金石，五品水晶，六品碑碟，七品素金，八品陰文鏤花金，九品陽文鏤花金。所謂「翎子」者，即在冠頂加戴欽賜的孔雀尾，用以表彰功勳的榮譽標誌，論功勳等級有聖召賞賜單眼、雙眼和三眼等不同花翎，用以表彰。

　　帝王時代的各種服飾制度必須嚴謹遵守，否則有犯上之罪。例如：雍正皇朝之重臣年羹堯，當初還在康熙年間，胤禛皇子被晉封雍親王時，其妹即被選為側室福晉，兩人實際有郎舅「從屬關係」。後來雍親王由年羹堯大力相助登基後，年為社稷核心人物，遂驕橫傲慢忘乎所以，更不守臣節。他以「國舅」身分自居，將其袍服前後左右開岔而「逾制」被問罪。[8]

　　品茶是我國國粹習俗，考究茶文化者喜用「蓋碗」，魯迅在其〈喝茶〉一文中曾言：「喝好茶，是要用蓋碗的……」。

此習俗盛行於過去清代京師，即使至今，有品位的家庭嘗以「蓋碗」奉茶待客，並且，很多茶館還具備一套三件的瓷質「蓋碗」。所謂「蓋碗」者，共具三個部分：上蓋、中碗、下托。又名「三才碗」，喻上蓋為天，下托為地，中碗為人者也。「茶託」又稱「茶船」，據說是唐代蜀中節度史崔寧之女所設計。開始時是以木製，後來為了美觀精緻又以漆製，其式樣繁多，通常為圓形，如文房四寶中之硯臺、宜興之紫砂壺、園林中之通道門洞一樣，有瓠瓜、荷葉、花瓶……等形狀。不過，在電視劇中，往往出現在顯官貴爵府第待客時的「蓋碗」卻無「茶託」，真不可思議，雖然這事對劇情的發展無關重要，難道身為管道具者，如何對這種常識性的細節，竟會疏忽到如是地步？況且，諾大拍片群體中，竟無一人能察覺此類貽誤哉？

我參加西班牙製片公司工作的機會委實不多，原因是其製片預算不高，很少能投資搭建大型佈景、特製道具和服裝，再加上西班牙境內的各時代古建築到處皆是，拍攝古裝片時，只須稍為改頭換面即可使用。若拍時裝片，更無須搭景，稍付租金即可尋得所需要的實景。所以，他們不需要聘請非常專業性的設計師工作，只需剛從電影學院或藝校畢業，或出道不久的美工師即可勝任。例如，二十一世紀亨利·塞萊索（Enrique Cerezo）電影製片公司所攝製的「瘋女璜娜（Juana, La Loca）」，是西班牙十五到十六跨世紀宮闈歷史片，需要搭建大量哥德式宮廷和城堡，況且還要設計一艘西女王依莎伯爾的鸞駕部分古帆船外景和全部豪華內艙，如此，我才獲有此良機擔任該巨片的美工

師，注意！我並不是那張影片的美術部門主任，因為該片的美術主任系導演多年來的合作夥伴，他很有「藝術頭腦」，但不諳設計，而且曾經和我一度在「花樣年華」中愉快合作過，因此，將我推薦給該片的製片主任簽定合約。

「瘋女璜娜」的內容是依莎伯爾女王的女兒璜娜嫁到弗朗德斯（Flandes）與菲利伯（Felipe）大公爵聯姻，因菲利伯倜儻風流，不斷惹花拈草，不到數年便早崩，璜娜因悲哀過甚而瘋狂，世稱「因愛而瘋狂的女王」。

該片是我從影以來工作最愉快的影片之一。弗朗德斯過去曾屬西班牙，現今是比利時，但該地區的城堡格式是屬於歐陸北方建築，與西班牙境內帶有阿拉伯影響的城堡迥異，無法將西境內無數的堡壘充用，結果在葡萄牙北部的基瑪萊艾斯（Guimaraes）城找到一座屬於十七世紀中業伯拉甘札（Braganza）公爵的城堡，其格式與弗朗德斯城堡的格式相似，「勉強」可以充為當年菲利伯大公爵府第，嚴格說來，那是一項很大的錯誤，時間上被推早了一個多世紀！此外，片中兩張鸞床，一是依莎伯爾女王，另一為璜娜所用，在西班牙道具公司無法租到既豪華又莊嚴的床鋪，沒奈何，藝術主任親自赴倫敦租賃了兩張帶回，我不看則已，一看卻哭笑不得，原來那兩張鸞床竟是地道的「都鐸（Tudor）」式，試想，當時西班牙是世界海上霸權，而依莎伯爾女王的性格，根據歷史文書描繪，是一位極其高傲目空一切的女王，怎會排棄本國的尊嚴，而去使用他國的工藝品？錯了就將錯就錯，我啞子吃黃連，既成的事實無法改變。藝術主任似乎還非常得意，終究被他不辭

勞苦，到英倫尋到了「如意」的道具。話又說回來，若用西女王喜愛英國傢俱來解釋，亦非不可，為了保險起見，我還是認為，特別是依莎伯爾女王的內室佈置，全部為西班牙傳統格式較妥。走筆至此，追憶前文對其他影片中未能確實到位的地方有所指責，是否有點吹毛求疵，那些專業人員很可能和我一樣，有時亦有難言之苦。

我們美工一行人在基瑪萊艾斯城準備佈景和後來拍攝期間，我曾攜眷前往，邊工作邊遊覽，度過一段非常美妙的時刻。原來，該城不但是一個習俗淳樸風景綺麗的小城，並且還是葡萄牙的旅遊勝地，我們下榻在市中心一家典型當地風格的旅館，餐飲則光顧了全城地道口味的酒肆飯莊，每天工作完畢後便閒蕩於大街小巷，最使我訝異的是，那裏見到很多在別處不易找到的「裝飾藝術（Art Deco）」店鋪的門面，想必三十年代，那座小城定是相當嚮往時尚。我們在公爵城堡裏佈置內景時，其廳堂中除了名畫和精美的擺飾外，尚有很多中國明清瓷盤和巨型瓷瓶，那定是數百年來澳門屬於葡萄牙時代所收集的珍貴文物。

一次，我和友人去看話劇，幕與幕之間休息時，大家到外廳閒聊或抽煙，兩個三十來歲的陌生人前來和我們搭訕，其中之一說是久仰我的作品，自我介紹是「反應電影公司（Reacción Films Prod.）」的經理兼導演安黑爾・羅沙（Angel Loza），並稱另一位是他們正在準備開拍影片的製片人拉法艾爾・洛薩諾（Rafael Lozano），片名是「寧靜的人們（Hombres Tranquilos）」，一張五十分鐘上下的中型劇情片，內容是描

寫一個資金並不雄厚的電影製片人，什麼必須親自出馬，不但要選擇劇本、物色導演和演員、聘雇技藝人員，並且還要不斷應酬電影同行和媒體，最重要的是籌集資金和如何精打細算，在外是疲於奔命，在內是日以繼夜，終於疲憊得崩潰不起。我意識到那是導演，他的自身經驗訴諸於螢幕，當然，劇本也是他自己所撰。他非常坦誠地告訴我，由於公司規模很小，該片投資預算僅西幣四百萬──那是二十世紀末的事，合現今歐元兩萬五千元──，僅供購買膠片、租賃攝影機、燈光配備、錄音、沖印、剪輯、放映、膳食、交通……等費用，已捉襟見肘，所以參與該片的工作人員都是渴愛電影的青年，能腳踏實地在電影製片中工作，已是千年難得的良機，無須任何報酬，問我是否願以低薪為他們拍片，助以一臂之力。我聽他那麼一說，毫不猶豫便欣然答應，並且分文不取。一來，我向來樂意支持有志求進的青年，只要在我工作空擋期間，非常願意加入他們的陣營；二來，我從未參與過預算如此短促的影片，遇到許多難以克服的困難時，必須動用腦筋出奇策而解決之，這樣，才能獲得一個挑戰的機會，何樂而不為？安黑爾一聽我願無償參加他們那群無製作經驗的電影愛好者，喜出望外，。

　　我在「寧靜的人們」中的本位職責是美術指導，由於導演安黑爾曾經僅拍過幾張記錄片，對於劇情片的處理，多少有點陌生，所以在策劃每場景前，通常都預先和我商酌。

　　片中要拍攝一場主角製片人和同行應酬的宴席中，食客談笑風生，其中有人說了一個諷刺國際貪官的笑話：

一位西班牙公路局局長到德國訪問，接待他的是德國衛生部部長，當他們官方活動結束後，西班牙局長

　　被邀請至德國部長官邸赴宴，見到無與倫比的歌德式豪宅，驚訝問到：恕我冒昧，以您的薪俸……，如何能擁有如此的豪華住所？德國部長領他到窗口，指著遠方道：您看見那座巨大療養院嗎？哈哈！哈哈！50%，50%！微笑著指指腰包。

　　過了一段時日後，德國衛生部部長回訪西班牙公路局局長，同樣在公務完畢後到東道主官邸夜飲，該郊外的建築竟是一座近似十八世紀的皇宮，於是反駁道：您說我奢侈，您呢？西班牙局長從容把貴客依樣畫葫蘆領到窗口說道：您看到遠方那條高速公路嗎？德國部長遠眺良久，也沒看到任何高速公路，所見到的僅是一條四級鄉村小路。西班牙局長得意地笑道：嘻嘻！嘻嘻！95%，95%！

　　個在宴席上的笑話假如僅用道白敘述，似覺減色無味，必須以電影言語，用畫面來講才精彩，但是對那張資金短少的影片來說，要搭建或尋找那樣龐大豪華的實景來拍，根本無法辦到。導演安黑兒正在一籌莫展時，來找我研究決策，那時正在換燈光，我倆有充分時間商酌……突然間，我想起在「加利福尼亞的牛仔」片中，因為時間關係無法搭建一個墨西哥酒吧，我便找到一座普通倉房，用漫畫方式在牆壁畫了許多墨西哥地道圖案和陳設，結果在銀幕上的效果非常特出和精彩。於是，

我向安黑兒建議，德國歌德式豪宅和西班牙十八世紀皇宮式府第，均用漫畫技巧畫在平面佈景板上來解決，橫豎是在講笑話，無須拍攝實景。導演安黑兒聽了高興至極，就依照該建議將那場景拍下來，後來那片段在放映時非常生動，獲得觀眾，甚至行家一致好評！

那張影片的主要場景是距離馬德里市區三十餘公里的一座私家豪華別墅，具備寬闊的花園、草坪、游泳池和網球場，而別墅的主人是一個二十多歲酷愛電影的美貌少婦，她義務提供別墅和一切設備，條件是可讓她在片中有一個職位，由於她交遊廣闊，認識許多上層社會人士，於是製片主任分配給她的職位是劇務兼公關，只要影片需要什麼道具或和官方申請什麼外景拍攝許可，她一出馬，迅速即可解決問題。例如片中男主角的最新型寶馬敞蓬跑車，便是她從朋友處借得，否則，當時的每天租金絕不會低於二百美元，工作人員自己都有車代步，片方只需付汽油費，因為是夏季，兩餐飲食則由劇務助理在附近鎮上籌辦自助餐，橄欖、乳酪、冷湯、烤雞、炸薯條、海鮮飯、各色水果，當然少不了麵包、紅酒和飲料，

在花園裏擺滿全桌，陽光下露天就餐其樂無窮！忘卻了工作所產生的疲勞。

所有的助理人員五花八門，有大學生、護士、打字員，機械士……等等，其中還有一位非常詼諧的空姐，休息時常說些黃色笑話，引得大家捧腹不止，唯有主角演員、攝影師、錄音師、映射控制員和我是專業者。大夥兒如同一家人，融融樂樂拍攝了將近兩週，包括一天大街畫景和一天外借辦公室夜景，

才算殺青該經濟中型片。等後期製作完畢後，導演曾將該片參加各地短片影展，均多次獲獎。後來，中國電影資料館外國影片部門主任付郁辰女士曾將該片收羅在該館保存，並在上海電視臺電影節目中放映並闡述。

---

1 按：弗羅任茲·齊格飛（Florenz Ziegfeld）年輕時曾是一名雜耍藝人，後到紐約百老匯Beoadway發展，創建歌舞團後，羅致到歐洲原籍波蘭的法國女伶安娜·希爾德（Anna Held）參加演出，並以安娜的牛奶出浴作為海報轟動一時。安娜建議，何不模仿當時花都巴黎的富麗·貝爾榭（Folies Bergeres）歌舞團的華麗演出，並將其歌舞團取名為「齊格飛·富麗（Ziegfeld Folies）」，來大肆宣傳來招徠觀眾，齊格飛隨即如火炒校，以大量美女盛裝演出極其豪華的大型歌舞劇，風靡了整個百老匯藝壇，於是自一九〇七年起到一九三一年止，每年都有新穎節目推出。上世紀三十年代是美國好萊塢歌舞片的黃金時代，一九三六年，好萊塢製片家杭特·斯特容伯格（Hunt Stromberg）以鉅資用「齊格飛·富麗」原班人馬所拍攝的「歌舞大王齊格飛（The Great Ziegfeld）」，經由米高梅電影公司發行，曾獲第九屆美國藝術科技學院最佳影片、最佳女主角露薏絲·瑞娜（Luise Rainer）、最佳舞蹈指導薩姆·非利克士（Samour Félix）三項奧斯卡金像獎，此外，該片並獲最佳劇本、最佳導演、最佳剪輯、最佳藝術指導四項提名，足實堪稱歌舞片中之精粹。

2 按：哇哇拉格是南太平洋波利尼西亞群島土著的女神名字，念起來有點怪，但極響亮易記。

3 按：查理斯·伯容松曾在史土格斯（J. Sturges）仿黑澤明（Akira Kurosawa）的「七武士」所拍的「七好漢（The Seven Magnifiques）」中的演出出色而一舉成名。傑克·帕朗斯以反派角色所出現的影片，則不勝枚舉。

4 按：妲恩·姬彤是美國二十年代著名諧星巴斯特·基彤Baster Keaton的任女，是我最欣賞的好萊塢女星之一，那次能和她同片工作，甚感幸運。

5 黑瑞茲是「雪麗（Sherrey）」名酒的生產地，由於氣候和水土關係，該地所生產的雪麗酒名冠全球，連英國的雪麗酒廠都設於該地，「Jerez」此字的西語發音是「黑瑞茲」，因為西班牙古文中的發音「X」以現代西語「J」（荷達）而發音，例如墨西哥「México」念為「Méjico」，美國德克薩州名「Texas」念為「Tejas」……等等。此外，黑瑞茲地區的方言伽萊哥（Gallego），均將「X」代替「J」，英國人遂將「Xerez」以英語發音命名其酒為「Sherry」，而漢語則根據英語譯音而譯成「雪麗」，是為「雪麗酒」名稱的來源。

6　按：國際電影圈裏，誰參加過什麼影片？在影片中擔任過什麼任務？他們都有詳細記載，所以製片公司一旦需要何等人選時，一查記錄，不費吹灰之力便可尋得。

7　按：「唐吉訶德」佚事發生的時代背景是西班牙十六世紀中葉，同時也是哥德時期演變到文藝復興的過渡時代，而且，小說中的唐吉訶德是鄉村貴族的沒落後代，所以我將他家的一切陳設和道具格式，定為鄉村哥德式晚期，家什用具等均帶有該格式意味來設計。

8　按：根據禮部條規，只有朝廷正式認可的皇親國戚的袍服方可開四岔，其他官宦只許前後開岔。乾隆年間有二品八旗軍總督兼任二品文官事務，任意在其朝服原有的雄獅補子上端，加繡二品文官錦雞，在上朝時被乾隆皇帝發現，立即依「逾制」被革職查辦。此外，乾隆的寵臣，歷史上著名的大貪官，原名叫鈕祜祿善保的和珅，富可敵國倡狂炫耀，命府中家官亦如朝廷官員穿補服，因此列為被判刑諸罪狀之一。歷代「逾制」而被判刑的例證不勝枚舉，幸虧我國的電視連續劇沒來得及在遜清皇朝放映，否則，一定會有多少人被革職查辦，更可能被推出菜市口治罪伏法！

重返校園

　　歐洲的電影事業是分工合作，有製片（producción）、發行（distribución）、放映（proyección）三種行業，一般公司通常僅雇傭業務人員操作。電影製片公司欲製片時，首先尋找劇本，然後聘請導演、演員和各門技術人員，所以我們電影技術人員是像律師、建築師、歌手……等屬於自由職業一類。有人聘請就工作，無人問津則坐閑在家。我是擁有國家頒發頭銜（título）的電影攝影和美術指導，可是過去在拍片空擋中，從事建築和裝潢設計時無正式文憑（diploma）。

　　有次，西班牙政府頒佈週期性裝潢／設計師高考，用以甄選有裝潢設計能力和經驗、而無學歷者有機會獲得官方正式文憑，我隨即報名參加。高考的程序是，預先將學歷、過去所設計和實施完畢的方案呈交審核，這是首試。如及格，則有權參加複試。複試是在指定的地點，以三天的時限完成一項命題設計方案。設計紙張一致，均蓋有官章，所需數量沒有限制，但禁止帶出試場以防捉刀。設計風格和所用工具及器材，則無任何限制。

　　高考命題是，在一座辦公大樓某層，設計一家裝潢公司，既定平面、高度、下水道和建築結構不能改動，隔間、空間運

用和裝潢格式當然聽便。那次我所選的裝飾風格是北歐，具體是略帶「裝飾藝術」意味的前衛丹麥式，因為北歐的室內裝潢非常簡潔，多用直線條，明窗淨几，最適合用於建築設計工作室；至於為何在北歐諸國中選擇丹麥式？因為丹麥的傢俱雖屬前衛，線條不似瑞典和芬蘭那樣生硬，椅背扶手和桌腳轉角處略帶曲線，況且多用木質，這樣可減除一點全部室內的冷酷感。

色調的選擇，整個公司的主色是乳白；書架櫥櫃則用「裝飾藝術」的傢俱特殊色調：淡灰和淺黃的組合，這是一個大膽的嘗試，一般室內裝潢很少採用這兩種色調的配合；其他桌椅等一概是刷以亞光清漆的木材原色。會客室和會議廳等公共場所的沙發面和椅子坐面，則不似工作區用調和寧靜的淡彩，採用明麗的玫瑰紅和寶藍，在適當處在飾以鮮豔的大朵紙花，給予公司整體生命活躍感。

一般設計師多用水彩畫比較淡雅的效果圖，我卻用粉彩來畫的圖，色調濃厚，略似油畫具有立體感，非常顯目。

一個月後，接到高考委員會通知考試通過，下星期在馬德里裝潢師／設計師行會頒發證書並舉行酒會，主考官因我的設計格調與眾不同而特予祝賀。

之後，我隨即有資格加入馬德里裝潢師／設計師行會（Colegio Oficial de Decoradore/Diseñadores de Madrid），此等行會的性質與一般協會不同，西班牙國家規定所有職業人員必須參加行會方可合法工作，例如：律師、醫生、建築師、裝潢師……等等專業人員如不是行會正式會員，在法律上簽字無效。加入行會後，我被選為藝術部門主任，負責主辦技藝展覽

會、畫展、學術講座、藝術圓桌會議……等活動。任職期間，除多次舉辦春秋季聯展、個人畫展、裝潢風格討論會、新進材料介紹……等活動外，我曾以「中國藝術介紹」為題，主辦了為時一週，每天三或四小時的學術講座，內容共分中國藝術沿革、文字與書法、繪畫、雕塑、建築、園林、傢俱、青銅、玉器、漆器、陶瓷等章，頒發我所撰寫的講義，並放映幻燈片助講，後行會當局將該講義印書出版發行。講座結束時舉行隆重酒會頒發證書。所有參加講座的攻讀室內建築、裝潢設計和藝術系的學生可得兩個學分，按西班牙大學規定，修完每十小時課程，可獲一個學分。當然，那次學術講座的對象，不僅限於學生，所有社會愛好藝術的人士都踴躍參加，直到如今，尚有人到馬德里裝潢師／設計師行會購買圖文並茂的「中國藝術介紹」一書。

早年因選擇西班牙國立電影學院就讀，而放棄馬德里中央大學高等建築學院僅讀了兩年的學程，始終感覺不太甘心。好多年後，終於下了決心，乘拍片的空檔期間，再回母校將學業修完。那時的西班牙教育體制改革，已將過去的馬德里中央大學易名為貢不魯登塞（Complutense）大學，並將大學所屬各項專科技術學院歸併為馬德里多項技術大學（Universidad Politécnica de Madrid）之內，建築學院的學程保持原狀五年，開始再加上一年先修班，首先所學的均是高等數學，物理、化學、地質學、各種繪畫和製圖等基本學科，我在過去兩年中都已修完。然後是力學、結構計算、建材運用……等專業課程。我以「自由選讀」學生身分將主要課程陸續補修完畢，還有一

些次要課程，則以我在電影美工和裝潢設計業裏所獲的實施經驗和成績，用同等學歷方式通過，而獲得馬德里多項科技大學最高建築技術學院室內建築師文憑。

　　重返母校修業期間，因後來我的西班牙語程度遠遠高出過去，在學習上倍感輕鬆。同學們的年紀還不到我的一半，但我返老為童，和大家相處得非常融洽，沒有任何同學把我看作中年人對待。課與課之間有時竟達一兩小時之久，我們在學院酒吧聊天，一瓶三分之一公升的啤酒或一杯濃咖啡，足於消弭教室裏聽課的疲勞。由於我在影業多年工作，他們時常要我談及電影圈內幕花絮和影片拍製情形。電影是大眾藝術，大學生中有不少是影迷，但這些影迷絕不是像一般所謂某某明星的「粉絲」，而是對電影藝術的愛好，只要你提到某片名，他們立刻能道出該片的製片公司、導演、主角的名字，以及其年代和內容。當然，我會不厭其煩地給他們敘述許多外界不易知道的電影內幕趣聞外，還講解些設計佈景的訣竅、拍攝技術和特技上的問題。

　　更有趣的是，當時的教授中，有的竟是當年的同學，大家見面時倍感歡欣，我不會隱瞞在考試打分時，多少占了些便宜。

　　我們華夏子弟在外留學，享受老祖宗的遺產，期終畢業論文大多數選撰中國古文明的題材，我的選題是「中國私家園林」，內容分章敘述：沿革、佈局、理水、疊石、花木、庭院以及園林屋宇，因為這些建築專為園林所設計，所以將廳堂、軒館、樓閣、亭廊、橋舫、庭院等個體建築，皆分別一一詳盡講述其格式、功能、位置等細節，此外，並附以自己所攝和

取自中國園林書籍之圖片，那篇畢業論文真可稱洋洋大觀而不愧，故在論文答辯時，主考臺上諸教授喋喋不休發問，因為他們從未獲有如此良機，能確實認識中國園林的外表和內涵。雖然中國私家園林中的房屋，多為閒居供休心養性之用，避宏偉莊嚴之態，為棟間架建築，雖有樓閣，均少用中國傳統建築中的「斗拱」，我為了宣揚中國木質建築中此特殊單件，卻另加補遺，專門敘述「詩經」中所讚美西元前八百多年前周宣王新殿的飛簷四角「如翬斯飛」，設若欲使飛簷四角像雄雞展其彩翼那般美麗，必須利用「斗拱」將其重量遞傳到楹柱頂端。於是，將各代形式的斗拱及其精密組合，用現代製圖方式畫出附上，並加以解釋，主考教授們聽到這鬼斧神工中國的「斗拱」——巧妙的力學建築單件設計，都歎為觀止大加讚賞！

後來，我將「中國私家園林」各章補充和發揮，已撰寫成書，並且增加多幅我屢次回國到上海、蘇州、無錫、揚州、南京……各名園所攝的彩色照片。由於我幼年就喜歡園藝，在安慶讀初中時，先父任安徽省郵政管理局會計股股長，公家配給一座英式小洋樓居住，前面和右側都有花園，兄弟們課餘便整理花草消遣。年紀既長，遂對植物學（botánica）發生興趣，在任何地方只要見到不知名的一株樹或一叢花草，必定找遍字典和有關書籍，不獲知其名總不甘休。一次在馬德里公園看到幾株紫薇，只知西班牙俗稱「朱彼特樹（El árbol de Jupiter）」，而不知其學名；另一次在植物園中看到幾株中國梧桐，不知怎的沒標上學名，查遍了詞典，只找到英語俗名：「中國陽傘（El parasol chino）」或「阿拉伯酋長的陽傘（El parasol del

Sultan）」，沒奈何，只得託人寫信至上海龍華植物園詢問，結果答案是：紫薇的學名是Lagerstroemía índica，中國梧桐的學名是Firmiana simplex，由於，在西方撰寫有關園藝書籍時，均附以樹木花草的植物學拉丁名稱，供讀者鑒別其真正學名。此外，在各大書局翻閱世界園林百科全書時，連倍受中國文化影響的日本園林都有詳細闡述，唯獨講到中國園林時，僅用數頁概況介紹，這便是我所以撰寫此書準備出版的動機。

Do人物09　PH0139

地中海曉風殘月
——華裔影人米格爾‧張的浮生箚記（上）

作　　者／米格爾‧張
責任編輯／林泰宏
圖文排版／楊家齊
封面設計／王嵩賀

出版策劃／獨立作家
發 行 人／宋政坤
法律顧問／毛國樑　律師
製作發行／秀威資訊科技股份有限公司
　　　　　　地址：114 台北市內湖區瑞光路76巷65號1樓
　　　　　　電話：+886-2-2796-3638　傳真：+886-2-2796-1377
　　　　　　服務信箱：service@showwe.com.tw
展售門市／國家書店【松江門市】
　　　　　　地址：104 台北市中山區松江路209號1樓
　　　　　　電話：+886-2-2518-0207　傳真：+886-2-2518-0778
網路訂購／秀威網路書店：https://store.showwe.tw
　　　　　　國家網路書店：https://www.govbooks.com.tw

出版日期／2014年11月　BOD一版　**定價**／480元

|獨立|作家|
Independent Author

寫自己的故事，唱自己的歌

地中海曉風殘月：華裔影人米格爾. 張的浮生箚記 (上) / 米格爾.
　張作. -- 一版. -- 臺北市：獨立作家, 2014.11-
　　　冊；　　公分. -- (Do人物；PH0139-)
　BOD版
　ISBN　978-986-5729-48-6 (上冊：平裝)

　1. 張寶清　2. 傳記

782.886　　　　　　　　　　　　　　　　　103021551

國家圖書館出版品預行編目

讀者回函卡

感謝您購買本書，為提升服務品質，請填妥以下資料，將讀者回函卡直接寄回或傳真本公司，收到您的寶貴意見後，我們會收藏記錄及檢討，謝謝！如您需要了解本公司最新出版書目、購書優惠或企劃活動，歡迎您上網查詢或下載相關資料：http:// www.showwe.com.tw

您購買的書名：_____

出生日期：_____年_____月_____日

學歷：□高中 (含) 以下　　□大專　　□研究所 (含) 以上

職業：□製造業　□金融業　□資訊業　□軍警　□傳播業　□自由業
　　　□服務業　□公務員　□教職　　□學生　□家管　□其它_____

購書地點：□網路書店　□實體書店　□書展　□郵購　□贈閱　□其他

您從何得知本書的消息？

　　□網路書店　□實體書店　□網路搜尋　□電子報　□書訊　□雜誌
　　□傳播媒體　□親友推薦　□網站推薦　□部落格　□其他_____

您對本書的評價：(請填代號　1.非常滿意　2.滿意　3.尚可　4.再改進)

　　封面設計____　版面編排____　內容____　文／譯筆____　價格____

讀完書後您覺得：

　　□很有收穫　□有收穫　□收穫不多　□沒收穫

對我們的建議：_____

_____

_____

_____

11466
台北市內湖區瑞光路 76 巷 65 號 1 樓
獨立作家讀者服務部 　收

....

（請沿線對折寄回，謝謝！）

姓　　名：＿＿＿＿＿＿＿＿＿　年齡：＿＿＿＿＿　性別：□女　□男

郵遞區號：□□□□□

地　　址：＿＿＿＿＿＿＿＿＿＿＿＿＿＿＿＿＿＿＿＿＿＿

聯絡電話：(日) ＿＿＿＿＿＿＿＿＿＿　(夜) ＿＿＿＿＿＿＿＿＿＿

E-mail：＿＿＿＿＿＿＿＿＿＿＿＿＿＿＿＿＿＿＿＿＿＿＿